人情ヨーロッパ

人生、ゆるして、ゆるされて

中欧&東欧編

たかのてるこ

美しい港町ピランで出会ったおしどり夫婦 ▶P174

一緒に洞窟探険した仲良しコンビ ▶P168

スイスを愛する、ドイツ出身のおばちゃん ▶P23

山小屋風のキュートな安宿 ▶P14

スイスの車窓から。湖畔でバカンスを楽しむ人たち

キャニオニングで意気投合したコンビ ▶P33

人形劇の盛んなチェコのマリオネット

配達中のスウェーデン人の兄ちゃん

ストックホルムの愛らしい店員さん

プラハ唯一の日本人宿の望美ちゃん ▶P63

トルコの鞄店のかわいいおっちゃん

浮き輪を持って温泉湖へ ▶P81

宮殿風のセーチェニ温泉の内風呂 ▶P95

世界最大の温泉湖は、湯治客のおばちゃんもビッグ！ ▶P82

シャイな美男美女カップル ▶P125

LiLiCoちゃんちの別荘。超すてき〜♪ ▶P113

夏の風物詩、豪快なザリガニパーティ！ with LiLiCoちゃん ▶P126

スウェーデンの色鮮やかな民族衣装

野生の可愛いリスに遭遇！▶P131

「スカンセン」でダーラヘスト（赤馬）に乗って大ハシャギ

スウェーデンで、船を改造したユニークなユースホステルに宿泊 ▶P122

「冬の靴がほしい♥」と募金活動中 ▶P136

絶品！トルコの大衆食堂 ▶P374

安宿のエロジョークに仰天！ ▶P142

ノリのいいドブロヴニクの兄ちゃんたち

スイスの美術館で開かれたパーティに、飛び入り参加♪ ▶P140

俳優ダニエル・クレイグ似！ ウィーンの素敵なおっちゃん ▶P144

スロベニアの車掌さんコンビ

セルビアの4人乗り自転車 ▶P316

遊び心が炸裂！ リュブリャナの自由すぎるギャラリー ▶P155

〝王様コスプレ〟のトルコ人のおっちゃん

怪しげなバーで意気投合！ ▶P161

セルビアのカラフルな洋服屋さん

美人揃い！ セルビアの少女たち ▶P332

「よく来たねぇ！」クロアチアの青空市場で働くおばちゃん ▶P179

美しい港町にほれぼれ ▶P174

「リラ修道院」で出会った観光客

街も人もエネルギッシュ！ドブロヴニクの客引きのおねえさん ▶P182

家の前でのんびり団欒中 ▶P182

少年のような笑顔のまぶしいカート ▶P18

演奏中のマーシャの可愛いドヤ顔 ▶P334

モスタルの陽気な親子 ▶P218

スターリ・モストを見晴らしつつ、デイビッドと祝杯 ▶P246

人情ヨーロッパ
人生、ゆるして、ゆるされて〈中欧&東欧編〉

たかのてるこ

幻冬舎文庫

はじめに

人生が終わる最期の瞬間、

（あぁ楽しかった！　やりたいことは全部やって「私が私に生まれたこと」を謳歌したわ〜）と思えるような、晴れやかなフィナーレを迎えたい!!

そう思ったキッカケは、死ぬ間際、後悔する人はみんな、「もっと自分らしく生きればよかった」とか「もっと冒険しておけばよかった」と口にするという、ホスピスの専門家の書いた本やネット記事を読んで、衝撃を受けたからです。

頑張っていろんなことを乗り越えてきたのに、人生最後の感想が後悔!?　自分らしく生きられないまま死ぬなんてイヤだ！　心の底からそう思った私は、人生最大の冒険に出るつもりで、18年勤めた会社を辞め、〈地球の広報・旅人・エッセイスト〉として独立しました。

よーし、会社員時代にはあり得なかった2ヵ月の長旅に出て、今まで自分を縛っていた「常識」を捨てて、〝真新しい自分〟になるぞ！　そう決心したのは、会社員時代、人と自分を比べてばかりいて、自分が自分であることにちっとも安心できなかったからです。

ところが、長旅に出ることを話すと、返ってくるのは「フリーで食える人なんて限られてるのに、2ヵ月も旅に出たら仕事来なくなるよ〜」といったネガティブな言葉。こういう言葉を聞く度に、この世は〝恐怖の刷り込み〟に満ちていると思わずにはいられませんでした。たとえるなら、欧州の童話に登場する「この子が15歳になったら……」と〝呪い〟をかける魔法使いのセリフみたいなモノです。本人に悪気はないものの、自分に劣等感があって恐怖で生きている人はみな、無意識のうちに、人にも恐怖を刷り込まんとします。

会社を辞め、頼るモノがなくなった私を守れるのは、自分自身だけでした。自分らしく生きるには、人の話を聞き流す〝聞かない力〟も大事！　私は、恐怖ベースのネガティブ言葉を浴びせられそうになると、両耳を塞いで「ワワワ〜ッ!!」と叫ぶような思いで、〝呪い〟を跳ね返しました。人はすぐ誰かの言葉に影響され、自分自身にも〝呪い〟をかけてしまうモノ。「こんなこと、しちゃいけないんじゃないか」「自分には無理なんじゃないか」と思い込ませているのは、いつだって自分が自分にかけた呪い（＝制限）だと痛感したのです。

正直、ヨーロッパは、お高くとまったイメージの超苦手エリアでした。それでも旅先に選んだのは、「死ぬまでにやりたいことを全部やるぞ！」と決意した私にとって、ヨーロッパ苦手意識も、自分への自信のなさも、あわよくば合わせ技で克服したい大きな課題だったからです。

この際、欧州21ヵ国を芋づる式に旅する荒療治を決行すれば、苦手意識を克服できるんじゃないか!? ただ、1ヵ国の滞在が短いと消化不良を起こしかねんと思い、どの国でも1つ、ミッションを授けることにしました。

結果的に、この〈1ヵ国×1ミッション〉の鉄道旅は大正解！ 旅の前半（上巻にあたる『純情ヨーロッパ』）、ドイツでは憧れの古城ユースホステルで陽気なドイツ人たちとビール宴会したり、パリではゲイカップルと愛&セックス談義、〝奇跡の泉〟で知られる巡礼地では美しすぎるろうそくミサの祈りに涙し、ヌーディスト・ビーチの聖地では真っ裸デビューして、一日裸体主義者（ナチュリスト）になりました（一日警察署長のノリです（笑））。

そして、旅の後半に出会った人たちのおかげで、私は「一生ゆるさない！」と思っていた人たちへの怒りや憎しみをすべて手放すことができました。〝憎しみの奴隷〟から解放され、どれだけ生きるのが楽になったか分かりません。人情深く、太っ腹なヨーロッパに感謝！

人生のテーマは「自分らしく生きて、自分を好きになること」だということを、私はこの旅で思い知りました。自分の魂を思いっきり解放して、「人生の主役は、自分！」だと思い出せる旅の偉大さを思うと、あらゆる人に旅をオススメしたい気持ちでいっぱいです。

自分を見失いそうになったときには、私はまた、ひとり、長旅に出ます。自分自身を、この世界を、好きでいるためにも！

ゆるされて

※本文中の会話部分は、ページの都合上、実際の長いやりとりを大幅に省略・整理しています。著者はスマホで単語を調べつつ、身振り手振りで懸命に会話していますので、「語学力が高い」と誤解されないようお願いします。

※料金、通貨レートは2012年当時のものです。

ストックホルム
スウェーデン
コペンハーゲン
前編『純情ヨーロッパ』ルート
後編『人情ヨーロッパ』ルート
ポーランド
プラハ
チェコ
オーストリア
ウィーン
ブダペスト
ハンガリー
ヘーヴィーズ
リュブリャナ
スロベニア
クロアチア
ルーマニア
ボスニア・ヘルツェゴビナ
ベオグラード
サラエボ
GOAL
フィレンツェ
モスタル
セルビア
ドブロヴニク
モンテネグロ
ブルガリア
コソボ
ソフィア
ローマ／バチカン市国
マケドニア
アルバニア
イスタンブール
イタリア
ギリシャ
トルコ

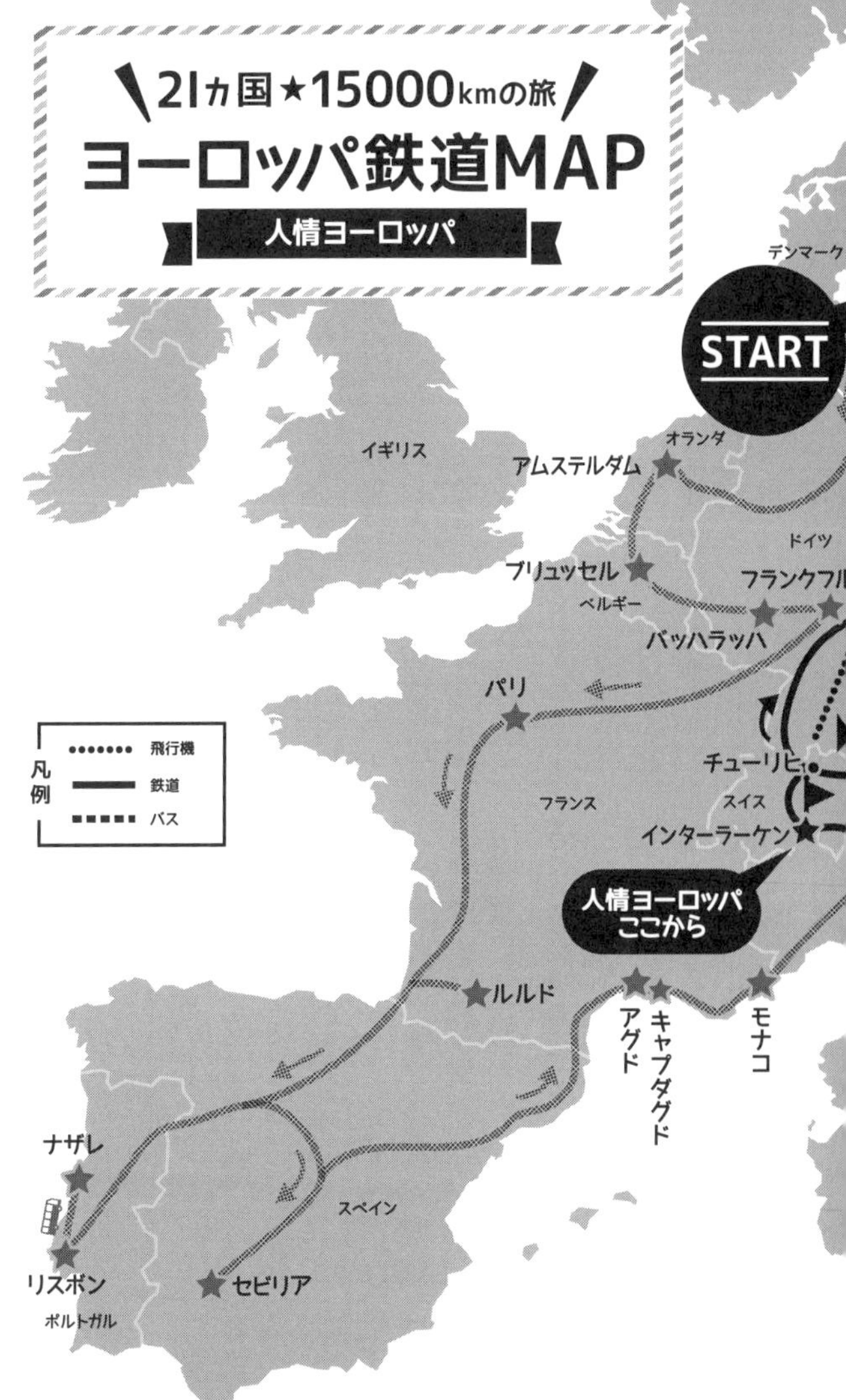

21カ国★15000kmの旅
ヨーロッパ鉄道MAP
人情ヨーロッパ
デンマーク
START
オランダ
アムステルダム
イギリス
ドイツ
ブリュッセル
フランクフル
ベルギー
バッハラッハ
パリ
凡例
飛行機
鉄道
バス
チューリヒ
スイス
フランス
インターラーケン
人情ヨーロッパ
ここから
ルルド
アグド
キャプダグド
モナコ
ナザレ
スペイン
リスボン
セビリア
ポルトガル

本文デザイン　bookwall
写真　たかのてるこ
著者の写真　旅先で出会った人たち

人生 怒濤の〝初体験〟づくし

アールヌーボー様式のゲッレールト温泉にて、ハンガリーのシニア

スイス★インターラーケン

肉体派メンズと命懸け！　急流キャニオニング

（うわ〜、スイスって感じ〜！『アルプスの少女ハイジ』まんまじゃん！）

緑の草原の中に点在する可愛い村にうっとり見惚れつつ、高原列車はゆっくり進んで行く。美しい緑の山々に、広々とした青い湖、木造りのロッジ風のかわいい家、カラフルな花が咲き乱れる庭、とんがった塔がキュートな教会……。

期待を裏切らない、アルプスの山々に囲まれた大自然の国、スイス。とにかく絶景続きで、テンションが上がる上がる！　スイスといえばハイジとチーズしか浮かばない私は、アルプス地方の人はみんな裏声でヨーデルを歌うのかな〜ぐらいに思っていたのだが、牧歌的なイメージのスイスはじつは〝アクティビティ大国〟。この、自然豊かなスイスでのミッションは、「キャニオニング（体ひとつでの渓谷下り）初体験！」なのだ。

着いた「インターラーケン」は街全体がアルプスの山々に囲まれ、ヨーロッパの都会とは180度違う、のどかな山岳風景が広がっていた。気候も湿度もちょうどいい案配で、なんて気持ちのいいところなんだろう。

早速、予約を入れたユースホステルへ向かう。

通りには、三角屋根のロッジ風の建物が並び、どの家の窓枠も、赤やグリーン、ブルーで縁取られ、赤い花々が飾られている。家の軒下では、赤地に白十字のスイス国旗が風にはためいていた。歯切れよくクッキリした正方形の国旗は清潔感があり、木造りの家々のアクセントになっていて愛らしいこと。

伝統を感じるキュートな雰囲気の街を歩いていると、〝童話の世界〟に入り込んでしまったような気分になる。ときおりレンタサイクルに乗った旅行者がサーッと横切るものの、人少なっ！　日中、旅行者たちはみな、登山やアクティビティ・ツアーで出払っているらしく、聞こえてくるのは鳥のさえずりだけだ。

眉間（みけん）にシワを寄せつつ、宿の場所を地図で何度も確認していると、ショートカットのきれいなご婦人から、「道に迷ってお困りですか？」と流暢（りゅうちょう）な英語で声をかけられた。

「うわ、ありがとうございます！」

道を教えてもらった後、「スイスの方ですか？」と聞くと、「ええ、私はスイスジャーマン（ドイツ語を話すスイス人）よ」とにっこり。〝スイスジャーマン〟という不思議なアイデンティティに驚きつつも、写真を撮らせてもらえないか聞いてみると、「まぁ、私を!?」と照れながらも、はにかんだ笑顔を向けてくれる。

笑顔で手を振り合いつつ、シャイでおだやかな雰囲気のスイス人に胸がきゅんとなる。心優しいご婦人は、どこか、ユニセフの活動を始めてからのオードリー・ヘプバーンのような気品に満ちていたなぁと思う。考えてみれば、私の好きなオードリーもチャーリー・チャップリンも、大自然の中での静かな暮らしを望み、後半生をスイスで過ごした人たちなのだ。

スマホ検索してみると、英語がよく通じるスイスは、さまざまな「海外移住者が住みやすい国」調査で1位に輝いている国だった。九州ほどの面積で、人口1千万人にも満たない小さな山国スイスに独自の言語はなく、「ドイツ語圏」「イタリア語圏」「フランス語圏」「ロマンシュ語圏」の4エリアに分かれている多言語国家とある。そういった背景もあってか、なんとスイスは人口の4分の1が外国人で、特にドイツ人やイタリア人が多いのだという。

三角屋根で山小屋風の可愛らしいホステル（安宿）に着き、チェックイン後、宿の隣にあるツアー会社へ向かう。受付デスクでは、カヌー、トレッキング、パラグライダー、バンジージャンプ、ラフティング（ゴムボートでの急流下り）等、各種のツアーが用意されていた。天候のことも考えて、インターラーケンの滞在は3日間。せっかくアルプスの麓まで来たんだから、未経験のパラグライダーもやっちゃうか。

明日タンデムフライト（パイロットとの二人乗り）のパラグライダー、明後日キャニオニングのツアーに申し込めるか、受付のねえちゃんに聞いてみる。

「あの〜、全くの初心者だと、キャニオニング〝上級者コース〟は無理ですよね？」

「激流でパニックになる人は無理だけど、あなた、泳げる？」

「うん、泳ぎは得意」「じゃ、全く問題ないわよ〜」

嘘でしょ⁉　まさか、7時間という長さの、〝ウルトラハードな上級者コース〟に年齢制限もなく申し込めてしまうとは！　ネットでこのツアー会社『Outdoor Interlaken』のサイトを見たら、「ファイト〜！」「いっぱ〜つ！」なリポビタンテイストな断崖絶壁での、超過激なキャニオニング映像がアップされていて、私はてっきり初心者コースしか申し込めないと思っていたのだ。

心の中では「お願い、無理って言って！」と叫んでいたが、「全く問題ないわよ〜」と言われてしまうと、ガ然、闘志が湧き上がってくる。ええい、やってやろうじゃねーの！

「じゃあ、この誓約書を読んで、ＯＫならサインしてね」

むむむ、このテのアクティビティ前に、必ずやることになる儀式だ。この、「万一死んでも一切文句は言いません」的な誓約書にサインをする度に、自分の死をめちゃめちゃ意識させられてしまう。

一瞬ひるみそうになるも、ググッと思い直す。人はときどき、死を意識した方がいいのだ。自分が今、生きていることが、当たり前のことだと思わないためにも！

翌日、ツアー会社から、車でパラグライダーのスタート地点となる山へ向かう。

「ハーイ、てるこ。僕はニックだよ、よろしくね！」

つるつるヘッドの兄ちゃんが、こちらの不安を吹き飛ばすニコニコ顔で迎えてくれる。スイス人だというニックは43歳。いかにもベテランという感じのニックは、笑顔がまぶしいナイスガイだったので、緊張しつつも少しホッとする。

ヘルメットを被った私に、ニックがパラグライダー用のイスを装着してくれる。

「僕たちパイロットは、飛ぼうと思えば何時間でも飛んでいられるんだよ。パラグライダーには動力がないけど、風を利用して上昇したり、高度の維持もできるからね」

パラシュートを開いて山の斜面から飛び立ち、空を飛ぶパラグライダー。離陸から操縦、着陸まで操作する操縦者は、ライセンスを有する、れっきとした「パイロット」なのだ。

次々と空へ飛び立っていくパラグライダーを見ていると、心臓がバクバクしてくる。

「やっぱ、緊張するわ〜。死にそう〜!!」と及び腰になっていると、ニックが言う。

「僕は、毎日7、8回、年間300回以上飛んでるから、大丈夫だよ。万一失敗したりしたら、僕もてること一緒に死ぬんだ。僕がそんなことを望むと思う？　スイス人は基本、心配性だし、安全対策は入念にやってるから安心して」

確かにそれなら安心だなぁと思いつつ、「一緒に死ぬワケないよ」と言われると、1ミリも告ってないのに、こっぴどくフラれた感が……。なんだか分からんが、ちょっぴり悔しいぞ！

ふと前を見ると、さっきまで車椅子に乗っていた白人のおばあちゃんが車椅子から降り、今まさに空を飛ばんとしているではないか。赤いパラシュートが風を受けて大空に舞い上がると、おばあちゃん&パイロットの体がひょいっと持ち上がり、空の彼方へと吸い込まれていく。青空に弧を描いた赤いパラシュートがスーイスーイと旋回し、みるみるうちに小粒サイズになるのを見て脱帽してしまう。

「彼女は今日80歳の誕生日なんだって。パラグライダーは年齢制限がないから、老若男女、誰でもできるスカイスポーツなんだ。ドイツには90歳のパイロットもいるんだよ」

「90歳でこれをやる人が!?　ちなみに、ここの高さは？　時速何キロぐらい出るの？」

「海抜1350m、時速は35キロ。さぁ、僕らもテイクオフするよ。走って走って！」

背後霊のように後ろにピッタリくっついているニックに促され、緑の斜面を走り始めると、突然、大地が途切れ、体がふわ～っと宙に浮き、私は空の上にいた。

うわわ、浮いてるー！　なんなんだ、この、不思議な感覚！　いったん空中に飛び出してみると、自分の足のはるか下には、緑の大地に米粒ほどの家々が並んでいるという、信じられない光景が広がっている。眼下も体のまわりも３６０度、パノラマのような光景で、地平線がまあるく見えること！

生身の体で空を飛ぶという、非日常すぎる体験。空中で聞こえるのは、風を切る音だけ。ニックが真後ろにいるので安心感はあるものの、目の前には何もないので、まるで自分ひとりで大自然の中を飛んでいるような錯覚に陥るのだ。

ああでも、やっぱりニックに命を預けてる感がハンパない！　パラグライダーはふわふわのんびり浮いているイメージなのに、いざ乗ってみると、かなりのスピード感。ニックがパイロットであることを思うと、操縦席だけで浮いちゃってる感じ、といえばいいだろうか。

アルプスの山並みの雄大さに息を呑み、ドキドキハラハラ空中浮遊をしていてハッとした。私の靴ヒモ、ちょっとゆるんでないか!?　飛ぶ前、ニックから「靴ヒモを固く結んでね！」と指示されて結び直したつもりが、なんでもっとギューッと固結びしておかなかったんだ！飛んだ今じゃ靴に手が届かない！　あぁもう、私のバカバカ!!

昔よりマシになったとはいえ元来小心者の私は、（もし靴が脱げたら……）と気になって気になって仕方がない。万一、靴が脱げて人の頭を直撃したら、たかが数百グラムの重さでも、想像を絶する重力がかかるに違いなかった。「日本人観光客、スイスでパラグライダー中に脱げた靴が、道ゆく人の頭にめり込み、死亡事故！」などというニュースの文句が頭に浮かび、おちおち景色を楽しめないのだ。

過失致死罪の恐怖に襲われ、青ざめている私にニックが言う。

「てるこ、『今』を楽しむんだ！　人生は『今』、瞬間瞬間の積み重ねなんだよ〜」

うぐ〜、確かに。20分間のパラグライダー料金は170CHF（1CHF＝110円換算で18700円）で、1分当たり約千円！　飛んじゃったからには、終わりのときが来るまで楽しまなければ！　人生と同じく!!

勇気を出して眼下に目をやると、緑の山々と青い湖とミニチュアみたいな美しい街並みが広がっていて、どんな展望台から見るよりも圧倒的な絶景だ。パラシュートとロープで繋がっているだけで、体ひとつで宙に浮いているという丸腰状態。なんて頼りない、でも、なんてダイナミックな浮遊感だろう。

「てるこ、ちょっと操縦してみる？」とニックが言い、おそるおそる、パラグライダーの左右に付いているヒモを引っ張ってみる。すると、左のヒモを引っ張れば左に曲がり、右のヒモを引っ張れば右に曲がり、方向を自由に変えることができるという快感！

「ギャハハ！　コレ、超おもろい〜！」「じゃ、こういうのはどう？」

ニックがヒモを同時に引っ張ると、〝空飛ぶイス〟がブランコのように、大きく前後に揺れ始めたではないか。

「ぎゃあああぁ！　こえ〜っ!!　ムリムリ〜!!　いややややあ〜〜でもチョー楽しい!!　こわい〜〜、やめて〜〜、でも、やめないで〜〜!!」

一体どっちやねん！　と自分へのツッコミが入るような、雄叫びをあげてしまう。揺れる度に交互に重力がかかるせいで、まるで、高いところでブランコに乗っているような気分になる。これって、「ハイジ」のオープニングに出てくる、天空ブランコまんまじゃん！

鳥のように空を巡り、アルプスの山々やエメラルドグリーン色の湖を見晴らす、極上の空中浮遊タイム。風を全身に感じ、空と一体化した気分を満喫していると、全身からアドレナリンが放出されているのが分かる。

「さぁ、ランディングするよ〜」とニックが言い、緑の草原が近づいてきたかと思うと、鳥が木に舞い降りるかのように、ふわっとスムーズに着陸。土の匂いのする地上に戻ってくると、私は20分間、地球から離れていたんだなぁと実感する。

「あぁ〜気持ちよかったー！　もっと遠くまで、もっと長く飛んでたい！　と思っちゃうね」

「日本で始めてみれば？　早い人は4、5回のフライトで、ひとりで飛べるようになるよ」

地上に帰ってきて話していると、ニックの笑顔がさらに輝いて見える。「不安や恐怖を感じているときに異性と出会うと好意を抱きやすい」という〝吊り橋効果〟なんだろうか。飛ぶ前の100倍、ニックがイイ男に見えるのだ。むむ、待てよ。吊り橋効果で、ニックはいつもホレられまくってるんじゃなかろうか。

「ね、ニックって、お客さんからモテモテでしょ？」

「ハハハ！　全然だよ〜。僕は27歳から一緒に住んでる彼女がいて、子どもはいないけど、事実婚してるんだ。結婚しないのは、してもしなくても関係が同じだからさ」

「でも、この仕事は夏が忙しいでしょ？　一緒にバカンスは取れるの？」

「夏は長期休暇が取れないんだけど、冬は丸々2ヵ月間休むから、僕たちは世界中を旅してるよ」

「丸々2ヵ月！　じゃあ、南半球に行けば、夏のバカンスが取れるってことかぁ」

「ビンゴ！　僕らは夏を取り戻すべく、オーストラリアやニュージーランドで過ごすことが多いね」

はぁ〜、オシャレすぎる！　さっきニックから、多いときは1日7、8回飛ぶと聞いて、あまりの重労働に（もしや悪徳企業!?）と思ったものの、ここはヨーロッパ。彼らが休まないワケがないのだ。

「スイス人は日本人と似てて、すごく真面目な感じがするけど、自由なんだね〜」

「確かに、スイス人は真面目だし、シャイな人も多いし、日本人に似てると思うな。でも、休みは別問題だよ。僕たちは一生懸命働いた後、一生懸命遊ぶ。メリハリのある生活なんだ。僕は僕自身のボスだから、どこにも属してないし、ずっと自由さ！」

「かっくいい～！　ニック、ストレスなんかなさそうだもんね」

「スイスはストレスフリーの国さ。特にインターラーケンはね。この大自然、気持ちのいい空気、人々の笑顔、最高だよ！」とニックが満面の笑みで言う。

確かになぁ。美しい街並みや自然の開放感、人々の優しい雰囲気を思うと、ストレスがないというのも説得力がある。スイスに来てからというもの、時間がゆっくり流れている気がする。特に大自然に囲まれたインターラーケンは、気候から何から快適そのものなのだ。

パラグライダー終了後、落ち着いた山小屋風レストランのテラス席に座り、オススメされたスイスの伝統料理「ゲシュネッツェルテス」（名前、長っ！）をオーダーする。

おっとりとした雰囲気のおばちゃんが、運んできた料理の説明をしてくれる。

「ゲシュネッツェルテス（薄切りビーフのクリーム煮込み）の付け合わせは、スイスの国民食『ロスティ』よ。細切りポテトをカリカリに焼いた料理なんだけど、私はこれが大好物なの」

食べてみると、こんがり焼けたジャガイモのロスティと、ビーフストロガノフに似た濃厚な煮込みとの組合せが絶妙で、ビールがぐびぐび進む。

「うんまーい！　スイスって、チーズとかバターとか乳製品がめちゃ美味いから、クリーミーな煮込み料理も格別だね」

「私も20年前にドイツから来たときは、スイス料理のおいしさに感動したわ〜」

「ドイツ人だったの!?　その〜、ドイツ人っぽくないっていうか、てっきりスイス人かと」

「アハハ！　私もスイスに来た当時は、大きな声で話していたし、遠慮なくズバズバはっきりモノを言ってたんだけど、だんだんスイス人っぽくマイルドになってきたのよ〜」

「でも私、ドイツ人、好きだよ！　本音で接してくれるから安心できるし」なんて言いつつ、人のアイデンティティは、住んでいる土地の雰囲気によって作られるんだなぁと思う。

日本も人によって千差万別とはいえ、「真面目」「シャイ」「礼儀正しい」等の日本人っぽい特徴があり、外国から来た人は少しずつ〝日本人っぽく〟なっていく。憧れの地に移住し、その土地の文化を尊重する人は、じわじわとその土地の人っぽくなっていくから、その土地らしさが失われることがないのだろう。

ドイツ出身の彼女の名前は、ニコル、42歳。スイスで働くうちスイス人と結婚するも、3年前に離婚。5歳の息子さんをひとりで育てるシングルマザーなのだという。

「ニコルは、いつかドイツに帰る気はあるの？　親に『帰ってこい』とか言われない？」

「私はスイスを愛してるし、この国で生きていくことを選んだのよ。今まで、親に自分の人生を干渉されたことは一度もないわ。だって、私の人生だもの」

「分かるわ〜」と言いつつ、ニコルとハイタッチを交わす。お隣の国とはいえ、外国でひとりで子どもを産み育てるなんて、ヨーロッパの女性は自立心が旺盛でタフだなぁ！

翌日はいよいよ、上級者コースのキャニオニングツアーだった。

朝8時半、決死の覚悟でツアーの車に乗り込むと、まわりは体育会系のマッチョ男子ばかり。私を除くと、このツアーの平均年齢はざっと20代半ば。しかも、私と白人の若いねえちゃん（超美人！）以外は、全員、屈強なボディのメンズなのだ。

車で走ること1時間。参加者11人とたどり着いたのは、緑の山奥だった。ここで車を降り、水着の上にウェットスーツを重ね、ライフジャケットを装着。頭にヘルメットを被り、足はキャニオニング用のブーツを履き、装備は万全だ。

ツアーのインストラクターは、筋骨隆々のガチムチボディの兄ちゃんふたり。爽やかな笑顔でトム・クルーズ似の兄ちゃんは、ニュージーランド人なのだという。

「ニュージーランドもアクティビティは充実してるのに、なぜスイスに？」と聞いてみる。

「カヤック、フリークライミング、氷河トレッキング等、全部制覇しちゃったからさ」

トムがそう言うと、ペルー人だという助手のサンティも言う。

「僕も同じさ。インカ道のトレッキング、アンデス山脈でのサイクリング、砂漠でのサンドバギー……、ペルーでできるスポーツはやり尽くしたから、スイスに来たんだ」

ふたりとも、自国でのアウトドアスポーツに飽き足らず、この国にやってきたというのだ。スイスは、世界のアクティビティ野郎が、最後にたどり着く国なのか!?

ウェットスーツ姿で山道を歩くと、秘境の山奥に来た感満載の大自然が広がっている。さらに奥へと進むと、まわりを鬱蒼(うっそう)とした森に囲まれる中、壮大な渓谷がドドーンと姿を現した。こんな高い山峡から、下へ下へとすべり降りてくの!? マジで超怖いんだけど! キャニオニングは、自然の渓谷を自分の体ひとつで下る、リバースポーツなのだ。

ツアーは所要7時間で、170CHF。昨日の20分間のパラグライダーと同料金だから、1日がかりで遊べるキャニオニングは、ずっと割安な感じだ。コスパはいいものの、私は不安に押し潰されそうになっていた。パラグライダーは〝パイロットの操縦〟であっという間に終わったものの、キャニオニングツアーは、この先の7時間を〝私自身〟が乗り越えないことには終わらないのだ。初心者の私が参加したせいで、足手まといになりませんよう!

10mほどの渓流を前に、トムからレクチャーを受けるも、頭がチンプンカンプンになる。英語が〝世界共通語〟だと思っているネイティブの人は、聞き手への配慮がなく、単語をつなげて流れるような早口で話す。中学2年の2学期レベルの英語力しかない私にとって、英語ネイティブのトークは、最も聞き取り難い英語なのだ。

道を教えてくれたエレガントなマダム

人生で20分間、鳥になった気分に！

インストラクターのトム（右）＆サンティ

バスで出会ったおじさんたちのいい笑顔

まずは水量たっぷりの天然すべり台をすべり終え、ホッとしていると、トムが言う。

「よし、次は８ｍ下へ、ファーストジャンプだ！」

下方をのぞき見ると、ビルの３階ぐらいの高さの崖から、眼下の滝壺に飛び降りるというのだ。のっけから嘘でしょ!? と思う間もなく、みなが次々に飛び込んでいく。もしかして、このツアーに参加した人たち、母国で本気でスポーツをやってるアスリートなんじゃん!?

勇気を出して滝壺に飛び降りると、トムが「いいぞ！」とグッドサインを出してくれる。

「次は〝ジャンプフライ〟だ！　アンダーロック、ホニャララ、ベリベリデンジャ～！」

またしてもビルの４階ほどの高さの崖から、眼下の滝壺に飛び降りるのだが、今度は真下に巨石群があるではないか！　サンティがお手本を見せてくれるというので、固唾(かたず)を呑んで見守る。見ると、真下に飛び降りると危険なので、スタート地点から１ｍほど右にあるつるつるの岩壁に背中をアタックさせ、その岩壁に沿って滝壺にドボンするという、我が目を疑う難易度の高さなのだ。

よくこんなアクティビティを考えるもんだと目を見張りつつも、マジでこれを私がやるの!?　いったい何が楽しくて、こんな崖から飛び降りなきゃならないんだ……。

私の番になり、アンビリーバボーな岩壁を前にへっぴり腰になり、「ぎえ～！　こえ～！」と絶叫してしまう。もう死ぬ気になって、１メートル先の岩壁に向かってジャンプし、岩壁に当たったまま急流に流され、滝壺にドッボ〜ン。

よーし、とにかく、前の人のマネをすればいいんだな、と思っていると、ガーン！　次のポイントは、巨大な岩と岩の間をすべるのだが、谷間が急カーブになっていて、スタート地点から数メートル先は死角。つまり、コースの全貌が全く見えないのだ。

私の番になり、胸の前で手をクロスした状態でスタート地点に座ると、トムが激流の轟音に負けない大声でポイントの説明をする。

「アンダーロック、ホニャララ、ウォーターホール、ホニャララ、デンジャー！　カモン!!」

大事なとこ、ちっとも分かんね〜！　「え、パードン!?　パードン!?」と聞き返しても、トムの英語は早口すぎて理解不能。この先にどんな危険が待ち受けてるんだ!?　ずっと手をクロスしてていいの!?　ジェットコースターでも、アトラクションは通常、先が見えるモノ。未知数の巨石の狭間を、なにがどう危険なのかを理解できないままスタートする恐怖といったらなかった。

すると、シビレを切らしたトムが、「レディ〜、ゴー！」と私を強引に押し出した。巨石と巨石の隙間をすべると、大量の水しぶきが押し寄せ、水をガブ飲みしてしまう。ゴホゴホむせつつ、激流の流れのままに右へ左へぐいぐい揺さぶられ、最後は滝壺にドッボ〜ン。天然のウォータースライダー、強烈すぎる！　なんとかやり終えてホッとするも、こんな難所すべりが、あと3、4時間も続くのー!?

イカン！　このままでは、毎回、何をやるのか全く理解できない恐怖が延々続いてしまう。この面々の中から、分かりやすい英語で「これから何をやるのか」を教えてくれる人を探さねば！

だが、東アジア人っぽい兄ちゃん3人に「どちらから？」と話しかけるも、「ジー・ユーエス（アメリカ）だよ」と言われてしまい、その正体は中国系アメリカン（21＆23歳）。一番年上に見えた色黒の兄ちゃん2人組も、インド系アメリカン（29歳！）。まわりを見渡しても、友だちと参加している英語ネイティブばかりで、ひとりでの参加は私だけなのだ。

彼らの早口英語がほとんど理解できないせいで、会話が少しも盛り上がらない。私はひたすら孤独で、ミジメな気分だった。断崖続きで、いかにも「ファイト〜！」「いっぱ〜つ！」なリポビタンな雰囲気なのに、私がいくらファイトを絞り出しても「いっぱ〜つ！」と応えてくれる人は誰もいないのだ。英語も分かんないし、もうイヤだ〜!!

ヒアリングができない自分がほとほと情けなく、なんだかこのツアーのお荷物みたいに思えてくる。それでも、参加してしまった以上、今さらこの渓谷を引き返せるワケがなかった。

「次は、ロープを使う〝ラッペリング（懸垂下降）〟だ。ホニャ、ホニャララ、ベリデンジャ〜！」

ロープとデンジャーしか分かんねーし！　これじゃあ単に不安を煽ってるだけじゃん！

おそるおそる下の方を見ると、30m近い落差のある滝なのだが、ロープを使って降りる、その方法が全く分からないのだ。人のマネをしようにも、みな、ロープを握って断崖絶壁から飛んでしまうので、やっていることが見えない。いったい激流の中で何をやればいいんだ!?　ロープをずっと握っていればいいの!?　それとも、途中で離すべきなの!?

ビビりまくっているうちに、最後尾の私の番が来てしまった。

「え？　え？　このロープをどうすればいいの!?」と藁にもすがる思いでサンティに聞く。

「ロープ、ホニャララ、ホニャラ、フューセコンズ（数秒間）、ホニャララ、レッツゴー〜！」

数秒がなんだって!?　うう、全く分からん！　んも〜、ええい、ままよ!!

ロープを握りしめて滝へ飛び降りると、上流から水がドバドバ落ちてきて、水しぶきで何も見えず、息がまともにできない。これじゃあ滝行じゃん！　ロープ1本の宙吊り状態で滝の水を浴びつつ、私はまるで芸人の罰ゲームみたく足をバタつかせていた。こっからどうすればいいんだ!?　ひぃ〜怖いよ〜助けて〜!!　下でトムが何やら必死に叫んでいるのだが、「ロープをしっかり持て！」なのか「ロープを離せ！」なのか、全く分からないのだ。

荒々しい滝に打たれ続け、力が尽きてロープから手を離すと、眼下の滝壺にドッボ〜ン。そのままぐいぐい激流に流される私にトムが手を差し出し、岩の上に引き上げながら叫ぶ。

「オ〜、クレイジ〜ウーマン!!　ホワイ、ホニャララ!?　ホニャホニャ、デンジャー!!」

どうも、ロープからすぐに手を離してよかったものを、私は長々とロープにしがみついてしまったようなのだ。トムは参加者の命を守る係だから、強い口調になるのは当然なのだが、めちゃめちゃ怒られたような気がして、しょんぼりしてしまう。

息も絶え絶えにゼーハーしながらみんなのいる岩にたどり着くと、先に飛び降りていた面々が「ホールドロ〜ング!」「ブラ〜ボ〜!」と拍手で迎えてくれる。最後尾の私が「何やるのか分かんない!　死ぬ〜!!」と叫んでいたのを見て、心優しい体育会系の男たちは心配してくれたらしい。だが、みんながスムーズにできていることを、私だけがこうもホメられると、それはそれでなんだか同情されているようで、いっそう情けなくなってしまう。

みんなの気持ちは有難かったが、私は水泳部出身だし水も得意なのだ。私が毎回トムやサンティを質問攻めにするのは、早口の英語が理解できないからなのだ。なのに、これじゃあ自分の運動能力を過信して、体育会系エリートの合宿にのこのこついてきて足手まといになっちゃってる、ヘタレみたいじゃん!

「ブッ、ブッ、ブア〜〜ックション!!」

水をガブ飲みした私が大きなくしゃみをすると、美人のねえちゃんの連れの、白人のイケメンの兄ちゃんが「ゴッドブレスユー！」と返してくれて、他の面々も声を揃えて言う。

「ゴッドブレスユー！（神の祝福がありますように！）」

大勢に祝福されたので、大げさに胸に手を当てて「セ～ンキュ～！」とお礼を言うも、祝福の意味が分からない。兄ちゃんに「くしゃみして、なんで祝福されるの？」と聞いてみる。

「英語圏の国には、くしゃみをすると『魂が体から抜ける』っていう迷信があるんだ。だからくしゃみした人を守るために『神様が守ってくれますように』って祈るんだよ。ま、『お大事に』ぐらいの意味だね」

その後も、次から次へと難所が現れる。足ではなく頭を先にして、急流の天然ウォータースライダーをすべる際、ビリッケツの私がスタート地点に座ると、みなが口々に「Go for it!（いけ～！）」と応援してくれる。体を宙で1回転させてから滝壺に飛び込むという、世にもアクロバットなダイビングを前に怖気づいていると、みんなから「You can do it!（頑張れ！）」という声援が送られる。そして、難所をクリアする度に、マッチョマンたちから「ヒュ～ッ！」という歓声が上がるのだ。

運動神経バツグンの優等生から、運動オンチな劣等生が励まされるという絵ヅラ。それでも、「ヘナチョコなのにメゲずに頑張るアジア女」というキャラが確立されると、英語ができない劣等感を、キャラで克服できたような気もしてくる。ちぇっ、もういいよ、超運動オンチのくせ、過激なキャニオニングに参加しちゃった、アジアのおばはんってことで！

水をガブ飲みして「ハァ〜ックション！」とくしゃみすると、野太い声で「ゴッドブレスユー、アゲイン！」が返ってくる。くしゃみが止まらず、「ハ、ハ、ハァ〜クション！」と立て続けにかますと、声がどんどん揃い「ゴッドブレスユー、アゲイン＆アゲイン！」という男臭さがスパークした祝福が返ってきて、くしゃみのコール＆レスポンスがお約束になる。憧れの「ファイト〜！」「いっぱ〜つ！」ではなかったものの、このコール＆レスポンス、相当おかしいぞ！

次のポイントまで岩場を歩いていると、イケメン兄ちゃんの連れの美人が声をかけてくる。「どこから来たの？」「私は日本だよ」「私たちはアメリカから。ケイティとケビンよ」

20代半ばとおぼしきふたりは、絵に描いたような金髪の美男美女カップル。ケイティは、女優スカーレット・ヨハンソンのお色気を爽やかにしたような美人。見るからに人のよさそうなケビンは、オーランド・ブルームから色気を搾り取ったような優男。ふたりとも私と同じ宿に泊まっていると聞き、一気に親近感が湧く。

ケイティが早口の英語で話しかけてくるので、「私は英語ができないから、簡単な英語で、ゆ〜っくり話してくれる？」とお願いすると、ノリのいいケイティが私に合わせてくれる。

① 30 mの落差のある滝壺を前に、
これから何をやるのか全く分からない恐怖！

④ツアーの終盤は、滝壺への回転ダイブも平気に！

② "命綱なし"のバンジージャンプ気分！

⑤ 難所をクリアする度に、インストラクターとハイタッチを交わすと達成感が！

③ 先が全く見えない恐怖の中、急流へ！

⑥ ケビン（左）とケイティと意気投合！

「りょ〜かい！　こぉ〜んな感じで、なるべくゆ〜っくり話すわね〜」

自然体でいかにも気のいいアメリカンという感じのふたりと行動するうち、キャニオニングがだんだん楽しくなり、ヤミツキになってきた。泡立つ滝壷へのダイブ、激流スライダー、豪快な水しぶき。水に流される度に全身に解放感が満ち、思いっきり笑顔になっていく。大自然相手のアドベンチャーは、アドレナリンの大放出で気持ちいいこと！

スリル満点だったキャニオニングの全行程を終えた後、山の中で昼食タイムになる。トマトやチーズ、ハム等、好きな具材をパンに載せてかぶりつき、ジュースで流し込むと美味い！

「ふたりはいつから付き合ってるの？」とケイティ&ケビンに聞いてみる。

「僕たちは大学時代からの友だちで、カップルじゃないんだよ」とケビンが言う。

「ええー!?　し、信じられない！」

ふたりは単なる仲良しで、ケイティには彼氏もいるというのだ。超セクシーな悩殺笑顔にもかかわらず、どこまでも爽やかなケイティが言う。

「今の宿は男女別のドミトリーだけど、安ホテルに泊まるときは同じ部屋に泊まってるわ」

「同じ部屋に泊まって、何もないの!?　エッチなし!?」

「アハハ！　何もないわよ〜。アメリカでも、みんなにヘンって言われるの」

そのときハッとした。私も男友だちとふたりでハワイや国内を旅するとき、フツーに同じ部屋に泊まっていることを思い出したのだ。

「考えてみたら、私も男友だちと旅してたわ。自分だって同じことをしてるくせに、旅先で男女コンビに出会うと、ついカップルだと思っちゃうもんだねぇ」

私がそう言うと、ケイティは「気持ちはわかるわ。気が合うわね。へ〜イ！」と言い、ハイタッチを交わす。

聞くと、休職中のケイティは、次の仕事を始めるまでいろんな国を旅しているところで、ケビンは医薬品の営業マンなのだという。

私が今、ヨーロッパ21ヵ国を旅していることを話すと、ケイティは大げさに目をパチクリさせ、サンドイッチのお代わりをしているケビンに大声で言う。

「ケッビ〜ン。てるこ、21ヵ国も旅してる最中なんだって！」

「おお、そりゃスゴいね！」とケビンが振り返って言う。

「ねぇてるこ、旅先で恋に落ちたりした〜？」

「いや〜、私、ハズカシながら、性欲が薄いんだよねぇ」

私がそう言うと、ケイティはオーマイガー顔になり、ケビンに向かって叫ぶ。

「ケッビ〜ン。てるこ、性欲がないんだって！」

「いいよ、そんなどーでもいい情報、わざわざ伝えなくても！」

「じつは今日、ケビンの誕生日なのよ。てるこ、よかったら一緒にディナーを食べない？」

私が、ケイティがケビンを呼ぶときのマネをして「ケッビ～ン、喜んで！」と言うと、ふたりは腹を抱えて大ウケだ。

インターラーケンに戻り、街を散策した後、3人でレストランへ向かう。テラス席に座って注文すると、アルプスの天然水で作ったプレミアムビールが運ばれてきた。

「じゃ、カンパ……って、もう呑んじゃってるじゃん！」

グラスを掲げた私をよそに、ビールをぐびぐび呑むふたりを見て、フリーズしてしまう。

「日本はいつも乾杯するの？　アメリカは改まった席とか特別なときしか乾杯しないのよ」

「つーか、今日はケビンの誕生日なんだから、十分特別な日じゃん！」

「アハハ！　それもそうね。じゃあ、乾杯しよっか」

「ケッビ～ン、お誕生日おめでとう！　乾杯～！」

ビールを呑むと、スポーツ後のシュワシュワの喉越しは格別だった。そこへ、スイスの郷土料理「チーズフォンデュ（チーズを白ワイン等で煮込んだ料理）」が鍋ごとドーンと運ばれてきた。子どもの頃、暖炉の火にかざしてトロトロに溶かしたチーズをハイジがパンに載せて食べるのを見て、どれだけ憧れたことだろう。

濃厚なチーズソースを素朴なパンにつけて口に入れると、とろっとろのチーズのコクと、にんにくの香りが相まって美味し！　パン以外にもジャガイモと洋梨があったので、洋梨にチーズフォンデュをつけて食べてみると、なんじゃこりゃ！　チーズの塩気と梨の甘酸っぱさが絡まり、デザート感覚フォンデュの美味いのなんの。

ケイティに年を聞いてみると、ふたりとも27歳なのだという。

「てるこはいくつ？　24か〜、25歳？」

目の細い東アジア人は若く見られるものの、27歳のアメリカンに年下だと思われていたことにぶったまげてしまう。

「私は41歳だよ」「フォ、フォ、41!?　ケッピ〜ン、聞いた？　てるこは41歳なのに、20代のヤングピーポーに交じって、あの過酷なキャニオニングにトライしたのよ！」

「ちょっと！　急に年寄り扱いしないでよ〜。呑もう呑もう。赤ワイン、ボトルで！」

気のいいふたりと呑んでいると、日中のミジメだった気持ちが嘘のように晴れていく。私はツアーの面々から、〝うすのろのアジアのオバハン〟だと思われてるのかなぁとちょっぴり気にしていたのだが、単なる〝英語下手な運動オンチ〟だと思われていたようなのだ。

今日一日、川で水と戯れていた私たちには、キャニオニング強化合宿を終えた学生のような連帯感が芽生えていた。呑んで食って笑って、インターラーケンの楽しい夜が更けてゆく。

翌日、ケイティ&ケビンと手を振り合って別れた後、列車でチューリヒへ向かい、夜行でチェコの首都プラハを目指す。

同じ車両の向かいには若いカップルが座っていて、「ハーイ」と声をかけてくる。同い年のふたりは、同じ大学に通っているのだという。知的でしっかり者という感じのアンジェラはスイス人、ウブで純情な雰囲気の青年リアヌは、ドイツ人でスイス留学中なのだという。

「アンジェラとリアヌは、いつから付き合ってるの？」と聞いてみる。

「私たちは付き合って4年目なんだけど、1年前に結婚したのよ」

「ふたりは夫婦なんだ！　学生結婚！」と目を丸くすると、アンジェラが言う。

「うふふっ。その〜、私たち、お互いが、人生で初めて付き合った人なの」

「おお！　じゃあ、つまり……、エッチも初めてだったってことだよね？」

「や〜だ〜、てるこったら！　当然でしょ！」とアンジェラが私をバシバシ叩く。「だって、そんなこと告白されたら、つい聞きたくなるじゃ〜ん」なんて言いつつ、ラブラブのふたりを見ていると、こっちまで熱くなってしまう。今まで付き合った誰かと比べることがない、純真なカップル。こんな、初恋が成就したような夫婦がヨーロッパにもいるんだなぁ！

ふたりのオノロケ話や〝スイスあるある〟を聞いているうちに、東日本大震災のことを聞

ケビン＆ケイティと笑顔でお別れ

スーパーのお茶目なおばちゃん

夜行列車で仲良くなった、学生結婚カップル。お似合い〜♪

かれ、いつのまにか原発の話になっていく。

「世界を震撼させた原発事故がフクシマで起きたのに、日本はなぜ、脱原発にシフトチェンジしないの？」とアンジェラが聞いてくる。うぐぐ、海外でそれを聞かれるのが一番ツラい。英単語を検索していると、彼女が畳みかけてくる。

「ねぇ、日本は原発政策に関して、国民投票をしてないの？」

民主主義の原点である「直接民主制」。世界のほとんどの国が「間接民主制」なものの、重要な決定に関しては、国民投票等の「直接民主制」を併用している国が多いのだ。

「うーん。住民投票で原発建設を阻止した町はいくつかあるんだけど、日本は憲法の改正以外では、国民投票が想定されてないんだよ」

スマホで英単語を調べつつ言うと、アンジェラが目を丸くする。

「それ本当なの!?　スイスは直接民主制だから、原発について何度も国民投票が行われてきたんだけど、〝フクシマショック〟を受けて、2034年までの脱原発が決定したのよ」

「僕の母国ドイツも、フクシマ後に2022年までの『脱原発』が決定したよ。イタリアも、フクシマ後の国民投票で、95％の人が原発を拒絶したんだ」とリアヌが言う。

「国民投票の制度もなくて、日本に民主主義はあるの？」とアンジェラに問われ、心臓を撃ち抜かれたような気分になる。まったくもって正論で、私には返す言葉がなかった。ヨーロッパの国々が福島の原発事故を受けて脱原発を決定する中、当事者の日本はアメリカの言いなりで、脱原発どころか、経済を優先する国々に原発を輸出しようと躍起になっているのだ。

「世界で唯一、原爆を2回も落とされた日本が、どうして核エネルギーを推し進めるのか、どうしてそんなにも核にこだわるのか、全く理解できないわ」

「世論で政治を動かせる〝市民社会〟が確立されてる欧州の国々が、心底うらやましいよ」

「スイス人は、政治や社会のことでディベート（議論）するのが大好きなの。『永世中立国』のスイスは、徴兵制もあるし、自分たちで国を守っている意識が強いからね」

ヨーロッパのド真ん中にありながら、スイスはEU非加盟を貫く国。隣国のフランスやドイツ等、大国に攻められた経験から「永世中立国」となり、世界大戦にも巻き込まれず、200年以上も中立を守っているのだという。その背景には「自分の国は自分で守る！」というモットーがあり、スイスはNATO（北大西洋条約機構）にも属さず、我が道を歩んでいる。

一方、哀しいかな、実は日本には「日米原子力協定」という日米地位協定に似た構造の協定があり、「脱原発」にシフトしようとしても、米軍基地の問題と同じで、日本だけでは何も決められないことになっている。同じ敗戦国のドイツは、1994年には米英仏ソの駐留軍が完全撤退、今では欧州のリーダー的な存在になっていることを思うと雲泥の差だ。

それにしても、22歳の大学生が、恋バナから原発話まで、どんなテーマでも自分の意見を堂々と言えることに感心してしまう。自分が大学生だった頃を思うと、政治や社会への関心の高さがケタ外れで、スイスの成熟した国民性はあっぱれ！　としか言いようがなかった。

夜9時を過ぎ、途中の駅から銀髪のきれいなマダムが乗ってきた。4人席で彼女とだけ話さないのもなぁと思い、「スイス人の方ですよね。どちらまで？」と話しかけてみる。

「東欧を数週間、旅しようかと思ってるの。宿も決めてないけど、ひとりなら、なんとでもなるからね」

そうなんだよなぁ！　グループの場合だと宿の予約が必須になるけど、ひとりは融通がきくので、本当になんとでもなるのだ。

「私も、今後もずっと世界のひとり旅がしたいと思ってまして、お年をお聞きしても？」

「もうすぐ70歳よ」「わお、70歳！」

ヨーロッパは地続きとはいえ、70歳で、行き当たりバッタリの外国ひとり旅を数週間！　しかも彼女は、ふらっと近所を散歩に行くような、普段使いのリュックひとつという軽装なのだ。

飄々（ひょうひょう）とした雰囲気の彼女は、あっけらかんと言う。

「あなたは年齢を気にしているようだけど、年齢に縛られる必要は全くないのよ。私は自分の年齢を考えて行動したことは一度もないわ。行きたいときに行きたい場所に行くだけよ」

くぅ〜っ、かっけ〜！　あぁ、私も70歳になったとき、地球を散歩するような気軽さで、小さなリュックひとつで、ふらっと海外ひとり旅ができる旅人になってたいなぁ！

「ちなみに写真はお嫌いですよね？」と聞いてみると、銀髪の彼女はおだやかな口調で言う。

「私は日常でも旅先でも写真を撮らないの。自分の目と心に収めるだけで十分だわ」

はぁ〜っ。自分が確立されていて、何から何までかっこいいこと！　スイスで初めて写真NGと言われてしまったものの、私は凜々しい彼女の生き様にホレボレしていた。

スイス人&ドイツ人のカップルに、〝孤高の旅人〟感たっぷりのスイス人女性。スイス人ともっと話したかった私は、旅の最後にプレゼントのような出会いに恵まれた気分だった。

翌朝、目を覚ますと10時を回っていて、あっという間にプラハに到着。

着いたホームで、国際結婚カップルとスイス人女性に別れを告げる。

「ハブ・ア・ナイストラベル！（良い旅を！）」と言われ、私も「ハブ・ア・ナイスライフ！（良い人生を！）」と返す。旅先で幾度となく交わされるあいさつ。あぁ、生きている間はこんなふうにずっと、「ハブ・ア・ナイストラベル！」と言われ続けたいなぁと思う。

毎日、めくるめく世界を旅する日々。子どもの頃から飽きっぽくて、何ひとつ長続きしなかった私だけど、旅にだけは飽きることがないのだ。

チェコ★プラハ

日本人経営のオアシス宿で、ほっこりヒーリング

「そこをなんとか！　マリオネット（操り人形）を作るために、はるばる日本から来たんです！」「8月いっぱい、バカンスで休暇中です。なんと言われても、絶対無理です！」

チェコの首都、プラハ駅前で、私は途方に暮れていた。

人形劇が伝統芸術であるチェコでのミッションは、「世界でひとつのマリオネットを作ること」。ウチのおかんは50歳のときに突然、フツーの主婦から腹話術師へとキテレツな変身を遂げた変わり者なのだが、70歳を過ぎた今も現役。そんなこともあって操り人形に親近感を覚え、オリジナルの人形が作れるというアトリエを探してあったのだ。

ところが電話してみると、人形作りの先生はプラハの自宅にいたものの、バカンス中を理由に冷たく断られてしまった。うぐぐ～、ほんの数時間、付き合ってくれてもいいじゃん！

青空の下、緑の芝生が広がる駅前の公園で、三々五々散ってゆく旅行者の姿を眺めていると、怒濤の勢いで孤独が押し寄せてくる。チェコ滞在はたった2日間。誰ひとり知っている人のいない国で、これからどうすればいいんだろう……。

でも待てよ。考えてみれば、腹話術師でもないのに、私が操り人形を作ってどうすんだ？　おかんが、靴下で作ったハンドメイドの藁人形みたいなモノを送りつけてくる度に、「何これ!?　呪い!?　魔除け!?　嫌がらせ!?」と身の毛がよだち、腹話術そのものを拒否してきたのに、ナニ自分から近づいてんだよ！　腹話術はおかんが勝手に目覚めてやってるだけで、家業でも世襲でもないっつーの！

というか、ここで断られるってことは、学生時代からかたくなに腹話術を拒絶してきた私のカンが、正しかったってことじゃん!?　直感は基本、いつでも正しい。長い会社員生活で、気乗りしない仕事をするときも気持ちを押し殺していたせいで、本能である〝直感力〟が鈍ってしまっていたらしい。私は金輪際、腹話術にかかわる必要なし!!

とにかく宿を決めねばと思い、ネット検索すると、プラハにチェコ唯一の日本人経営の宿を発見！　キャッチフレーズは「家族経営のアットホームな雰囲気で、暮らしているかのような滞在が楽しめます」。チェコに着いた途端、奈落の底に突き落とされた私にとって、この宿が、〝ヨーロッパ砂漠で見つけたオアシス〟のように思えてくるではないか。

これだ〜!!　じつは私は今まで、〝日本人宿〟というモノに泊まったことがない。世界中に日本人が経営する宿があることは知っていたものの、せっかく海外に来たのに、わざわざ日本人とつるむのもなぁと思っていたのだ。

だが、今の私は違う。着くや否やチェコ人に拒絶されて傷ついたハートを癒すべく、この日本人家族とつるみたくてつるみたくてたまらなかった。しかも、〝日本人宿〟の王道ともいえる「現地の人と国際結婚した日本人が営む宿」ではなく、「日本人ファミリーが経営する宿」という点にも興味津々。

早速「民宿　桐渕」（現在は「B&Bきりぶち」）に電話してみるも、応対に出たご主人に「今、団体さんが入ってて、残念ながら満室なんですよ〜」とあえなく断られてしまう。

「そこをなんとか！　台所の隅っことかに寝させて頂くだけで有難いのでお願いします！」

ここで同胞にまで断られたらおしまいだ！　と必死に懇願すると、「そこまで言われちゃうと……ガレージ横にある、納屋みたいな部屋でもよければどうぞ」と言ってもらえたのだ。

「ありがとうございます!!　助かります!!」

あぁ、やっぱり同胞の存在は頼りになるなぁ！　チェコでのミッションは、「日本人宿に泊まって、家族でチェコに移住した謎に迫ること」に決定！　新しいミッションが見つかると、しょんぼりしていた気持ちがブッ飛び、うきうきしてくるからゲンキンなものだ。

1000年もの歴史があり、世界遺産になっているプラハ旧市街にはレトロな建物が建ち並び、街全体がまるで歴史博物館のようだった。古い石畳の通りを、肌を思いっきり露出したミニスカギャルや、モヒカン姿の若者が楽しそうに行き交う。チェコは元社会主義国にしてはのびのびした雰囲気で、〝黄金の街〟と讃えられるプラハの旅が楽しみになってくる。

地下鉄からバスを乗り継ぎ、終点で降りると、民宿のご主人が犬を連れて迎えに来てくれていた。桐渕賢二さん、50歳。Tシャツ×ジーンズ姿の賢二さんは、少年がそのまま大きくなったような笑顔のまぶしいナイスミドルだったので、会った途端、安心してしまう。

「なんでまた、チェコで民宿を始めようと思ったんですか？」と聞いてみる。

「ウチは子どもが3人いるんやけど、子どものチェコ留学に親が便乗した感じなんですわ」

「え、お子さんの留学キッカケで、家族ごと移住しちゃったんですか!?」

閑静な住宅街を歩くうち、ミニホテル風の民宿に到着。立派な3階建ての建物に入ると、フロントの壁には金のトロフィーが並び、ド派手なユニフォームが飾ってあった。

「チェコに移住した理由はコレ！　子ども3人が、チェコの国民的スポーツ、アイスホッケーをやってるんですわ。〝氷上の格闘技〟って言われるぐらい激しいスポーツなんですよ〜」

あぁ！　巨大ロボのガンダムみたいな防具をつけて、スケートしながら小さな円盤を追っかけて、選手同士がぶつかったり転んだりする過激なヤツだ！

「僕は若い頃からスキーをやってたから、子どもにも楽しさを知ってもらいたくてスキーを習わせてたんですよ。でもまさか、ホッケーをやりたいと言い出すとは思わんかったですわ」

聞くと、大学生の長男、悠人くん（25）、高校生の次女、望美ちゃん（19）は、チェコの名門チームに入団してプレー中。カナダの大学に留学中の長女、絵理ちゃん（22）は、現地の強豪チームで活躍しているものの、今は夏休みでチェコに帰省中。桐渕家は、3人の子どもが全員アイスホッケー人生を驀進中という、〝アスリート家族〟なのだ。

ダイニングに入ると、女将の直子さんが「いらっしゃ〜い！」と明るく迎えてくれる。直子さんは54歳とは思えないほど若々しく気さくな雰囲気の人で、ますますホッとしてしまう。異国にいながらにして、日本語が通じる宿があるなんてなぁ！

「でも、チェコまで来たのに、絵理ちゃんはなんでカナダに？」

「女子ホッケーは今、チェコより北米の方が強いからねぇ。それで、絵理は高校からカナダに留学してて、世界選手権では日本代表選手にもなったんですよ」と直子さんが言う。

「へぇ〜っ、日本代表に！　でも、なんでホッケーで、なんでチェコやったんです？」

一番気になっていたことを聞くと、賢二さんが言う。

「1998年の長野オリンピック、覚えてます？　家族全員で、住んでた滋賀から長野まで行ったら、運よくアイスホッケーの決勝戦を会場で見れたんですわ。で、チェコが優勝する瞬間を生で見て、家族みんなで感動してねぇ。悠人と絵理が『プロのアイスホッケー選手になりたい！』って言い出して。どうせやるなら、世界を目指した方がいいかと思って」

「どうせやるなら世界って、スゴい発想ですねぇ」と言うと、直子さんが続ける。

「ダンナは中途半端が嫌いやからね〜。初めは、私と悠人と絵理でチェコに移住したんですよ。子どもたちもまだ小学生で、さすがに親なしでは留学できんかったから」

「え、小学生で留学を!?　しかも、家族がバラバラって……」

「僕はリゾートの宿屋で雇われオーナーをしてたんだけど、その頃、会社の降格人事もあったんで、新天地で勝負しようと会社を辞め、1年遅れで望美と移住したんですよ。チェコ語も話せへんし、仕事のアテもなかったけど、行けばなんとかなる！　という勢いでねぇ」

　ふたりの話を聞いていると、「こんな大胆なことを、大人がやっちゃってもいいんだ！」と感服してしまう。夢を追いかけ、単身で海を渡る人は多いものの、桐渕家は子どもの夢を応援したい一心で、家族ごとチェコに引っ越してしまった人たちなのだ。

「よくまぁノープランで、すべてをなげうって海を渡れましたねぇ」

「困難にぶち当たる度に、人が力を貸してくれてねぇ。チェコでの身元保証人が見つからなくて、来日したチェコのホッケーチームの監督に相談に行ったら、身元保証書を書いてくれたり。人生の方向性が『チェコに行くしかない！』というふうになっていったんだよね」

　分かるなぁ！　私も会社員時代、異動勧告をされ、人間としての尊厳を奪われたような気持ちになって落ち込んでいたとき、人生の方向性が『会社を辞めて、独立するしかない！』

という流れになっていったからだ。会社を辞めて以来、人から「てるちゃんは独立してうまくいったけど、うまくいかない人もいるからね」などと言われるので、独立に向き不向きなんてあるんだろうか？　と考えたことがあった。

たぶん、うまくいかなかった人は、心配しすぎたんじゃないだろうか。私自身、あまりにも不安で心配に押し潰されそうになったので、心配してもキリがないと思い、「心配するのを一切やめた」のだ。

心配するくらいなら、思いきって行動することにした。行動すれば、心配が消えるからだ。心配ばかりしていると、せっかくのエネルギーを無駄使いして、うまくいくモノもうまくいかなくなる。夢の実現を不可能にするのは、「失敗したらどうしよう」という〝恐怖〟なんじゃないかと思えてならないのだ。

「やっぱ、うまくいくかどうかウジウジ心配するより、行動すれば、道は開けますよねぇ」なんて話していると、朝から何も食べていなかったせいで、お腹がグーッと鳴ってしまう。

「お昼の余りものでよかったら、お味噌汁どうぞ～」と直子さんが味噌汁をよそってくれる。

「有難うございます～。わ、うんまーっ!!」

ネギ、イモ、ニンジンの入った手作り味噌汁の、なんたるうまさ！　この欧州旅も早1ヵ月。久しぶりに日本食を口にすると、味噌汁ってこんなにうまいもんだっけ!?　と思うぐらい、おいしさが五臓六腑に染み渡り、ソウルフードに心底ホッとしてしまう。

「お客さんの大半は、日本人なんですか？」

「初めは外国人も泊めてたんやけど、靴のまま部屋に入ったり、タオルを持って帰ったりするから、日本人専門の民宿にしたんよ。それ以来、この11年、1回も盗難事件がないわ〜」

世界のいろんな調査で、日本人はよく〝世界最良の観光客〟に選ばれてるもんなぁ。日本人の「マナーがいい」「礼儀正しい」といった特徴は、場所を問わず折り紙つきなのだ。

「これから団体さんとワインバーに行くけど、一緒に行く？　日本ではまず呑めない、チェコでも今の季節しか呑めない〝生ワイン〟が呑めるよ〜」「な、生ワイン!?　行きます！」

賢二さんの誘いにふたつ返事で食いつくと、直子さんが言う。

「ワインバーの後、国立博物館で開かれるクラシックコンサートに団体さんをお連れするんやけど、てるこさんも来る？」「博物館でコンサート!?　行きます、行きます！」

「明日プラハを観光するなら、次女の望美が夏休みだから、ガイドに付けようか？」

「うわ、ぜひぜひ！　セグウェイ（立ち乗りの電動二輪車）ツアーを一緒にやろうかな」

全くノープランだった私のチェコ旅は、またたく間に全スケジュールが埋まり、なんだか忙しくなってきたなぁとますますテンションが上がる。

そこへ、ウワサの絵理ちゃんが現れた。小柄な絵理ちゃんは目鼻立ちくっきりの美人で、格闘技的なスポーツの選手だとは信じ難い、アイドル顔負けのルックスではないか。

「おお、絵理ちゃん！　話は全部、ダイジェストで聞かせてもろたで〜。それにしても、絵理ちゃん、ごっつい美人アスリートやなぁ！」

「ハハッ、テンション高っ！　で、この人、誰？」と絵理ちゃんは大笑い。「てるこさんは、予約ナシで嵐のようにやってきて、今夜からウチのガレージに泊まることになった旅人やで」と直子さんが笑いながら説明してくれる。

賢二さん&絵理ちゃん、英会話クラブの仲間だという超元気な60〜70代の7人グループと、ワインバーへ向かう。バスが来ると、絵理ちゃんが犬のアレンと一緒に乗り込むのを見て、目がテンになってしまう。

「え、ワンちゃん、ケースとかに入れんでも大丈夫なん？」

「リードをつけてれば地下鉄も乗れるし、レストランやカフェも犬同伴OKが多いんよ」

やたら犬連れの人が多いと思ったら、チェコは〝犬天国〟だったのだ。アレンをはじめ、チェコのワンちゃんは本当におりこうで、しつけが行き届いていることに感心してしまう。

道を歩いていると、カラフルな団地群が並んでいる。オレンジやイエロー、グリーン等のパステルカラーでお色直しされているものの、相当年季の入った佇まいだ。

「ああいう団地は、社会主義時代の名残（なごり）ですよね？」と賢二さんに聞いてみる。

「うん。チェコは社会主義時代に作られた、安い団地に住んでる人が多いんだよ。ヨーロッパの中じゃ貧乏な国やし、共働きが基本だけど、古い家や古い物を大事に使う国なんだ」

チェコは、社会主義国だった「チェコスロバキア」が1993年に「チェコ」と「スロバキア」の2国に平和的に分離してできた〟新しい国〟なのだが、歴史と伝統のある国なのだ。

緑豊かな公園を歩いていると、賢二さんが木を指して言う。

「洋梨の木だよ。チェコ人はよくコンポート（果物の砂糖煮）にしてるよ。食べてみる？」

見ると、ひょうたん形の洋梨が、鈴なりに実をつけている。口に含んでみると、熟れ熟れであんまーい！　サクサクした和梨とは別モノで、洋梨はとろっと柔らかく桃のようにクリーミーで、なんとも贅沢な味わいだ。

「フツーの公園で、高級フルーツが食べ放題なんて、チェコ、めっちゃ太っ腹！」

「ハハッ、チェコの街路樹は、実のなる木がほとんどなんだ。さくらんぼに、プルーン、りんご、杏に、クルミもあるね。チェコに来るまで、野生の果物なんて食べたことなかったから、そこらの木になってる果物が食べられることが新鮮やったよ〜」

園内に広がる湖を望む、おとぎの国のような門構えの地元のワインバーに着くと、絵理ちゃんがオーダーしに行ってくれる。桐渕さん夫婦はチェコ語が得意ではないので、チェコ語がペラペラな子どもたちが、ときどきこんなふうに家業の手助けをしているらしい。

チェコ人で賑わうテラス席に座ると、赤と白の〝生ワイン〟がピッチャーで運ばれてきた。

「これは、加熱殺菌していない、発酵途中のワインなんよ。酸化防止剤も無添加やしね」

生ワインを呑んでみると、ぶどうのリッチな香りと相まって、するする呑めてしまう。

「搾りたてのぶどうジュースみたい！　炭酸のシュワシュワ感もあってうんま〜い」

「喉越しがいいから、アルコール度数高いのに、つい呑み過ぎちゃうんだよね」と賢二さん。

まわりを見回すと、どのテーブルにもピッチャーが置いてあるだけ。つまみも乾きモノもなく、ひたすら酒を呑むのがチェコの流儀であるらしい。

隣席の犬連れのチェコ人夫婦に「おいしいね〜！」と身ぶりで伝えると、「でしょ〜？」と得意げな顔になり、ニコニコ顔で乾杯ポーズをしてくれる。湖畔の公園で昼間っからワインを呑み、足元に愛犬が幸せそうに寝そべっている姿は、バカンスのイメージそのものだ。

チェコは、元社会主義国にありがちなツッケンドンな愛想ナシもいるものの、素朴でおだやかな感じの人も多いんだなぁと思ってうれしくなる。

絵理ちゃんは全く呑んでいなかったので、「お酒、呑まれへんの？」と聞いてみる。

「いや、お酒は好きなんやけど、体調管理もアスリートの仕事やから呑まんようにしてて」

「ストイック〜！　メンタルが強くないと、海外でホッケーなんて無理やもんな〜」

ホッケーの話題になった途端、キリッとしたアスリートの表情になった絵理ちゃんが言う。

地元の人に大人気のワインバー

ワインでホロ酔いのおしどり夫婦

少女のような笑顔の可愛い直子さん

犬のアレンとバスに乗る絵理ちゃん

「体も小さいから、私は人の10倍頑張らなアカンし、メンタルは強くなったと思いますよ〜。私はゴールキーパーなんやけど、試合に出してもらわれへんかったら、監督に『私はこれだけパック（円盤形の玉）を止めてるのに！　私を出さない理由を言って！』って詰め寄るし」

「すげ〜っ。この精神力は、海外でこそ鍛えられたものだと思わずにはいられなかった。

「そんなホッケー漬けの毎日やと、ホッケーもうイヤや！　とか思わへん？」

「ホッケーはやってても楽しいし、見るのも楽しいし、辞めたいと思ったことは一度もないわ〜。五輪をキッカケにホッケーを始めたから、自分も五輪を目指して頑張ってるし」

「絵理ちゃん、スゴいところにおるんやなぁ」

絵理ちゃんが「チェコでプレーしたい！」と言ったのは小学5年生のときだったのに、以来10年以上、全くブレていない意志の強さに感服してしまう。


夜、トラムに乗って、みんなでコンサート会場に向かう。

重厚な国立博物館の中は、まるで中世の城と見まがうようなプレミアムな空間だった。コンサートが開かれる「階段の間」に足を踏み入れると、中央が吹き抜けになっていて、豪華な柱からシャンデリアまで気品に満ちていること！

映画『ミッション：インポッシブル』のパーティシーンが撮影されたという「階段の間」

の四方の階段がお客で埋まり、バイオリン、チェロ等の奏者が登場。チェコ出身のスメタナが作曲した『わが祖国』の演奏が始まると、かなりいい感じに酔っぱらっていた私は、あまりの気持ちよさに半分トランス状態に。本場のクラシックを夢うつつで聴くという、世にも贅沢な時間を過ごす。

コンサート後、宿に戻ってくると寝酒が呑みたくなったので、ダイニングに直行する。

「ビールって買えますか?」と聞くと、「てるこさん、まだ呑む気〜?」と直子さんが笑う。

「ま、チェコに来たらビールを呑まなきゃ〜。チェコは国民ひとり当たりのビールの消費量が世界一の国で、水よりもビールの方が安いからね」と賢二さん。

おふたりとチェコビールで乾杯し、気になっていたことを聞いてみる。

「社会主義国だった東欧のチェコにも、バカンスってあるんですか?」

人形作りの先生が経済よりもバカンスを優先したおかげで、私はこの宿に泊まることができたものの、バカンスは西欧のイメージだったからだ。

「もちろん！　会社は社員に2、3週間の夏休みを与えなければいけない法律があるからね。チェコ人は週末によく田舎の別荘に行くんだけど、バカンスを別荘で過ごす人も多いよ」

外国旅行を禁じられていた社会主義時代、国民に唯一許されていた娯楽が別荘ライフだったのだという。

「田舎の別荘に行って、何やるんです？」

「チェコ人は、ひたすらビールを呑んでるねぇ。みんなアウトドアが大好きだから、カヌーにテントと山盛りのビールを積んで、川を下ってキャンプしたりして。大自然の中でビールを呑むのが、チェコ人の最高の楽しみなんだよ。お金をかけないで遊ぶのがうまいからね」

「ほな、おふたりもチェコでバカンスを取ってはるんですか？」

「いや〜、取ったことないねぇ。この仕事に休みはないし、そんな余裕なかったからなぁ。毎朝5時前に起きて朝食を作って、子どもたちを車で練習場まで送って、帰ってきてお客さんの朝食を作って、お客さんの送り迎えして……って生活だったから」

賢二さんがそう言うと、直子さんがセンチな顔になって言う。

「チェコに来た頃は言葉も全く分からないし、苦労の連続で、私はよくひとりで泣いてたしねぇ。子どもには絶対、泣き顔を見せなかったけど、私はご飯もロクに食べられなくて」

ヨーロッパの国々は移民が多いものの、チェコは人口の9割以上がチェコ人で、英語がほとんど通じないのだという。言葉の壁があるチェコでは、子どもを受け入れてくれる小学校がなかなか見つからず、日本人というだけで差別もあったというのだ。

「今は大勢の方が泊まりに来てくれるけど、民宿が軌道に乗るまでの3年は、本当に大変だったよ〜。収入は、滋賀の家を人に貸した家賃8万だけやったから、貯金は減る一方で家計は火の車だったし」と賢二さんが言う。

こんなにでっかい民宿を経営しているのを見て、私はてっきり、子どもに英才教育を受けさせる余裕のある、経済的にリッチな家庭だとばかり思っていたのだ。

「そんなご苦労が！　想像もつかんかったですわ〜。直子さんなんて、その開けっぴろげな格好からして、すっかりヨーロッパの人やし」

ピンクのキャミソールにミニスカ姿の直子さんに言うと、直子さんがケラケラ笑う。

「アハハ！　こんなん、全然フツーやんか」

確かに、ヨーロッパの女性たちの格好は露出度が高いので、直子さんなんて露出が少なすぎるぐらいなのだ。杖をつくようなおばあさんでも、胸元の開いたノースリーブの、ド派手な花柄ワンピース姿。豊満なおばちゃんも堂々とキャミソールを着ていて、ブラのヒモが丸見えなのも当たり前ときてる。

「ヨーロッパじゃフツーでも、日本は人の目ばっかり気にしてるから、その格好は勇気いるわ〜。そんな、胸の谷間が見える、ド派手なショッキングピンクのキャミソールに花柄のミニスカ姿のアラフィフ、見たことないもん」

私がそう言うと、ふたりは「アハハ！」と腹を抱えて大笑い。「僕も感覚がすっかり麻痺してて、奥さんの露出が多いなんて思いもしなかったよ〜」と賢二さんが頭をかく。

「日本でその格好でウロウロしてたら、近所の人に『あそこの奥さん、下着みたいなキャミソールにあんな短いスカートで、ほんと〝見せたがり〟よね〜』とかって言われますって。しかもダンナは全然仕事に行かへんで、犬の散歩と食材の買い出ししかしない極楽とんぼやって、近所でウワサになりますよ〜」

「アッハッハ！　確かにそうかもねぇ」とふたりはまたもや大笑い。

会社を辞めて以来、私はようやく自分の着たい服が着られるようになったものの、大好きな赤い和柄のアロハシャツを着ていたら、友だちに「年甲斐もなく無理しちゃって」と言われたことがあった。無理なんかしてないし、私は自分に一番似合う服を着ていただけなのだ。とかく日本は、「こういう年齢の人はこうすべき」とか「こうすべきではない」といった制限（＝呪い）がはびこっていて、人の人生観を縛りすぎているよなぁと思う。

「今日、絵理ちゃんと話してて、『自分からホッケーやるって決めたから、夢を叶えるまで絶対あきらめない』って言葉を聞いて、意志の強さを感じましたわ〜」

「僕は本当は子どもをスキーヤーにして、一緒に滑りたかったんだけどねぇ」

賢二さんがそう言い、私は日本の英才教育について、気になっていたことを口にした。

「私、子どもをお受験させる親が、テレビの取材とかで『ウチの子は〈自分からお受験したい〉って言い出したんですよ〜』とか言うのを見ると、ゾッとするんですよ。

子どもは親に愛されたいから、親が『誰々はお受験するんだって。エライわ〜』とか言うのを聞いて、親の期待に応えたいと思って『受験する』って言ったに決まってるやん！と思って。桐渕家は、子どもたちが親の進んでほしかった道とは違う道を選んでも、全力で応援してはるのがすばらしいと思いますわ」

「子どもが抱いた夢やから、親としては応援してあげることしかできへんしねぇ。ま、僕らは、子どもたちの夢で遊ばせてもらってるところがあるからね」

賢二さんがそう言うと、直子さんが笑う。

「私はダンナと違ってスポーツを全くやらへんから、なんで自分の子どもがこんなにもスポーツ好きばっかりになったんか、ほんま分からんわ〜」

「ハハハ！　そうは言うても、直子さん、スポーツマンの賢二さんに惚れたクセに〜」

気のいいご夫婦と酒を酌み交わしていると、今日チェコに着いたことが信じられないぐらい、のびのびくつろいでいる自分がいた。

長い海外旅の道中、心からリラックスして羽を休ませることができる日本人宿は、この世の天国みたいな場所だなぁと思う。海外で気を張っている中、日本語&日本のビミョ〜な感覚が通じる日本人宿は、超楽チンで安心感が絶大だったのだ。

翌朝、おいしい朝食を食べた後、次女の望美ちゃん（のんちゃん）とプラハ観光へ向かう。

あどけなさの残るのんちゃんは、ペコちゃんのような愛くるしい顔立ちで、小柄なボディ。聞くと、のんちゃんは地元の名門チームでプレーしているものの、女子チームだとレベルが低すぎるので、男子チームに混じって練習しているというではないか。自分より一回りも二回りも体格の良い、屈強なヨーロッパ男子たちと渡り合っているなんて、のんちゃんは小回りの利く、さぞやすばしっこい選手なんだろう。

「日本とチェコの、文化の違いを感じることってある？」とのんちゃんに聞いてみる。

「練習後、リンクに向かって『ありがとうございました！』ってお辞儀してると、チェコ人の監督に『誰に向かって挨拶してるの？』って驚かれたわ〜」

「ハハッ、〝礼に始まり礼に終わる〟文化は、こっちの人には分からん感覚やろうな」

私も中高の水泳部時代、プールに向かってお辞儀していたことを思い出す。礼を重んじる〝武道の精神〟は、他のスポーツにも確実に受け継がれている。日本では建物の建築前に地鎮祭を行うし、日本人には、どんな土地にもそこには土地の神様が御座（おわ）すという感覚があるような気がする。チェコ生活が長いのんちゃんは、日本人離れした強いメンタリティを持ちながらも、日本人的な感覚を忘れていないんだなぁと思う。

まずは、ケーブルカーに乗って「ペトシーンの丘」へ。頂上にある展望台に上がると、プラハを一望できる、壮大なパノラマが広がっている。どこまでも続く、赤レンガの屋根に白壁の家々、石畳の街並み。ファンタジックで美しい建物群にホレボレしてしまう。

プラハの絶景を堪能した後、「鏡の迷路」なるB級スポットで鏡に映った自分の手足がびよ〜んと伸びるのを見てのんちゃんと笑い転げたり、世界で最も古くて大きなプラハ城（全長580m！）等を散策する。どこをどう切り取っても絵になるプラハは、石畳の道を散歩しているだけで楽しく、中世のヨーロッパにタイムスリップしたような気分になる。

昼すぎ、チェコ料理レストランに入り、「肉の盛り合わせ」をオーダーする。肉汁したたるポークソテー、ローストポーク、ぷりぷりでジューシーなソーセージを、ザワークラウト（酸っぱいキャベツ）と合わせて食べると、こってりした肉がさっぱりして美味し！

「民宿って、毎日知らない人が家におるから、ストレス溜まらへん？」と聞いてみる。

「生まれたときから宿屋の娘をしてるから、全然気にならへんよ。いつか宿屋もやってみたいし。自分が旅に出たとき、こういう場所があったらなぁという場所を作ってみたいねん」

「そらええ夢やなぁ。私も日本にそんな宿を作ってみたくなるわ〜」

両親の背中を見ながらすくすく育ったのんちゃんは、アイスホッケーに燃えつつ、旅人がくつろげる宿屋を作る夢も抱いていて、地に足がついているなぁと感心してしまう。

夜8時、セグウェイ3時間ツアーのスタート地点に向かう。セグウェイとは「立ち乗りの電動2輪車」で、日本では公道を走ることが許されていない、斬新な乗り物なのだ。

インストラクターであるチェコ人の好青年な兄ちゃん、トンザが、ヘルメットを被った参加者7人に、マンツーマンで丁寧にレッスンしてくれる。

「ハンドルを持ったまま、体を前に傾けると前に進み、ハンドルを引くと止まるからね」

ドキドキ気分でセグウェイに乗り、全員が乗り方をマスターすると、「じゃ、僕の後についてきて！」とトンザが言い、恐る恐る出発。初めは「人にぶつかったらどうしよ〜！」と心配だったのだが、ハンドルを前後するだけなので操作もスムーズ、ナチュラルな感覚だ。

セグウェイできゅい〜んと進む、スリルと爽快感。プラハは坂が多い街なのだが、セグウェイならスーイスーイと上っていける。歩いているワケではないものの、人が歩いている場所を通るので、私たちだけが近未来感覚で街を進んでいるような、なんとも不思議な気分なのだ。慣れてくると、セグウェイ超楽しい〜！

スタート時には昼間の明るさだったのが、いつのまにか街が暮れなずみ、だんだん幻想的な夜景になっていく。夜のとばりがおりると同時に、プラハの街がオレンジ色の灯りに包まれる。ライトアップした夜のプラハ城や、モルダウ川沿いの宝石箱をひっくり返したような街並み。昼のプラハも美しかったものの、夜のプラハのまぁ美しいこと！

舌ピアスを見せてくれたねえちゃん

「鏡の迷路」で手足が伸び～～る♪

「黄金の街」の夜景。闇に浮かぶプラハ城の美しいこと！

見飽きることがない夜景に感動しつつ、古都プラハを新感覚のセグウェイでめぐるのは、最高の気分だった。なんせセグウェイに乗った途端、中世の街並み全体が、テーマパークのアトラクションに変貌したように感じられるのだ。石畳だろうと坂道だろうとスイスイ進むことができるセグウェイは、未来を担う次世代の乗り物だと思えてならなかった。

国立博物館前の大通りに来ると、トンザが説明し、のんちゃんが訳してくれる。

「ここは、プラハ中心部の、ヴァーツラフ広場です。1969年、大学生のヤン・パラフは、チェコスロバキアの民主化運動を弾圧したソ連軍の戦車の前に立ちはだかり、この場所で、抗議の焼身自殺をしました。彼は『プラハの春』の英雄と呼ばれています」

見ると、石畳の広場に木製の十字架がめりこんでいて、赤や黄色の花々が献花されていた。今はこんなにも平和な場所が、ソ連軍の戦車で埋め尽くされていたなんて……。国を思うあまり自死したヤン・パラフが、今のトンザと同じ年頃だったことを思うと、胸が締めつけられてしまう。ヤン・パラフの尊い魂が癒されるよう鎮魂を祈る。

途中、高台の公園で休憩になり、ビアガーデンの注文の列に並ぶと、後ろにトンザがいる。

「トンザもビールを?」「もちろん！　チェコ人にとって、ビールは〝飲むパン〟だからね」

のんちゃんは炭酸水を買い、テラス席に座って3人で乾杯する。プラハの美しすぎる夜景を眺めながらチェコビールを呑むと、この環境もあって最高においしく感じるなぁ！

「トンザは、プロのインストラクターなの？」と聞いてみる。

「いや、これはバイトで、僕は教育学を勉強してる大学生なんだ。将来は、今の学校教育を作ったヤン・アーモス・コメンスキーのような、教育改革をするのが夢なんだよ」

「ヤンなんとかって誰？　その人が、今の学校教育を作ったってどういうこと？」

「ヤン・アーモス・コメンスキーは『近代教育学の父』と呼ばれてて、16世紀のモラヴィア、現在のチェコで生まれた人なんだ。きみが彼の名前を知らなくても、世界中の人はみんな、コメンスキーのおかげで大きくなったんだよ〜」

聞くと、「同じ年齢の子が一緒に入学して、同じ内容を学んで一緒に卒業する」とか、「女子にも男子同様の能力があるのだから、女子にも男子と同じ教育が必要」といった、今では世界中の大多数の人が当たり前だと思っている〝学校教育のシステム〟は、コメンスキーが考えだしたものだというのだ。

検索してみると、確かにわんさか出てくるコメンスキー！　ヨーロッパの覇権をめぐる血みどろの国際戦争「三十年戦争」（1618〜1648）に巻き込まれたコメンスキーは、生涯にわたって亡命を余儀なくされた教育学者とある。

この三十年戦争の結果、隣国ドイツとチェコの人口は、戦前の3分の2にまで激減（！）。戦争に翻弄されたコメンスキーは、「人々が学校で全ての知識を共有すれば、戦争が終わり、ヨーロッパが一つになる」と考えたのだという。ローマ帝国の滅亡から第二次世界大戦までの長い間、小さな国が密集しているヨーロッパは、常に戦争状態にあったのだ。

それにしても、私たちが今、当たり前のように享受している〝義務教育〟が、戦争による産物だったとは！　教育だけじゃない。前に調べものをしていたとき、世界中の人々の生活を激変させたパソコンやスマホから、GPS、カーナビ、電子レンジ、缶詰、レトルト食品、ティッシュペーパーにいたるまで、もともとは戦争で生まれた技術の応用品だと知って、私はどれだけ驚いたか分からない。

だからといって、戦争そのものは絶対肯定しないし、技術の発展はもう十分ではないかと思うものの、人類は愚かな戦争を起こす度に、何かしら学んできたともいえるのだ。そう考えると、人類はみんな、〝地球学校〟の生徒で、ひとつ間違う度に、ひとつ学んで、少しずつ成長してきたのだと思わずにはいられなかった。

「今まで聞いたこともなかったけど、私も〝コメンスキー・チルドレン〟だったんだねぇ」

「ハハッ、そうだよ〜。僕はコメンスキー2世になりたいんだ。子どもがもっと自由に、好奇心を持って学べるような教育システムを作って広げていきたい。このチェコからね！」

熱く語るトンザのいきいきした表情を見ていると、私まで胸が熱くなる。こんな大きな夢を抱く若者がいるなんて、チェコも人類も〝伸びしろ〟だらけだなぁと思う。桐渕ファミリーにしてもトンザにしても、「なりたい自分」を思い浮かべて、自分がそうなったらどれだけ楽しいかをイメージし、ワクワクしながら挑戦している人ばかりなのだ。あぁ、私も「なりたい自分」を思い浮かべて、なり続けていきたいものよ！

翌朝、チェックアウトを済ませ、次の旅先ハンガリーに向かおうとすると、賢二さんが駅まで車で送ってくれることになった。桐渕ファミリーと記念写真を撮ろうと思い、みんなに外に出てきてもらうと、長男の悠人くん以外に、見たことがない青年がいるではないか。

「えっと、彼は？」「預かってる留学生のユウヤくん。彼もアイスホッケーをやってるんよ」

石塀に、家族5人とユウヤくんが座り、犬のアレンも加わって、スタンバイOK。セルフタイマーを設定して、どこに入ろうか迷った私は、ええいとみんなの太ももの上に寝転がってみた。

「ちょ、くすぐったい〜！」「アーッハッハ！」とみんなが腹を抱える中、私は感動していた。さすがアスリート家族だけあって、太ももの筋肉の弾力がハンパないのだ。

「うわ、ナニこの張り！　トランポリンみたいやん！」

高揚した私が6人の太ももの上で飛び跳ねると、みんなが大笑いしたせいで、地べたにズリ落ちそうになってしまう。「ああ〜、落ちる〜！」と訴えると、みんなが私を必死に抱きかかえてくれる。半分ズリ落ちつつ、私が「早くシャッター下りて〜！」と叫ぶと、「それはこっちのセリフや！」「クソ重い！　チェコで食べすぎやろ〜」などと返ってきて、ゲラゲラ笑っているうちに、カシャーッ。最高の記念写真を撮り終え、車に乗り込んだ私は、桐渕一家に「さようなら〜、お元気で〜！」と手を振った。

車を運転しながら、賢二さんが「あと何ヵ国まわる予定なん？」と聞いてくる。

「チェコが12ヵ国目で、あと9ヵ国ですね。全部で21ヵ国の予定なんで」

「21ヵ国も!?　僕は若い頃、日本人で初めてエベレストに登頂した植村直己に、スゴく影響を受けたんやけど、てるこさん、植村直己みたいにならないよう気をつけてね」

賢二さんの口から突然、冒険家のレジェンドの名前が出てきたのでギョッとしてしまう。

「えっとそれは……、無茶して死んじゃダメってことですか？」

「植村直己は『冒険とは、生きて帰ること』が口グセだったのに、冒険で命を落としてしまったんだ。冒険家は『もっと凄いことをやって、人を驚かせたい！』と思うし、スポンサーも付いてどんどん過激になって、引き返せなくなってしまう。写真家の星野道夫もヒグマに襲われて死んでしまったし……」

「いやいや、私は一介の旅人で、そんな過激なこと全然やってないですよ〜」

「でも、『ガンジス河でバタフライ』したんでしょ？」

笑顔で見送ってくれる賢二さん

気さくなトンザとセグウェイツアー

フレンドリーな桐渕ファミリーと記念写真

どうも賢二さんは、私のデビュー作のタイトルを知って、いろんな大河に果敢に挑戦している冒険家だと思ってしまったらしい。

「そんな、『ミシシッピ川で背泳ぎ』とか『アマゾン川で犬かき』とか、強烈な本、出さへんから大丈夫ですって。モルダウ川でも泳いでへんし」

私はなんの記録にも挑戦してないし、スポンサーもいないし、冒険家でもないけれど、〝旅人〟の行く末を気にかけてくれる賢二さんの気持ちがうれしかった。

プラハ駅に着くと、超方向オンチな私を心配して、賢二さんがホームまで見送りに来てくれる。無事、ハンガリー行きの列車に乗り込むと、賢二さんが言う。

「絶対、無理しちゃいけないからね！　旅の安全を祈ってるよ」

「桐渕さん一家もお元気で！」

列車が走り出すと、少年のような笑顔の賢二さんが小さくなっていく。

日本のテレビ番組に取材されたり、チェコのマスコミから取材を受けることもあるという桐渕さん一家は、プレッシャーも相当あると思う。異国での暮らしは大変なことも多いだろうけれど、勇気づけられる日本人もチェコ人もたくさんいるだろう。桐渕さん一家は、チェコで夢を追いかけながら、こんなメッセージを発信し続けているのだ。

「大人も、子どもも、おっきな夢を見てもいいじゃない！」

ハンガリー★ヘーヴィーズ&ブダペスト

鳥や魚と混浴！「世界最大の温泉湖」で、いい湯だな〜♪

（このおっちゃん、また出待ちしてるし！）

ハンガリーの首都、ブダペスト行きの列車内の個室トイレで、本日2度目の快便を済ませて出てくると、私が出てくるのを待ち焦がれていたおっちゃんがいるではないか。

タバコを手にしたおっちゃんの目的は、明らかに〝隠れタバコ〟。車内は禁煙なので、おっちゃんは窓付きトイレの中で喫煙しようという魂胆なのだ。

「おっちゃん、ま〜た私のウンコの臭いを嗅ぐことになるから、入るのやめといてよ〜」

英語が通じないので身振り手振りでそう言うと、おっちゃんも身振り手振りで返してくる。

「俺はヘビースモーカーなんだ。お前のウンコには興味ない。早く吸わせてくれ！」

そう言い切ると、おっちゃんはそそくさと、出したてホカホカのウンコ臭の充満したトイレの中へ猛ダッシュ。やれやれ、タバコを吸うよりも私のウンコ臭を吸うことになるのに、チャレンジャーよのう。

そんなおバカなやりとりをしているうちに首都ブダペストに着き、「ヘーヴィーズ」行きの列車に乗り換える。ハンガリーでのミッションは「いろんな温泉に浸かりまくって癒されること！」。

というのも、欧米のホテルは大抵バスタブが浅く、銭湯好きの私には悲しすぎる〝シャワー文化圏〟。そんな中、ハンガリーは欧州最大の〝温泉大国〟で、とりわけ温泉療養地ヘーヴィーズには、温泉が湧き出ている〝温泉湖〟があるというのだ。

車窓から見える景色は、都会から遠ざかるにつれ、ひまわり畑やトウモロコシ畑等、牧歌的なムードになっていく。列車が途中の駅でしばらく停車すると、車掌の金髪のおばちゃんがホームに出て、小ぶりのリンゴを丸ごとボリボリかじっている。こういう姿を見ると、なんともいえない人間臭さを感じてホッとしてしまう。ヨーロッパの人たちの人目を気にしない雰囲気が、人の目ばかり気にする国からやって来た私にはたまらなく新鮮に映るのだ。

日本ではあり得ない車掌さんの姿を見るうち、私は会社員時代、初めて配属された部署の規則を思い出していた。その部署では、重役の一存で「今、その瞬間にやっている仕事の資料」以外のモノを置くことが禁じられていて、見つかると逆鱗(げきりん)に触れることになるのだ。

重役が部署にやって来ると、室長が小声で「隠せ！」と指示し、私たちは慌ててコーヒーやお菓子を引き出しの中（！）に隠したものだった。優しい先輩方のおかげでなんとか持ち堪(こた)えていたものの、私はそんな茶番劇が心の底から嫌で、今思うと悪夢のような日々だった。

車窓から見える風景が、ビュンビュン後ろに遠ざかっていくのを眺めていると、過ぎてしまえば、すべては夢みたいだなぁと思う。パワハラの権化で〝恐怖政治〟を敷いていた重役はとっくに他界したし、私は18年間勤めた会社を辞めて自由の身になったので、この長旅にも出られたのだ。あらゆることは過ぎ去ってしまうし、人生は夢みたいなモノ。あの世に行くときはこの体すら持っていけないんだから、この人生を卒業するときは、いい思い出だけを胸いっぱい抱えていたい！　と思わずにはいられなかった。

列車に乗ること3時間半。夜8時を過ぎ、終点で降りると、そこはいかにもド田舎の小さな駅だった。あれ？　この列車、ヘーヴィーズまで行かないの!?　閑散としている駅のまわりには何もなく、タクシー1台停まっていない。

ど、どうしよう！　ここはどこ!?　私はどうすれば!?

仏頂面の車掌のおばちゃんに駆け寄り「ヘーヴィーズに行くには!?」と聞いてみるも、全く英語が通じず、独特のイントネーションのハンガリー語が返ってくる。途方に暮れていると、「仕方ないわねぇ」という顔になったおばちゃんが、車のハンドルを動かす身ぶりをしてみせる。どうやらヘーヴィーズ行きの列車はもうないらしく、仕事が終わった後、私が車で送るわ、と言ってくれているらしい。

「あぁクスヌム！（ありがとう！）」と言い、待つこと1時間。日が落ちて辺りが薄暗くなってきたので、どんどん心細くなってくる。まさか、おばちゃんの身ぶりを読み間違えたのかなぁ……。

夜9時、仕事を終えたおばちゃんが駅前に停めていた車に乗り込み、手招きしてくれたので胸をなでおろす。車に乗り込み、スマホでＢ＆Ｂ《ベッド・アンド・ブレックファスト》（朝食つきの民宿）の写真を見せると、おばちゃんが「イゲン、イゲン（Ｙｅｓ、Ｙｅｓ）」と頷いてくれたので、伝わったらしい。ハンガリーにもＢ＆Ｂがあると知り、私は興味津々だったのだ。

街灯の少ない暗がりを走っていると、おばちゃんが私にケータイの写真を見せてくる。10代半ばの可愛い女の子と夫らしきおっちゃんが写っていて、「娘さんとダーリン？」と聞いてみると、おばちゃんは「イゲン、イゲン」とほんの少し笑顔を見せて頷く。ふだんのおばちゃん同様、写真の親子はすまし顔で、ちっとも笑っていないのがおかしかった。

おばちゃんが車を停め、ハンガリー語の小さな看板の出ている建物を指さす。どうやらあの看板が「空き部屋あり」のサインらしい。おばちゃんに「待ってて」と頼み、家のチャイムを鳴らすと、超仏頂面の大柄なおばさんが出てきて「ネム！（Ｎｏ！）」の一言。

車に戻り、その後も看板の出ている家を見つけては聞いてみるも、3軒連続で断られてしまう。通り沿いにあったホテルでも聞いてみたのだが、ここも満室。

夜10時半をまわり、今日泊まる宿があるのか、不安で不安でたまらなくなってくる。おばちゃんの家族は、お腹をすかせて彼女の帰りを待っているかなぁ。さすがに申し訳なさすぎて恐縮していると、おばちゃんが看板の出ているピンク色の家の前で車を停めてくれた。

車を降りて聞きに行くと、むすっとしたおばさんが出てきて、「イゲン」と頷いてくれたではないか！　身ぶり手振りで料金を確認すると、朝食付きで1泊2千円ちょい。安堵のあまり、その場にへたりこみそうになってしまう。

車に戻り「イゲン！」と言うと、口角を3ミリほど上げ、今まででマックスの笑顔になったおばちゃんから白い歯がこぼれる。私は運転席のおばちゃんに抱きつき、力いっぱいハグして「クスヌム〜！」とお礼を言った。私が降りると、車はその場でUターンし、「ブッブー！」とクラクションを鳴らして去っていく。おばちゃんは自分の帰る方向とは正反対なのに、私の宿探しに2時間も付き合ってくれたのだ。うう、なんて優しい人なんだ！

家の中に入ると、英語の全く通じないおばさんは6畳ほどの貸し部屋を指さし、トイレとシャワールームの場所を教えると、部屋のカギを渡して寝室に消えてしまった。

部屋に荷物を降ろし、とにかく腹ペコだったので、外に出て近くを歩いてみる。しばらく歩くと、真っ暗な通りに1軒だけ、まだ開いていたレストランを発見。

コテージ風の可愛いお店に入ると、英語の全く通じない無愛想なねえちゃんがメニューを見せ、何やらススメてくる。スマホ検索してみると、「フォアグラ（ガチョウやアヒルの肝臓を肥大させたもの）のソテー」で、ハンガリーは世界一のフォアグラの産地なのだという。

フォアグラは強制給餌の問題も気になるしなぁとためらっていると、ねえちゃんは「なぜ注文しないの？」という表情をしてくる。私が口を開け、「グゲーッコッコ！」と苦しそうにうめいてみせると、ねえちゃんは鳩が豆鉄砲を食らったような顔になっている。私が必死に、ガチョウが無理矢理エサを食べさせられるマネをすると、ようやくジェスチャーを理解したねえちゃんは、両手を羽のようにパタパタさせてみせる。

「自由に育ったガチョウだから大丈夫よ」「じゃあ、フォアグラと赤ワインを」

しばらくして運ばれてきた料理は、カリッと揚がったフライドポテトの上に、フォアグラの塊、その上にトマト&パプリカの煮込みソースがかかっていて、ボリューム満点。とろっとろで濃厚なフォアグラのコクと、トマトの酸味が相まって、ワインで流し込むと美味い！

勘定を済ませて店を後にし、暗い通りを歩けど歩けど、宿にたどり着かない。人通りもなく、心もとない気持ちを爆発させていると、1台のバイクが「ブォォォーン!!」と爆音を轟かせて私の横を通り過ぎていった。と思ったら、そのバイクがものスゴい勢いでUターンして引き返してくるではないか。バイクは私の目の前で停まり、フルフェイスのいかついヘルメットを被ったバイク男が、強い口調で何やら言う。

こ、殺される！　と思った私が「ギァアアーー！」と叫ぶと、バイク男がヘルメットの窓を開け、「私だよ〜」と自分を指す。あぁ、さっきの店のねえちゃん！　なんの用だろう？　と首を傾げると、ねえちゃんは、私が歩いている方向と反対の方向を指す。なんと、超方向オンチの私は町から離れる方向へ歩いていたらしく、ねえちゃんは（あの旅人、道を間違えてるな）と思って、わざわざ引き返してきてくれたのだ。

「クスヌム！」とお礼を言うと、ねえちゃんは無表情のまま力強く頷き、「ブォオォーン‼」という爆音と共に走り去っていった。くぅ～、かっくいい～！

いやはや東欧は、車掌のおばちゃんにしてもレストランのねえちゃんにしても愛想がない人が多いし、見かけはとっつきにくいものの、人間味のある人たちだなぁと思う。彼女たちは態度が悪いのではなく、無理に笑顔を作らないだけで、あれが彼女たちにとってのフツーなのだ。

初めはあまりの無愛想ぶりにギョギョッとしていたものの、慣れてくると、彼女たちの人間くさい態度に安らぎを感じている自分がいた。「無愛想＝不親切」という固定観念ができあがっている身からすると、「無愛想」なのに「とても親切な人たち」というギャップが、おかしくって仕方がない。たとえるなら、下町が舞台のドラマに出てくる職人みたいな、不器用な優しさといえばいいだろうか。彼女たちは一見他人に対して無関心に見えて、じつは困っている人がいたら放っておけない性分で、めちゃめちゃ人情深い人たちなのだ。

翌朝、用意してくれた朝食を食べた後、宿のご夫婦にヘーヴィーズ湖までの行き方を聞いてみるも、英語が全く通じない。「タクシー？　バス？」と聞いても首を振られ、まるで違う星に来たような気持ちになってしまう。相手の英語がペラペラすぎても困るものの、簡単な英単語も通じないとなると、お手上げだ。困ったなぁ……と思いつつ外に出ると、浮き輪を首にかけて道を歩いている人たちを発見。どうやら、ここから歩いて行ける距離らしい。

歩いていると、とんがった塔のテーマパークのような入場門が見えてきた。受付で1日券(約1500円）を購入し、森林の中を歩くと、目の前にとんでもなくデカい湖が広がっている。

うわあーーー！　広大な湖全体が温泉という、世にもミラクルな温泉湖のスケールに圧倒されてしまう。見た目はフツーの湖なのに、はるか遠くまで、数え切れない老若男女が浮き輪でプカプカ浮いているという、なんとも不思議な光景。湖の色は、日本のどんな温泉にもない青緑色で、バスクリンを入れ過ぎたような色鮮やかさだ。

昨夜、満室の宿が多かったので、温泉湖は芋洗い状態なんじゃ……と思っていたものの、取り越し苦労だったらしい。スマホ検索してみると、温泉湖の面積は東京ドーム1個分と同じスケール。千人風呂どころか、5万人が入浴できる混浴風呂なのだ。

古代ローマ時代から2千年の歴史があり、冬でも温泉浴ができるというヘーヴィーズ湖は、ラジウム、硫黄、ミネラルが豊富なのだという。特に、湖底の泥に酵素など治療効果の高い成分を含み、美肌の湯としても知られているとある。

なぜ入浴客が浮き輪をつけて浮いているかというと、この温泉湖の水深は、一番深い所で36m（！）もあるというのだ。ずっと泳いでいるのは大変なので、浮き輪と一緒にのんびり湖面を漂うのが、このスーパー露天温泉の流儀であるらしい。

まずは着替えだ。ヨーロッパの温泉は基本、水着着用のうえで男女混浴なので、ロッカーに荷物を預けて、女子更衣室で水着に着替え、浮き輪をレンタルする。浮き輪を手に温泉に入るなんて、日本ではあり得ないことなので、このアイテムを手にしただけで胸のワクワクが止まらない！

まわりを見回してみると、アジア人は私だけで白人ばかりのせいか、なんとはなしに視線を感じる。とはいえ、大ざっぱな気質の人たちは少々無遠慮なところがあるものの、彼女たちに悪気はないことは重々分かっている。プラスサイズのおばちゃんたちが、ビキニからお肉がどれだけハミ出ていようがちっとも気にしないのを見習って、私も人目を気にしないことにした。

森に囲まれた天然温泉湖に足を浸けると、うわっ、本当にお湯だ！　水温は30度ぐらいだろうか。もう少し温かければと思わなくもないが、長時間の入浴にはちょうどよさそうだ。

青空の下、浮き輪にお尻を入れてプカプカ浮きつつ、「♪いい湯だな〜」気分に浸る。湖面に浮いていると、ゆるやかに流されているのが分かる。湖底から湧き上がる温水は、近くのバラトン湖に向かって流れていて、湖の水は30時間ほどで全て入れ替わるのだという。湧出量の豊富なヘーヴィーズ湖は、いつでも新鮮なお湯に満ちている温泉湖なのだ。

遠くを見渡すと、手漕ぎボートに乗ったお兄さんがいて、(え、温泉でアクティビティ!?)と目がテンになる。だが、ボートに旗が付いているところをみると、監視員さんであるらしい。確かに水深36mでのぼせたり足がツッたりしたら、ひとたまりもないのだ。露天温泉の中に「ボートに乗った監視員がいる」という信じられない絵ヅラに、思わず吹き出してしまう。

岸辺の湖面には、白や紫の睡蓮（すいれん）の花が咲いていて、気品あふれるいい香りが漂ってくる。水面を見ると、めだかのような魚がひらひら泳ぎ、向こうの方には水鳥も泳いでいる。魚や鳥たちと一緒に睡蓮の温泉に入っているなんて、リアル・ディズニーな世界じゃん！

絶妙の湯加減の中、優雅にゆ〜らゆら。湖のあちこちに睡蓮が咲き誇り、入浴客がカラフルな浮き輪で漂う姿を眺めていると、天国に温泉があったらこんな感じかなぁ……と想像してしまう。静かな温泉湖で自然と一体化するうち、私はいつのまにか、ぅつらうつらまどろんでしまっていた。温泉に浸かりながら1時間も寝てしまうなんて、温泉湖のリラックス度、恐るべし！

湖で極上タイムを過ごした後、宿に預けていた荷物をピックアップし、駅へ向かう。せっかく温泉大国に来たのだから、ブダペストの温泉にも浸かってみようと思ったのだ。

売店でビールを買い、列車に乗り込む。窓を開け放って風に吹かれていると、夏の夕暮れの匂いがする。空には茜色の夕焼けが広がり、ひまわり畑や赤茶色の家々が黄金色に輝いていた。肌もすべすべになったし、疲れもブッ飛んで、来た甲斐があったなぁ……。

「ここ、いいですか？」

心地いい疲労感で爆睡していた私は、その声で飛び起きた。

「あぁ、どうぞ～」と言うと、白人の4人ファミリーが私の向かいの席と隣席に座った。近くのバラトン湖帰りのリゾート客が乗り込んできたらしく、車内は満席で大にぎわいだ。

「きみは、ヘーヴィーズ帰りかい？」とダンナさんが英語で話しかけてくる。聞くと、イギリス人のダンナさん、フィリップと、ハンガリー人の奥さん、クリスタは、ドイツ留学中に恋に落ちた国際結婚カップルなのだという。

出身を聞かれ、日本人だと言うと、英語の話せるクリスタがニコニコ顔で言う。

ヘーヴィーズ湖で出会ったジイちゃん。ビキニパンツが格好いい！

ブダペスト行きの列車で仲良くなった家族

「ヨーロッパは、姓名の表記が、名前、名字の順でしょ。でも、ハンガリーだけは東アジアと同じで、名字、名前の順なの。じつはハンガリー人には、アジアの血が流れてるのよ。混血が進んでるけど、ハンガリー人のルーツは〝マジャル人〟というモンゴルの放牧民なの」

「へ〜っ！ ヨーロッパの中に、アジアルーツの国があるなんて、全く知らなかったよ！」

私がぶったまげていると、人なつっこいクリスタが興味津々で聞いてくる。

「ね、てるこ。私の名前、漢字で書いてみてくれない？」

メモ帳に「栗巣太」と書き、「マロンの大きな家って意味だよ」と漢字名を進呈すると、クリスタが「すてき〜！」と本気で喜んでくれる。「私の名前も！」と8歳の娘さん、エメリアもおねだりしてくるので、いっぱしの書道家にでもなったようなドヤ顔で漢字を綴る。

「エメリアは……恵女里亜っと。アジアルーツの恵まれた女の子って意味だよ」「ワ〜イ！」

欧米圏の人は漢字に〝東洋の神秘〟を感じるので、漢字名をプレゼントすると、ことのほか喜ばれるのだ。

「てるこ、ウノやろうよ〜」と11歳の息子さん、セバスチャンが言い、みんなでカードゲームをやることに。負けた人は全員から脇をくすぐられるというルールを作ると、初めに負けてみんなにくすぐられたエメリアはヒーヒー笑い転げ、笑い死に寸前になっている。

「もう1回やる〜！」とリベンジを誓ったエメリアが言い、ウノ大会で大盛り上がり。

夜10時、ブダペストに到着。私の宿を案じていたクリスタに促され、ペンション（プチホテル）に電話すると予約できたので、陽気な国際結婚ファミリーとハグを交わして別れる。

宿にチェックイン後、近くのレストランのテラス席に座り、注文したアラビアータを食べると、まずっ!! パスタをコーヒーで流し込み、スマホとキーボードを連動させて文字を打つ。「仕事はしない！」と決めて旅立ったものの、唯一、原稿チェックの仕事があったのだ。

顔をしかめつつ、〝茹ですぎたうどん〟みたいなパスタをほおばっていると、隣に座っている白人の男女コンビのおっちゃんの方が、ノリノリで声をかけてくる。

「な、ここのパスタ、まずいだろ〜？」「ね、イタリアに失礼なぐらいだよね〜」

切羽詰まっている私がテキトーに相づちを打っても、おっちゃんは少しもめげずに「俺はイタリア人だから、正直食えたもんじゃなかったよぉ」と話しかけてくる。

「イタリア人は、料理の〝腕がいい〟からね」

私が原稿から目を離さず、腕を叩く身ぶりをしてみせると、ふたり組がゲラゲラ笑う。

「ア〜ッハッハ！」「その身ぶりは、アソコを指すから、ファックって意味だぞ」

「ぎゃあ〜、マジで〜!? 私、ヨーロッパの旅で、ず〜っとこの身ぶりをしてたよ!?」

「ギャハハ！ てことは、無意識のまま、エロネタ連発してたんじゃないか〜？」とおっちゃんたちは腹の皮がよじれんばかりに大笑いする。

日本人がよくやる、腕を叩いて「腕がいい」と伝える身ぶりは、ヨーロッパでは「チンチンが強い」とか「エレクトする」的な意味にとられるというのだ。顔から火が出そうになり、私が真っ赤になって照れまくると、ふたりは手を叩いて大ウケだ。

陽気な酔っぱらいコンビが、「仕事ばっかしてないで、一緒に呑もうよぉ〜」と言ってくる。グッと酒をガマンしていたものの、仕事のメールを送り終えると同時にワインを頼み、イタリア人のゲイのおっちゃん&スウェーデン人だというおばちゃんと乾杯！

昼間の温泉湖では、英語が通じなさすぎて人とほとんど話さなかったから、その反動もあって、人と話せる喜びといったらなかった。隣席の底抜けに明るい兄ちゃんコンビ（イタリア人&ドイツ人）も輪に加わり、ブダペストでのとびきりにぎやかな夜が更けていく。

翌朝、宿の人にオススメしてもらったレストランへ向かう。

〝美食の国〟ハンガリーの夏の名物だという「冷製の果物スープ」の苺バージョンを注文してみると、うまっ!! 高級スムージーをスープ皿&スプーンでいただいているような不思議な感覚で、食前酒ならぬ〝食前デザート〟という感じだ。甘酸っぱい苺のスムージーの上に、甘すぎない生クリームがたっぷり載っていて、絶妙なハーモニーに頬が落ちそうになる。

「ハンガリー風ビーフシチュー」は、パプリカソースで煮込まれた軟らかい牛肉と、付け合わせのガルシュカ（すいとんのような小さなパスタ）のもちもち食感が美味いこと！

食後、地下鉄に乗って「セーチェニ温泉」のある市民公園に向かうと、緑に満ちた広い園内は、地元の家族連れでにぎわっている。まっすぐ歩いていくと、卓球台がいくつも設置してあるエリアがあった。見ると、卓球に夢中になっている日に焼けた白人のおじさんたちがいて、全員、海パンいっちょだったので、目がクギ付けになってしまう。

中でも、太鼓腹のおじいさんはビキニパンツが食い込みすぎで、一瞬、え、全裸⁉　と思ってしまったぐらい、見た目はほぼ裸。そして、近くにカバンの類が見当たらないことを思うと、どうやら手ブラでやってきたらしい。おじさんたちがラケットひとつ持って、裸同然で家から公園に来たことを想像すると、なんだかおかしくって仕方がなかった。東欧のバカンスは、西欧に輪をかけて「お金をかけずに楽しむこと」に長けてる感じがするなぁ！

さらに歩くと、ピエロの大看板が掲げられた、楽しげな建物が建っていた。スマホ検索してみると「ハンガリー国立大サーカス」なる常設サーカス場で、120年以上も歴史があるらしい。本場のサーカスは未経験だったのでぜひ見たい！　と思うも、入口が閉まっている。

「ヨーナポト　キヴァーノク！（こんにちは！）」と声をかけると、責任者とおぼしき、史上最強の仏頂面のねえちゃんが出てきて、「ネム！（Ｎｏ！）」と冷たく首を振る。

「途中からでＯＫだから、そこをなんとか！」

むくれた顔のねえちゃんに頼み込むと、ねえちゃんはぶっきらぼうに「んん〜。じゃ、2700フォリント（約1350円）」と言い放つ。「クスヌム！」と言って支払いつつ、ねえちゃんはつっけんどんだけど優しいなぁと思う。入口に入場料3200フォリントと書いてあったから、ねえちゃんは途中入場を考慮してディスカウントしてくれたのだ。

場内に入ると、ちょうど後半のショーが始まるところで、円形ステージを取り囲む観客席はほぼ満席。昔懐かしい雰囲気のカラフルな照明が灯る中、ヒョウ柄のビキニ＆ミニスカ姿のセクシーねえさんが、大きなトラを5頭連れて登場すると、8人編成の楽団が「ジャジャーン！」と演奏をスタートさせる。意外や意外、この大サーカスは、トランペット、ドラム、バイオリン等の生バンドが効果音を担当しているのだ。

色気ムンムンの女豹チックなねえさんが、トラに「右に回れ！」と指示すると、4頭はその場で右回りにまわる。ところが、左端の1頭だけが言うことを聞かず、左回りにノロノロまわってみせ、会場がドッと沸く。このトラ、本当は着ぐるみで、中に人が入ってんじゃないの!?　と思ってしまうほど人間くさい動きに、ちびっこも大人も大ウケだ。

ねえさんが「コラ〜！」と怒ると、トラは2本の後ろ足で立ち上がり、ペンギンみたいにトコトコ歩きだす。トラがおどけると、楽団がコミカルな曲を楽しげに演奏し、トラが言われた通り動くと、「ジャジャジャーン！」と派手な効果音で歌い上げる。生の演奏が、これほどワクワク感を盛り上げるとは！　デジタル音に慣れ切った身からすると、古典的な生音がとてつもなく新鮮で、ノスタルジックな雰囲気にどっぷり浸れるのだ。

お約束の空中ブランコに、8人がピラミッド型に連なる綱渡り、お茶目なピエロの寸劇、中国雑技団風の神秘的なパフォーマンス。これぞサーカス！　という感じの正統な曲芸にハラハラドキドキさせられ、夢のような時間を過ごす。フィナーレに全員が登場すると、観客は拍手喝采。私も初めて見るヨーロッパの伝統的なサーカスにすっかり魅了されていた。

サーカス場近くの屋台でコーラを買うと、店の可愛いおねえさんは目が細く、どことなくアジア風の顔立ちで親近感を覚えてしまう。

「私は日本人なんだけど、おねえさん、ちょっと東洋っぽい顔立ちだね～」

「ふふっ、よく言われるの～。アジア人の血が入ってるのかもねぇ」

少し英語の話せるおねえさんがニコニコ顔で言う。ゾフィー、22歳。絵を勉強中の学生で、お父さんは音楽家、おねえちゃんも画家という芸術一家なのだという。

「たまに日本人の旅行者が来ると、私も日本人に親しみを感じちゃうのよ～。日本人は礼儀正しいわよねぇ。頭を何度も下げてお辞儀をする姿は、本当にアメージングだわ～」

「ハハハ。私もつい、海外にいても、お辞儀しちゃうときあるもんなぁ」

ヨーロッパでは、軽く会釈することはあってもお辞儀は一般的ではないから、頭を何度もペコペコする日本特有のお辞儀文化が、摩訶不思議に見えるんだろう。私も、会社員時代はついペコペコしがちだったけれど、上下関係のない家族や友達にはペコペコしないことを考えると、お辞儀のやりすぎは昔の身分制度を引きずっている感があって、よろしくないなと思ってしまう。

「ね、日本人は、嫌いな人にもお辞儀するの？」とゾフィーが好奇心いっぱいで聞いてくる。なんて素直すぎる質問なんだ！　思わずブハッと吹き出しつつ、私は言った。

「お辞儀は、ごく自然な習慣だからねぇ。嫌いな人には、嫌いなことがバレないように、無意識でいつもより多めにお辞儀しちゃうくらいだよ」

私の言葉をゾフィーが同僚のおばちゃんに訳すと、豪快な雰囲気のおばちゃんは大笑いし、ゾフィーがおばちゃんの言葉を訳してくれる。

「彼女が『きっと、私らが嫌いな人間ともキスの挨拶をするのと同じだよ』だって」

この屋台で長く働いているというおばちゃんの名前はオンディ、45歳。ゾフィーがここでバイトするようになってふたりは意気投合し、バイト上がりによく呑みに行くのだという。

「いいな、私も一緒に呑みに行きたいなぁ」と言うと、オンディの顔がパッと輝く。

「お、なら今夜呑みに行くか！」「ホント〜!?」という流れになり、温泉上がりに呑みに行く約束をする。「じゃ、後でね〜」「あぁ、ゆっくり浸かってきな！」と手を振り合う。

セーチェニ温泉に着くと、宮殿風の黄色い建物がドドーンと建っていた。ここが温泉とは信じられないぐらい、リッチでゴージャスな雰囲気だ。

更衣室で水着に着替え、屋外温泉に向かうと、スケールのどでかいプールが3つ、敷地いっぱいに広がっている。ここは〝温泉の都〟の中でも、1、2を争う人気の温泉。見た目は宮殿でも、あらゆる年代の人たちが集って混み合っているさまは、温泉施設というより市民プールという風情だ。

青空の下、ギリシャ神殿のような建物を眺めつつ、ぬるめの温泉に浸かっていると、プチセレブ気分になる。ここでは温泉の楽しみ方が千差万別で、温泉に浸かりながら地元のおじさんたちはチェスゲームに夢中だし、人目もおかまいなくイチャついているカップルに、本や雑誌を読んでいる若いねえちゃんや兄ちゃんもいて、みな思い思いの時間を過ごしている。

日本人の私にとって温泉というと「静かに過ごす場所」というイメージだが、向こうのプールからキャーキャー歓声が聞こえてくる。声の方に向かうと、円形プールが〝流れるプール〟になっていて、子どもも大人も一緒になってグルグル回っているではないか。

早速、私も円形プールに入ってみると、想像以上のスピードで流され、洗濯機の中に入れられた洗濯物にでもなったような気分になる。流された勢いで人に当たって「うわあ！」と声を上げてしまうわ、「キャー！」と声を上げるねえちゃんが私にぶつかってくるわで、

ゲイのおっちゃん&おばちゃんの仲良しコンビ

ビキニ海パンで卓球するおっちゃんたちに目がテン!

ゴージャスな雰囲気のセーチェニ温泉は、観光客にも人気

温泉にあるとは思えない激しいアトラクションだ。

18種類もある内風呂にも浸かり、日本とはテイストが全く違う温泉文化を堪能し、温泉を後にする。約束の夜8時、さっきの屋台に向かうと、ちょうどゾフィー&オンディが店じまいを終えたところだった。「温泉後は、酒が美味いよ。さぁ乗って！」と自分の車の運転席に乗ったオンディが言い、ゾフィーと一緒に車に乗り込むと、オンディが私に言う。

「私は大丈夫だけど、他の人の車にカンタンに乗っちゃダメだよ。危険だからね！」

「ハハッ、気をつけるよ〜」

私を車に乗せておきながら、「ハンガリー人に気をつけろ！」と釘を刺すオンディ。矛盾しまくった言動に吹き出してしまうも、旅人への思いやりを感じて胸がきゅんとしてしまう。

オンディが車を走らせ、街を一望できる「ゲッレールトの丘」に連れていってくれる。頂上に着くとちょうど日が暮れる頃で、街がライトアップされ、だんだん、幻想的なムードになっていく。

「ドナウ川を挟んで、向こうが『ブダ』地区、こっち側が『ペスト』地区なんだ」

「うっわ〜きれ〜！　さすが『ドナウの真珠』って言われるだけあるねぇ」

日が落ちると、街全体が色とりどりの宝石箱のように光り輝きはじめ、ブダペストの神秘的でロマンチックな夜景にホレボレしてしまう。

絶景を堪能した後、オンディが自宅近くにある呑み屋に連れていってくれる。

「街にある店は高いから、ハンガリー人は自宅近くのコチマ（呑み屋）で酒を呑むんだ」

店内はレトロな風情で、ローカル感たっぷりの酒場だ。オンディは店の主人やお客さん全員と顔なじみで、コチマとは〝地元のたまり場〟のような場所であるらしい。

ハンガリーの乾杯「エーゲスシェーゲドレ（あなたの健康に！）」を言い合って乾杯する。

温泉上がりで腹ペコな私がオンディに「腹へったよ〜」と訴えても、「あとあと。今は酒だよ！」と酒をかっくらっている。店にいる客も全員、何も食べていないので、ハンガリーは酒を呑むときツマミを食べない習慣らしい。あぁ、空きっ腹で呑むと、酔っぱらう〜！

「オンディとゾフィーは、呑み屋でいつもどんな話をしてるの？」と聞いてみる。

「だいたい男かチップの話だよ。あの客はケチだったとか今日はチップが少なかったとか」

「え!? あの屋台でも、チップが必要だったの!?」

「ハンガリーはチップの習慣がある国だから、店の大小は関係ないよ。私らのバイト代はチップを見込んで低く設定されてるから、チップがもらえないと生活が苦しくなるんだ」

「ごめんね……。私もチップ払ってなかったわ」と私が謝ると、ゾフィーが首を振る。

「てるこはもう仲良しなんだから、気にしなくていいってば〜」

ヨーロッパ旅も随分慣れてきたものの、このチップ文化にだけは慣れることができない。

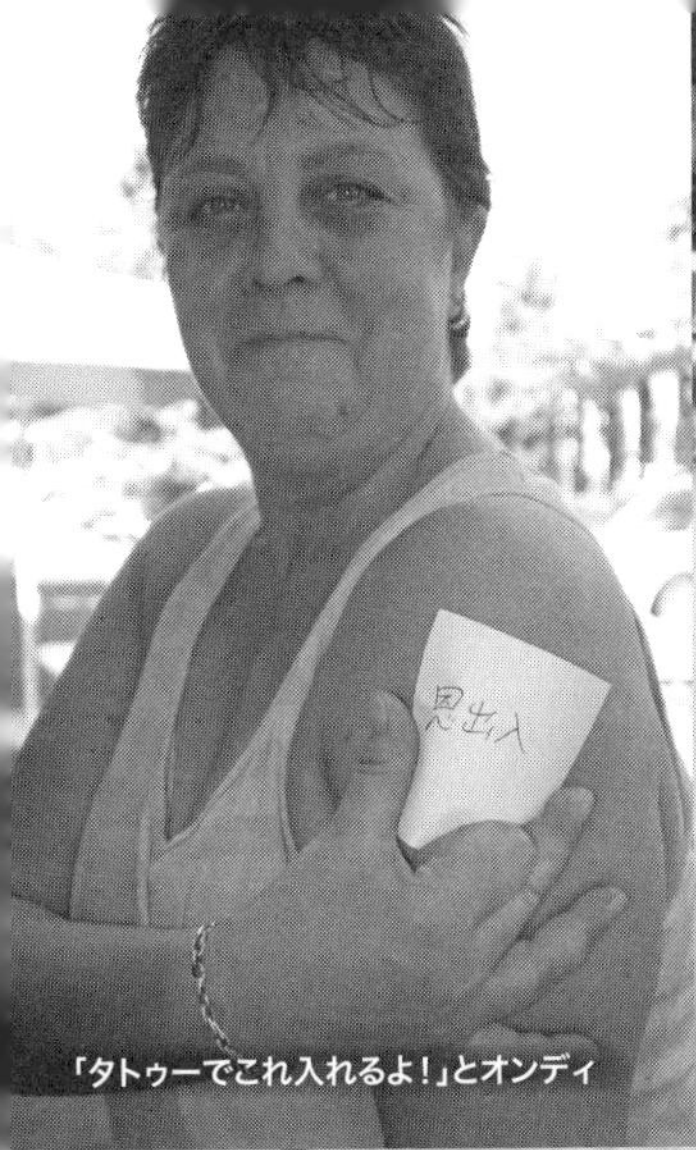

「タトゥーでこれ入れるよ！」とオンディ

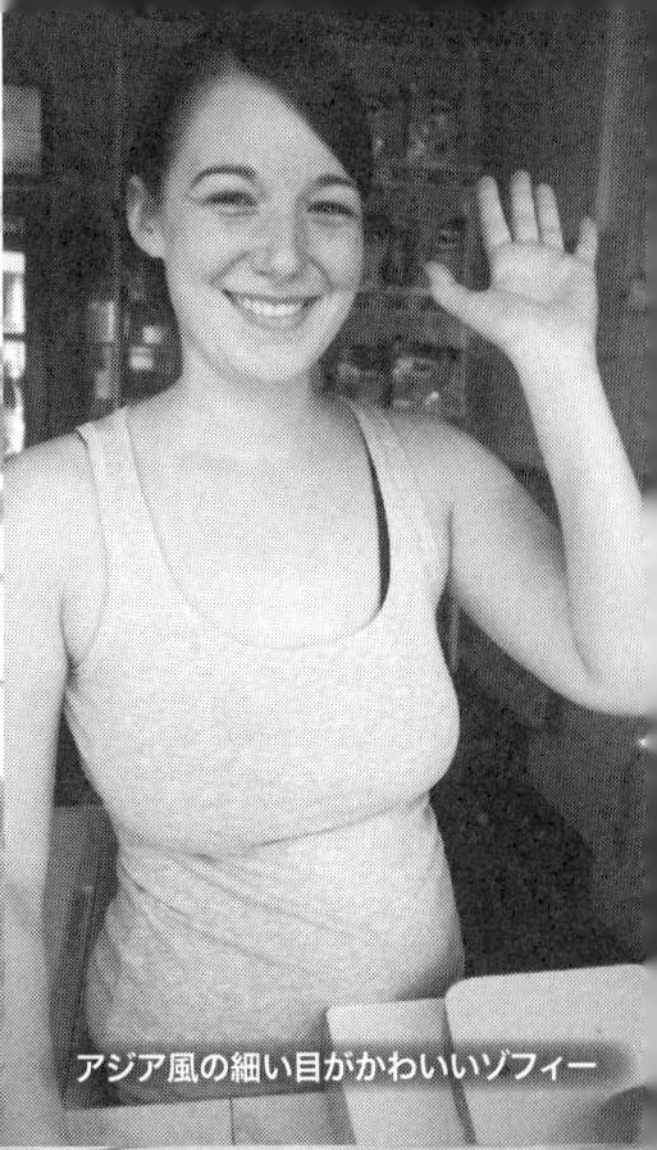

アジア風の細い目がかわいいゾフィー

地元の呑み屋コチマで、オンディ&ゾフィーと乾杯♪

北欧はチップ文化がないのでホッとできたものの、西欧や東欧の国々はサービス料込みの店ではない限り、基本はチップ文化。私は店の人に話しかけることが多いので、常に「この人の親切な態度にいくら払えばいいんだろう？」と考えさせられる日々だったのだ。

「チップを廃止して、サービス料込みにしてもらえないかなぁ」とこぼすとゾフィーは言う。

「でも、チップがないと、頑張ろう！　って気にならないじゃない。いいサービスをすれば、チップがもらえるかもしれないと思うから、私たちは頑張れるのよ」

社会主義時代、常に物資不足だった東欧の国々は「モノを売る側の方がエラい」という風潮が残っているから、「サービス」という概念が薄い。「頑張った分、報われる」というのは、資本主義になってもたらされた「新しい概念」なんだろう。

でも、日本人はチップなんかなくても頑張るよなぁ。日本の〝おもてなしの心〟が外国人観光客を魅了しているけれど、日本人が仕事を頑張るのは、相手に喜んでもらうことで自分も幸せを感じられるからであって、仕事は〝生き甲斐〟でもあるのだ。あぁ、〝生き甲斐〟に当たる英語が存在しないから、なんと言えばいいのやら！

「日本はチップ制度がなくても、仕事を頑張るんだよねぇ。家族よりも仕事を優先したり、自分を押し殺すくらい頑張りすぎちゃうのが玉にキズなんだけど」

私がそう言うと、ふたりは顔を見合わせ、「へぇ〜！」と目を丸くする。

「ね、聞いてやってよ。ゾフィーは彼氏ができたばっかなんだ」とオンディが言う。

「じつは今週末、オンディに店をまかせて、彼とビーチに行くんだけど……」

ゾフィーは新しい彼氏とつき合い始めたばかりで、この数ヵ月、オンディにずっと恋の相談をしていたのだという。シャイで可愛いゾフィーは、日本のおとなしめの女の子と雰囲気がそっくりで、ハンガリーにもこんなに内向的な人がいるんだなぁと思ってしまう。

「彼との初デートが楽しみなんだけど、私、お腹がぽっこり出てるのがハズカシくて……」

日本でもきれいな子ほど美意識が高いから「私はデブだから〜」とか言うんだよなぁ、なんて思いつつゾフィーの腹を見ると、ウソでしょ!? 謙遜でも比喩でもナンでもなく、ゾフィーは本当に立派なメタボ腹で、シャープな顔とのギャップに我が目を疑ってしまう。

「ゾフィーの彼氏は、あんたにゾッコンだから、心配ないって！」とオンディが励ます。

「そうだよ！　水着になる前からバレバレなんだから、気にしなくていいよ〜」と私。

「彼もこの体が好きだって言ってくれるんだけど、私は自分に自信が持てなくて」

「って、結局ノロケてんじゃん！」とツッコミつつ、「で、オンディは？」と聞いてみる。

「私は5年前に離婚したんだ。ひとり息子を突然死で亡くして以来、ギクシャクしちゃってね……」

オンディの息子さんは16歳のとき、スポーツ中に急性心臓死してしまったというのだ。世の中に、子どもを失うことほど悲しいことはないと思うので、胸をぎゅっと締めつけられてしまう。オンディのように、明るく豪快に生きているように見える人でも、人はいろんなものを背負っているものだとつくづく思う。

「息子は私の全てだったから、今も辛すぎて……。何かできることはなかったのか、もっといろいろしてやればよかったと思ってねぇ」と言うオンディの目には涙がにじんでいる。

「そうだったんだ。辛いねぇ……。でもオンディ、どうか自分を責めないで」

私はオンディの手に自分の手を重ねた。会ったばかりの自分を呑みに誘ってくれた優しいオンディに、私も愛で応えたいと思い、つたない英語で必死に伝えてみる。

「もし反対の立場で、オンディが突然死したとしても、息子さんに対して『もっとこうしてほしかったのに！』って恨んだりしないでしょ？　それと同じで、天国にいる息子さんが、愛するお母さんを責めるわけがないよ。オンディが自分を責める姿を見たら、息子さんが悲しむから、罪悪感を手放して、自分にもっと優しくしてあげて」

この言葉は、私のデビュー作『ガンジス河でバタフライ』に出てくるインドカレー屋の丸山マスターが飲食運転のバイクに轢かれ、悲しい亡くなり方をしたときに、まほりん（作家の吉本ばななさんのこと。本名が真秀子なので）が私にかけてくれたものだった。

私が泣きじゃくりながら「マスターに、もっといい病院を探して紹介してあげたりとか、何かできることがあったんじゃないかと思うと、自分が許せなくて」と言うと、まほりんはこう言ってくれたのだ。

「もし反対の立場で、てるちゃんが交通事故で亡くなったとしても、マスターに対して『なんでもっといい病院を探してくれなかったんだ！』って恨んだりしないでしょ？　それと同じで、あの優しいマスターが人を責めるわけがないんだから、そんなふうに思うのはマスターに対しても失礼なことだよ。それに、マスターの人生が短かったからといって、マスターを可哀想な人だと思うのも、マスターの人生に失礼なことだと思う。残された私たちにできることは、天国のマスターが安心できるよう、毎日を精一杯生きることだからね」と。

私が懸命にこの気持ちを伝えると、大きな目に涙をためたオンディが顔を上げる。

「……てるこ、ありがとう」

「そうよ、オンディ。あなたがいつも励ましてくれるおかげで、私がどれだけ前向きになれたか分からないわ。私の大事なオンディに、幸せになってほしい。もう自分を責めないで」

とゾフィーも言う。ゾフィーとオンディはキャラも正反対で年齢も倍以上違うのに、〝忘年の友〟として互いを支え合っていて、ふたりの友情に胸が熱くなる。

「……そうだね。天国の息子に心配かけないよう、楽しく生きなきゃね」

「そうこなくっちゃ！」

お酒のお代わりに行くと、少々アウトローな雰囲気のおっちゃんたちが「お、日本人か！こりゃ珍しいな〜」と話しかけてくる。酒に酔って気持ちが大きくなったおっちゃんたちが、炭酸で割ったワインを「まぁ呑め！」と次々におごってくれて、ついつい呑みすぎてしまう。

名前も分からない町のローカルな酒場で、今日会ったばかりの人たちとわいわい酒盛りしていると、ただ、同じ人間という共通点だけで、酒を酌み交わしているような気がしてくる。ハンガリーでは英単語もロクに通じないし、習慣や文化もえらく違う。それなのに、オンディやゾフィー、町の人たちと呑んでいると、ヘンな気を遣わずにのびのびしていられる。当初はあんなにも苦手だったしかめっ面の人たちが、今では愛おしいくらいなのだ。

翌朝、気になっていた「恐怖の館」に向かう。ここはお化け屋敷などではなく、第2次世界大戦中、ナチス・ドイツの影響下にあった「ハンガリーの政党本部」として使われ、戦後の社会主義時代には「秘密警察本部」として使用された場所を改装してできた博物館なのだ。

着いた「恐怖の館」は、一見、お洒落な雰囲気の建物で、大勢の人が並んでいる。チケットを買って中庭に入ると、目の前に巨大な戦車が立ちはだかり、中庭を囲む壁は、何百、何千という犠牲者のモノクロ写真で埋め尽くされていた。おびただしい数の顔写真から声なき叫びが聞こえてくるようで、彼らを襲った〝恐怖〟に圧倒されてしまう。

館内には、恐ろしく悲しげな重低音のＢＧＭが鳴り響いていて、視覚からも、聴覚からも、あらゆる感覚に訴えてくる前衛的な展示でゾクゾクしてしまう。ユダヤ人を迫害した歴史から、ソ連を建国したレーニンや独裁者スターリンの賛美時代まで、さまざまな展示物を見て回る。社会主義プロパガンダの初期のポスターは明るく希望に満ちていて、誰もが素晴らしい時代が来ると信じていたことが伝わってくる。

それでも、「もう二度と悲惨な戦争はするまい！」という恐怖心が、人々を極端な狂気に駆り立ててしまったんだろう。秘密警察が暗躍する中、密告が横行し、大勢の活動家や一般市民が逮捕、拷問され、処刑された時代。犠牲者の証言映像を見ていると、ハンガリー語は理解できなくても、当時のことを涙ながらに語っているおじさんの姿に胸が詰まる。

暗い洞窟のような地下に足を踏み入れると、空気が淀んでいて重い！　ひんやりとした地下には、実際に使用されていた本物の地下牢がいくつも並び、中に入れるようになっていた。座ることも許されない立ち牢や、窓のない小さな独房の中に入ると、壁に血のような跡が残っていて背筋がゾーッとしてしまう。本物の拷問場、絞首場等、生々しい展示の数々に重苦しい気持ちになり、ひたすら鎮魂を祈る。

館内には、興味本位でやって来た感じの若者も多いものの、みな神妙な顔つきになっている。この博物館の人気の理由は、日本だと不謹慎だと言われかねない「恐怖の館」というネーミングも大きいだろう。手を替え品を替え、〝恐いもの見たさ〟を刺激する、現代アート的でアバンギャルドな展示方法。実物の地下牢等は手を加えず、重いものはとことん重く、心に残るような見せ方で〝負の遺産〟を体感させられる博物館。若い人も興味が持てるよう工夫を凝らしつつ、自国の暗部と向き合う施設を作ったハンガリーに感服してしまう。

ナチス・ドイツと組んで軍国主義に走った日本も、アジアで何をやり、戦時中の特高（特別高等警察）が行った行為等が分かる「恐怖の館」を作ればいいのに、と思わずにはいられなかった。戦時中の日本で反戦活動をして逮捕された人の数は7万人強。拷問されて獄中死した人は、2千人はくだらないと言われているのだ。

見学を終えて館内のトイレへ。緊張が解けたのか便意を催し、しばらくキバッていると、突然、トイレ内の全ての照明が消えた。シエ〜ッ！　かすかな明かりもなく、全くの暗闇でなんにも見えない!!　欧州の〝人感センサー付きトイレ〟は、大の方をしているとセンサーが勝手に「人はいない」と判断して、トイレ内の照明を一斉に消してしまうことがあるのだ。

怖い展示を見た直後の、闇の恐怖といったらなかった。どこにあるかも分からない機械に向かって両手を大きく振り「私はここにいます！」アピールをしていると、ただウンコをしているだけなのに、なんだか雪山で遭難した人みたいで、なんともトホホな気分になる。

センサーが反応して照明がつくと、なんてこった!!　トイレットペーパーが切れてる！

しかも、入口でリュックを預けさせられたので、全くの手ブラという絶体絶命のピンチ!!

仕方なく、パンツを下ろした状態で、人が来るのを待つ。じっとしているとすぐ照明が消えてしまうので、暗闇になる度に両手を振って「ここにいます！」という世にもマヌケなアピールを繰り返す。情けなさと恐ろしさが交互に襲い、ほとほと泣きたくなってくる。

暗闇の中で、どれだけ待っただろう。ようやく誰かが入ってきたので、力の限り「ヘルプミー！　プリーズ、ペーパー！」と叫ぶと、「オ〜ノ〜！」と欧米女子が反応し、トイレットペーパーをちぎって渡してくれたので、事なきを得る。んも〜、この館、トイレまで恐怖の館じゃん！

「恐怖の館」を後にし、アールヌーボー様式の豪華な「ゲッレールト温泉」で疲れを癒した後、夜行列車に乗って、スイスの首都チューリヒを目指す。

腹ペコだったので食堂車に向かうと、給仕係のハンガリー人のおねえちゃんは、素晴らしく感じのいい人だった。大らかな笑顔の彼女がきびきび動く姿を見ているだけで、幸せな気持ちになる。彼女の写真を撮らせてもらうと、隣席の、銀髪ショートカットのおばあちゃん＆ナイスミドルが話しかけてくる。

「あなたはどこから？」「私は日本だよ、おふたりは？」

「私たちはスイス人の親子なの」

「わぁ、スイス！　自然豊かな国だよねぇ。こないだパラグライダーをやったよ」と言いつつ空を飛ぶマネをすると、その隣席の熟年カップルも「ハ〜イ！」と手を振ってくる。金髪ロン毛のおっちゃん&赤茶髪のおばちゃんは、ドイツ人のカップルだと聞き、私は言った。

「おお、ドイツ！　ドイツ人は優しくて人情深いよねぇ。一見、無愛想に見えるけど、一緒にビール呑んだら、めっちゃ打ち解けたよ〜」

私が眉間にシワを寄せ、ドイツ人のしかめっ面を大げさに真似つつ、ビッグサイズのビールを呑んで口からこぼれたビールを大きくぬぐうフリをしてみせると、ドイツ人のカップルもスイス人の親子も、手を叩いて大ウケだ。

この食堂車にいる人たちは国籍もバラバラで、考えてみれば東西冷戦時代には自由に行き来できなかった国同士の人たちだ。今日は〝暗黒の時代〟を疑似体験したおかげで、いろんな国籍の人が同じ場所で笑顔を交わし合える「今」の有難さが、とりわけ胸に沁みる。

ふだんはすっかり忘れているものの、私たちはみんな、いろんな時代を乗り越えて生きてきた人たちの〝集大成の時代〟を生きているんだなぁと思う。先人たちの絶え間ない努力のおかげで、「今」の自分たちがいるのだということ。思えば、今こうやって旅ができるのも、列車や車や飛行機が発明されたおかげだし、超ブロークンだけど英語でコミュニケーションできるのは、戦後始まった義務教育制度のおかげだし、私が独立できたのも、自分のＨＰ宛

笑顔のすてきな食堂車のおねえちゃん

レストランのお茶目なおっちゃんたち

スイス行きの夜行列車で出会った、気のいいスイス人親子

に仕事の依頼が来るからで、それはインターネットが発明されたおかげなのだ。

大人はよく「今の時代は、テロが起きたりと危険な時代だ」と言って「恐怖心」を煽るけど、世界がまっぷたつに分かれて戦争し、2度の世界大戦で約9800万人（兵士 約2550万人、民間人 約4700万人）もの犠牲者が出たことを考えると、今の方がずっといい時代に決まっている。戦前の日本では、戦争反対のビラを配っただけで「非国民！」と罵られ、特高に捕まえられて拷問死しても文句は言えず、当時は「人権」という概念がなかったことを思う。「言論の自由」がある今は、「戦争はいやだ！」とデモをしても逮捕されないし、昔のように取り調べ中に殺されることもない。

こんなふうに、昔の常識が、今の非常識になっているということは、今、私たちが常識だと思っていることのいくつかは、必ずや未来には非常識になるだろう。そのぐらい、人類は進化し続けているのだ。

誕生以来700万年かけて、人類はようやく「自由」と「人権」を手に入れた、初めての時代を生きている。まだまだ進化の途中だから、もちろんいろんな問題はあるけれど、それでも人類は少しずつ学んで成長していて、世界はどんどん良くなっている。

この「今」はいつだって、人類の歴史上、最新の時代。そして、日々失敗しながらも学び続けている人類は、「最高の時代」を更新し続けていると私は信じているのだ。

スウェーデン★ストックホルム

真夏の手づかみザリガニ宴会 with LiLiCo（リリコ）ちゃん

「てるこちゃ〜ん、いらっしゃ〜い！」

スウェーデンの首都、ストックホルムの空港に着きロビーに出ると、映画コメンテーター史上最高にテンションが高く、いつ会っても元気なLiLiCoちゃんが大きく手を振ってくれる。まさか、リリちゃんの故郷で会えるとはなぁ！

これまで一筆書きのノリで鉄道旅をしてきたものの、スイスから飛行機で飛んできたスウェーデンだけは番外編。仕事で何度か一緒になったリリちゃんとは同い年で、この旅に出る前に「8月、私も里帰りしてるわ！　同じ時期にヨーロッパにいるんだから、スウェーデンに遊びに来なよ〜。夏の風物詩『ザリガニパーティ』で盛り上がろう」と誘われ、スウェーデンでのミッションは「ザリガニパーティーを満喫すること！」なのだ。

空港は、照明からソファー、掲示板の文字まで内装のすべてが洗練されていて、北欧らしいおしゃれでモダンな雰囲気。壁面には、伝説のポップグループ「ABBA（アバ）」や、女優のイングリッド・バーグマン、化学者のアルフレッド・ノーベル等、スウェーデン出身の著名人の写真パネルがセンスよく飾られ、「ようこそ、私の故郷へ！」なんて書いてある。

旅の始まりに（この人もスウェーデン人！）と気づかされつつ、ウエルカムされるとテンションが上がる。日本も世界に誇るビッグネームがいるんだから、成田空港に黒澤明とか宮崎駿、オノ・ヨーコ、村上春樹、まほりん（吉本ばななさん）等の写真を飾ればいいのになぁ！

行き交う人を眺めつつ、1時間後の便で合流するというリリちゃんの事務所の社長さん親子を待っていると、リリちゃんが言う。

「あぁ、空港が好きだわ～。出会いと別れ、家族の再会……見てるだけでグッときちゃう」

「リリちゃんも18歳のとき、スウェーデンからひとりで、日本に飛び立ったんだもんねぇ」

スウェーデン人の父と日本人の母との間に生まれ、ストックホルムで育ったリリちゃん。日本人の海外渡航が自由になって3年後の1969年、バックパッカーの先がけだった久代（母）がスウェーデンを旅行中、イングバル（父）と恋に落ちて結婚したのだという。

ところが、物心ついた頃には両親の仲が悪化。そのうえリリちゃんは、「アジア人だから」という理由で学校で同級生から血が出るまで傘で足を突かれたりと壮絶なイジメを受けていたのだが、それでも家よりも学校にいる方がマシだったというから、想像を絶する家庭環境だ。家に帰ると、病弱な弟の世話をするリリちゃんに、心のバランスを崩していたお母さんは「あんたは世界一バカだ！　産んだ覚えもない！」と罵声を浴びせ、「お母さん」と呼ぶことすら許されなかったというのだ。

両親が離婚してお父さんが家を出て以来、リリちゃんを支えていたのは、母方のおばあちゃんから送られてきた日本のアイドル雑誌だった。アイドルの可愛い衣装に憧れたリリちゃんは「日本で歌手になる！」という夢を抱き、おばあちゃんを頼って18歳のときに単身来日。日本語が全く話せなかったリリちゃんは、お弁当店でバイトしたりしながらなんとか語学習得して独立するも、当時のマネージャーと5年間も車中で寝泊まりするホームレス（！）を体験する等、波瀾万丈な人生を送ってきた人なのだ。

「お母さんが亡くなって、リリちゃん、大変だったでしょう」

スウェーデンでずっと一人暮らしをしていたリリちゃんのお母さんが、今春、病気で亡くなったことを聞いていた私は言った。

「精神が不安定だった久代は、自殺未遂を繰り返してたんだけど、唯一の救いは自殺じゃなかったことだわ。久代が亡くなって、お父さんとも久しぶりに再会できたし、お父さんのパートナーとも初めて会えたんだよ～」

「お母さん、最後に、リリちゃんに子孝行してくれたんだねぇ。精神を病んでたお母さんは、生きている間はリリちゃんに優しくできなかったから、これから見守ってくれると思うよ」

「うちの社長もそう言うの！『L.i.L.i.C.o、同じ事務所のパパイヤ鈴木さんも、お母さんが亡くなられた後、見守られてすごく売れたんだよ』って。私もこの春から仕事がメチャメチャ充実しだして、久代が見守ってくれてるおかげかなって」

社長さんと娘のユイちゃんが到着したので、車でストックホルム郊外へ向かう。これから、リリちゃんのお父さんの別荘に遊びに行くことになっているのだ。

途中、リリちゃんの20年来の友だちで衣装デザイナーの松川えまちゃんと、えまちゃんの妹分である大学生の中村広野ちゃん（ふたりとも超美人！）、仕事仲間のカメラマンさんが合流。メンバーが勢揃いするも、別荘が近づくにつれ、リリちゃんがナーバスになっていく。

それもそのはず。リリちゃんファミリーは、お母さんの死をキッカケに家族の絆を結び直せそうな、なんともビミョ〜な時期なのだ。リリちゃんにとって、お父さん&パートナーと、自分の仲間を交えて食事するのは人生初のこと。メンバーは全員、リリちゃんの生い立ちを知っている仲間なので、リリちゃんの緊張が伝わってきて車内の空気がピーンと張り詰める。

40分ほど走り、森の中のこぢんまりとした村に到着。車が停まると、リリちゃんが言う。

「別荘にはトイレがないの。この駐車場の共同トイレしかないから、場所を覚えててね」

え、このご時世に、別荘にトイレがないの!? ここは70軒の別荘からなる村で、水道は通っているものの、トイレやシャワーは村全体で共同なのだという。

「首都からすぐの場所に、こんな大自然があって、別荘を持ってるなんてスゴいねぇ！」

海外の別荘初体験の私が目を見張ると、リリちゃんが言う。

「スウェーデン人は短い夏を満喫するために、大抵、郊外に夏用の別荘を持ってるんだよ。丸々1ヵ月休みを取ってバカンスを過ごすの。ウチの別荘、小さいけど素敵なんだよ〜」

黄色い壁がキュートなコテージ風の小さな別荘は、広々とした緑の庭に色とりどりの花が咲き誇り、まるでおとぎ話に出てくるような愛らしさだった。

「グッダーグ！（こんにちは！）よく来たねぇ」とリリちゃんのお父さん、イングバルさん（69歳）が笑顔で出迎えてくれる。さすが高身長の国、ゆうに180㎝以上あるお父さんは、ハリソン・フォード似の優しそうな人ではないか。リリちゃんがお父さんに近づいて話をするも、なーんとなくふたりには距離があり、お互いかしこまっている雰囲気だ。

長い間、溝のあった親子が仲良くなるチャンスの夜に、一発、笑いがほしいと思った私が、両手を大きく広げ、「ハーイ、リリパパ〜！　グッドルッキン（格好いい）ジェントルマ〜ン！」と率先してハグしに行くと、リリちゃんがいつもの調子で私にツッコむ。

「てるこちゃ〜ん、お父さんには長年のパートナーのブリットさんがいるんだから、手を出さないでよぉ」「ちょっと〜、盛りのついた犬じゃないんだから〜」と言いつつ、リリパパとハグハグして調子に乗った私が「オ〜、アメージング（すごい）ハンサムマ〜ン！　アイラァ〜ビュ〜！」とブチかますと、全員が一瞬、固まってしまう。

突然、〝平たい顔族〟の女から愛を告白されたリリパパは顔をこわばらせ、笑うしかないという顔になっている。私が続けざまに「オ～、マリーミー！（結婚してっ！）」と言うと、ホメ殺し&愛の告白&プロポーズという3点盛りに、さすがにリリパパもみんなも大爆笑。

「ギャハハ！　初対面でそれ言う～!?」「てるちゃん、本気で口説きにかかってるし！」

お茶目なリリパパが大ゲサに両手で頭を抱え、「オゥ～ノォ～！」と悶絶しているところに、噂のブリットさんが登場。

「……。マ、マリー？」と固まっていたブリットさんも、みんなが大笑いしたのを見て、手を叩いて大ウケだ。ニコニコ顔でふっくらしたブリットさんは、優しい人柄がにじみ出ているような温かい雰囲気の女性で、お父さんとお似合いだなぁと思う。

家の中を見せてもらうと、ぬくもりを感じる木製の壁や床に、ソファやラグマット等の色鮮やかなファブリックがアクセントになっていて、なんて可愛らしい空間なんだろう。

北欧の人たちは、暗く長い冬を居心地よく暮らすためにインテリアセンスが磨かれたというけれど、実際の暮らしぶりを生で見ると、ため息がもれるほど素敵なのだ。考えてみれば、世界最大の家具店ＩＫＥＡもスウェーデン発祥だもんなぁ。

リリパパの案内で、ディナータイムになるまで村を散策する。のどかな村を歩くと、緑の美しい芝生の中、赤い壁に白い窓枠の家、ブルーの壁に赤い窓枠の家等、カラフルで素朴な

チャーミングで可愛いブリットさん

リリちゃん&パパ、仲良く相合い傘

あったかいぬくもりを感じるリリちゃんちの別荘

家が点在している。決して贅沢な作りではないものの、『ぐりとぐら』の絵本に出てきそうな家々を眺めていると、まるで童話の世界に入り込んだような気持ちになる。

リリパパが他の人の別荘の庭にもどんどん入っていくので、「人んちの庭に入っちゃっても大丈夫なの!?」と聞くと、リリパパはにっこり笑って言う。

「スウェーデンには〝自然享受権〟があって、どんな人も自然を楽しむ権利があるんだ。私有地の山に入って、テント張ってキャンプしたり、果物やキノコを採ってもいいんだよ～」

「へ～っ！」と一同、目を丸くする。「自然の恩恵を国民みんなで共有する」という考え方は、〝公共の幸せ〟を大事にするスウェーデンらしいなぁと思う。デンマーク同様（『純情ヨーロッパ』参照）、北欧の国々は税金が高いものの、大学までの教育費は無料、社会保障の充実等、高福祉で格差の少ない「社会民主主義」がベースになっているのだ。

すっかり安心した私たちは、お宅探訪番組のリポーターみたく、「このブルーの郵便受け、超かわいい！」「犬のおうちも超かわいい～」などと目に入ったかわいいものを報告し合う。

小雨が降ってきたので別荘に戻ると、天井がガラス張りのウッドデッキにディナーの準備が整っていた。真っ赤なテーブルクロスに、シックな青い大皿、各所に置かれたキャンドルの灯り……。美しいテーブルセッティングがあまりにもロマンチックで、「ぎぇ～、ステキすぎる～！」と日本人女子はみな、身もだえしきり。

みんなで持ち寄ったワインを開け、「スコール！（乾杯！）」と言い合って乾杯する。

「雨が降っても、屋外で食事できるスペースがあるなんて、素敵だねぇ！」

「短い夏に少しでも太陽の光を浴びるために工夫してあるの。この別荘は築25年なんだけど、お父さんがこつこつリフォームして、庭の手入れや家庭菜園はブリットさんがやったんだって。スウェーデン人は、なんでも自分たちでやっちゃうんだよね〜」とリリちゃん。

別荘というと、日本人の私はすぐ〝ザ・お金持ち〟をイメージしてしまうものの、スウェーデンのサマーハウスは、まさに「森の中でのスローライフ」。家の中の家電は、小さなテレビ、冷蔵庫、オーブンぐらいで、サマーハウスにはなるべく電気製品を持ち込まないようにしているのだという。都会での便利な暮らしから離れ、大自然の中で昔ながらの生活をゆったり送ることが、スウェーデン人にとってバカンスの醍醐味なのだ。

自己紹介を交えつつ、みんなでワイワイ呑む。サーモン・ラップサンド（スモークサーモンと野菜を薄いパンで巻いたもの）の前菜に、焼きリンゴ&ルッコラのサラダ、ブリットさんが庭で育てたコーンや串刺し肉を焼いて、熱々バーベキュー。

庭のカラフルな花々を愛でつつ、この環境の中で食べる食事は格別だった。美味しい料理に、心のこもったおもてなしの数々……。スウェーデン人ファミリーの別荘でディナーにおよばれしているなんて、なんだか美しい夢の中にいるような心地になる。

「あ、野生のハリネズミが遊びに来た！」とリリちゃんが叫ぶ。見ると、なんとも愛らしく丸っこいフォルムのハリネズミが、庭先でちょこちょこ動いているではないか。

「生のハリネズミ、初めて見ちゃった！」「ぬいぐるみみたいで、超かわいい〜！」と言い合い、女子のかわいいモノ好きがスパークする。夏の間、スウェーデンの子どもたちは森で遊び、動植物とふれあい、自然の知恵を身につけていくのだと思うと、うらやましすぎる！

宴もたけなわの中、にこやかに話していたお父さんが神妙な面持ちになって言う。

「みなさん、はるばるスウェーデンに来てくれて、いつも娘のアンソフィー（リリちゃんの本名）と仲良くしてくれて、本当にありがとう。離れて育った娘に父親らしいことをしてやれませんでしたが、みなさんのおかげで、娘は今まで頑張ってこれたんだと思います。今日、娘のお友だちのみなさんと、楽しい時間をシェアできるなんて、本当に夢のようです」

お父さんの、リリちゃんを想う気持ちに胸がジーンとしてしまう。リリちゃんが小さいときに家を出て行ったお父さんが、今までどれだけ罪悪感に苛まれていたかを思わずにいられなかった。そして、小さい弟の世話をしながら、お母さんの暴言を一身に受けていたリリちゃんは、どれだけ愛に飢えていたことだろう！

お父さんの言葉を受けて、ブリットさんが続ける。

「ずっとずっと会いたかったアンソフィーに会えて、私はどんなにうれしかったか分かりません。今まで一緒にいられなかった分、アンソフィーにさみしい思いをさせてしまった分、これからはもっと一緒に、たくさんたくさん家族として楽しい時間を過ごしたいと思っています。アンソフィーは、私の愛しい娘。本当に、本当に、かわいい娘です」

ブリットさんの真心のこもった言葉に、思わず涙ぐんだリリちゃんを、ブリットさんがそっと抱きしめる。心優しいブリットさんは、お父さんからリリちゃんの存在を聞かされていて、ずっとずっとリリちゃんのことを気にかけていたに違いなかった。

なんだか、リリちゃんファミリーの溝が埋まる歴史的な瞬間に立ち会っているような気がして、胸に熱いモノがこみ上げてくる。隣を見ると、えまちゃんも広野ちゃんも社長さん親子も涙目になっていて、ブッと吹き出してしまう。

「ハハッ、全員、親戚モードになって泣いてるし！」

「私たちが泣いてどうすんだって話だよね〜」とえまちゃんが言い、広野ちゃんも「すてきなご両親でグッときますよねぇ」と感無量で言う。リリちゃんとお父さんが互いをゆるし合い、これから絆を結び直せる気がして、集まったメンバー全員の顔がほころぶ。正直、どんな展開になるか読めず、みんな内心ではドキドキだったのだ。

夜9時を過ぎてもスウェーデンの夏は白夜で、外は昼間のように明るい。お腹もいっぱいになったところで、女子全員でサウナへ向かう。サウナの発祥はフィンランドなのだが、隣国のスウェーデンにも同じ文化があり、私は本場のサウナに入るのを楽しみにしていたのだ。

雨がしとしと降る中、寒さに震えながら歩いていくと、森に囲まれた大きな湖にたどり着いた。湖畔には、なんとも素朴な雰囲気のサウナ小屋が建っている。

「村の共同サウナなんだけど、薪で火を付ける伝統的なタイプなの。お父さんがさっき、薪に火を付けておいてくれたから、ちょうどいい温度になってると思うよ～」とリリちゃん。

脱衣所で水着に着替え、サウナの中に入ると、あっつ～っ！　熱く焼けた石の上に水をかける度に、ジュワ～ッと蒸気が出る。

「ヒ～ッ、さすがにのぼせてくるねぇ」

もくもくと湯気の立ち込める中、全身が汗びっしょりになったものの、外に出る勇気が出ない。北欧のサウナが湖畔にあるのは、湖という〝大自然の水風呂〟があるからなのだが、外の寒さを考えると、湖の水温は極寒に違いないのだ。

「さぁ、行くわよ～！　冬なんかもっと寒くても、氷の張った湖に飛び込むのよ」

水着姿のブリットさんはそう言うと、湖に向かって飛び出していく。ド冷たいであろう湖にジャブジャブ浸かっていくブリットさん（69歳！）を見て、私たちも「わーーーー！」と雄叫びを上げつつ、思いきって湖に突入する。

「つ、つ、つめたすぎて、体がいてぇ～！！！　し、し、死ぬ～！」

カラ元気を振り絞り、ガクガク震えながら、みんなで氷水のような水を掛け合っていると、えまちゃんが紫色の唇で言う。

「な、なんか、女だけの寒中水泳大会みたいだね。うう〜」「ホ、ホントだね。つ、つーか、もう無理〜!!」と叫び、チキンな私はサウナに逃げ帰る。

サウナで汗まみれになっては、湖へザブン！〝温冷浴〟を何度も繰り返すうち、体が芯からあったまってきて、湖に飛び込むのがだんだん快感になっていく。緑の大自然に囲まれたロケーションの中、サウナで火照りまくった体で、ドデカい湖にダイブする気持ちよさをどういえばいいだろう。肉体的にも精神的にもメチャメチャ浄化されている感じがして、まさに極楽気分ではないか！

「あっち〜！」と何度目かのサウナから汗だくで飛び出し、デッキから（どの辺に飛び込もうかな〜）と湖をのぞいていると、リリパパが突然、私の背中を押したものだから、わわわ！　となり、両手を振り回して踏ん張るも、湖の中にドッボーン！

お茶目なリリパパは、不意打ちを食らって湖に落ちた私を見て「アーッハッハ！」と腹を抱え、みんなも大笑い。リリパパがゲラゲラ笑いつつ、私が落下したときに両手を振り回したマヌケな動作をリプレイしてみせる。湖に顔だけ出してアップアップしてる私、んも〜ドッキリ番組に引っかかったリアクション芸人みたいじゃん！

「ちょっと〜、パパ！　プロポーズまでした仲なのに〜！」

「プロポーズは、てるちゃんが勝手にしたんだよ！」とみんながもりもりツッコむ。

いつのまにか日がすっかり落ち、空には月が輝いている。スウェーデンの人たちは、自然とのかかわり方が、気負ってなくてナチュラルだなぁと思う。日本では自然の中で過ごすことを「アウトドア」と称し、いろいろ装備を揃えて意気込むけれど、スウェーデンの別荘は、大人が童心に返って自然と戯れることができる、素朴な憩いの場なのだ。

朝、目覚めると、小さな丸窓から、真っ青な海と空が見える。あれれ？　一瞬、ここはどこ？　私は誰？　状態になるが、そうだ、私は湖に浮かんでいる船に泊まってたんだ！

ここは、1800年代後半の帆船を利用して作られた、ユニークなユースホステル。船内はスタイリッシュに改造されていて、船室を改造したこのドミトリー（大部屋）には2段ベッドが3つあり、男女共同の6人部屋。昨日、別荘からストックホルムに戻って真夜中にチェックインし、そのまま爆睡してしまったのだ。

朝食後、待合せ場所へ向かう。晴れ渡った青空の下、メーラレン湖沿いの歩道を歩くと、向こう岸に見えるカラフルな街並みの美しいこと！　海と湖に囲まれ、14の島からなる水の都ストックホルムは、〝北欧のヴェニス〟と称される水上に浮かぶ街なのだ。

待合せ場所に着くと、「L・i・L・i・C・o の案内で回るツアー」がスタート。今日はリリちゃんのファンクラブの有志7人（全員女子！）も合流し、輪をかけてにぎやかになる。

豪華な「王宮」でスウェーデン王室御用達のソープを買った後、旧市街の中心である「大広場」へ向かうと、古風で美しい建物が建ち並び、カフェのテラス席で人々が憩っている。

「今はこんなに平和な広場だけど、ここで起きた『ストックホルムの血浴』が、スウェーデンの独立運動に繋がっていったんだよ」とリリちゃんが説明してくれる。

16世紀初め、当時、北欧を支配していたデンマークに抵抗したスウェーデン人の貴族100人が処刑され、大広場が血に染まったのだという。ヨーロッパの歴史ある広場は、今の時代にたどり着くまでに、おびただしい血が流れていることを思わずにはいられなかった。デンマークもスウェーデンも今ではEU加盟国であることを考えると、EUは二度と戦争をしないために作られた連合なんだなぁとつくづく思う。

赤、黄、緑等のカラフルな建物が並ぶ、石畳の路地を歩く。中世の香り漂う街並みは、レトロな街灯も看板も目に映る全てがキュートで、歩いているだけでウキウキ気分になる。

「この旧市街は、宮崎駿の映画『魔女の宅急便』のモデルにもなったんだよ〜」

陽射しの強いスウェーデンの街を、リリちゃんはまるで踊るように軽やかに歩く。

「リリちゃん、スウェーデンが似合うねぇ！」「たまにスウェーデンに帰ると、やっぱり自分はスウェーデン人なんだと思うよ。長く日本にいても、私のルーツはここなんだなって」

北欧雑貨のお店に入り、色とりどりの小物を見ては、「トナカイ柄の折り畳み傘、かわいい〜」「このダーラヘスト（木彫りの赤馬。スウェーデンのマスコット的な存在）、マトリョーシカみたいで超かわいい〜」などと言い合っていると、リリちゃんが得意満面で言う。

「ね！　スウェーデンって、本当にかわいいモノだらけでしょ〜？」

「スウェーデンに来て、すでに『かわいい』って100回は言った気がするわ〜」と言うと、えまちゃんが「ていうか、昨日から私たち『かわいい』しか言ってないよねぇ」と笑う。

モノに限らず、スウェーデンは、キュートな美男美女だらけの国。お店で買物する度に、店員のお兄さんやおねえさんを品評し、「あの兄さん、超イケメン！」「あのねえさん、めっちゃ美人！」とホメ殺しの嵐。スウェーデンは、全てのオンナを自動的に〝女子高生気分〟にさせてくれる国なのだ。


夕方、ザリガニが食べられるレストランに向かうべく、フィエーデルホルメン島行きのフェリーに乗る。8月はスウェーデン中の家や別荘の庭で「ザリガニパーティ」が開かれ、仲間とワイワイ盛り上がると聞き、私は興味津々だったのだ。

とはいえ、ザリガニとは、子どもの頃に近所の川で捕まえ、ペットにして以来のご対面。

「ね、なんで8月にザリガニを食べるの？」とリリちゃんに聞いてみる。

「ザリガニは、昔はスウェーデンの湖で1年中獲れたんだけど、獲りすぎて絶滅しかけたの。で、100年前から、ザリガニ漁は8月から2ヵ月間限定になって、それ以来、8月のザリガニ漁の解禁をお祝いするようになったんだよ」

なんにしても、漁が解禁されて狂喜乱舞するぐらいだから、ザリガニは希少な高級食材であるらしい。日本人が「土用の丑の日」にウナギの蒲焼きを食べるような感覚だろうか。

ものの20分で着いた島の船着き場から小道を歩くと、森の中に、童話に出てきそうな赤いレストランがぽつんと1軒建っていた。中に入ると、美男美女カップルが仲良くワインを呑んでいたので「グッダーグ！　写真を撮ってもいい？」と聞いてみると、「まぁ私たちを？恥ずかしいわ〜」と照れつつも快諾してくれる。

今日一日、街を散策していても思ったけれど、スウェーデン人はシャイな人が多く、どことなく日本人と似てるなぁと思う。スウェーデンの人はリリちゃんしか知らなかったから、どれだけノリノリではっちゃけていてハングリー精神に満ちた人たちの国かと思いきや、シャイで控えめで真逆キャラの人ばかり。つーか、リリちゃんみたいなウルトラハイテンションな人、どこにもいないし！

奥の個室に入ると、真っ赤なザリガニ形の飾りがズラ〜ッと飾り付けられていた。テーブルにセッティングされたランチョンマットも真っ赤なザリガニ柄で、なんだか子どものお誕生日会に招かれたような楽しい雰囲気だ。

「みんな〜、さぁ、ザリガニの帽子を被って、ザリガニのヨダレかけ（首にかけるエプロン）をしてね！」

「へ？　これは何のマネ？」と目をパチクリさせていると、リリちゃんが言う。

「これは、ザリガニパーティのお決まりコスチュームなの。汁が飛んで服がベチャベチャになるし、この格好をしなきゃ、ザリガニパーティじゃないからね！」

日本も夏祭りにハッピを着るし、非日常を楽しむときに特別の衣装はつきもの。にしても、なぜこれから食べる生き物柄のコスプレ⁉　焼肉パーティをするときに、全員で牛のコスプレをして盛り上がるみたいなノリか⁉

頭に赤いザリガニ柄のパーティハットを被り、首に赤いザリガニ柄のヨダレかけを巻く。まわりを見回すと、イイ大人の集団が揃って〝赤ちゃん返り〟したような、還暦が早めにやって来たような、なんとも形容し難い〝ザリガニ・コスプレ〟姿に変身していて、おかしいのなんの！

チーズのパイやアンチョビ風味のポテトサラダが並んだところに、茹でられて真っ赤になった殻付きのザリガニが、大皿いっぱいにドドーンと運ばれてきた。食用イメージの全くないザリガニの山を見ると、グロテスクな見た目にギョッとなり、(コレ、マジで食べていいヤツ!?)と思わずにはいられなかった。

「ザリガニを食べるときはこれ！　じゃがいもで作られた蒸留酒で、アルコール度数が40度以上ある『アクアビット』だよ」

郷に入れば郷に従え！　小さなグラスに蒸留酒を注ぐと、リリちゃんが音頭を取る。

「ザリガニパーティは、『ヘーランゴー(さぁ、呑もう)』っていう〝乾杯の歌〟とセットなの。私が歌うから、一緒に歌ってね。♪ヘーランゴー、ヘーランゴー、フォニャララ、ヘーランゴー」

「♪ヘーランゴー」と全員の声が揃い「乾杯〜！」。

一気飲みすると、くぅ〜。舌を刺すキョーレツな味で、体が燃える！　両手でザリガニを持ち、ねじりながら引くと、ぷりっぷりの身が出てきた。恐る恐る食べてみると、およ？うまい!!　エビとカニの中間みたいな味で、塩味が効いているから酒との相性もバツグンだ。

「淡水の生き物だから泥臭いかと思ったら、サッパリした上品な味でビックリ！」

「でしょ〜？　たっぷりの塩と、爽やかな香りのディル、少しの砂糖で味付けするシンプルな料理なんだけど、スウェーデンの夏はこれなのよ〜。頭に詰まってる濃厚な味噌部分、〝ザリガニバター〟をチュ〜ッと吸うのも忘れないでね！」とリリちゃん。甲殻類の濃厚部位を、日本では「味噌」、欧米では「バター」と表現するなんて、食文化は面白いなぁ。

「ヨーロッパは食事中、音を立てるのがタブーなのに、味噌チュ～はアリなんだ！」

頭部をチュ～ッと吸ってみると、〝ザリガニバター〟うまっ!! 旨味がぎゅっと詰まった濃厚なコクで、あとを引く感じがたまらない！ 甘エビを食べるときの要領で〝ザリガニ味噌〟をジュルジュル吸っていると、食べれば食べるほどザリガニが美味くなってきて、強い蒸留酒でくいっと流し込むのがクセになってきた。

ザリガニのコスプレをした一同が、豪快にザリガニを食らっていると、リリちゃんが言う。

「さ～あ、歌うよ！ ♪ヘーランゴー」「♪ヘーランゴー」と全員が声を揃え、またまた乾杯。ひたすらザリガニを食べては、歌い、呑む！ を繰り返すパーティ。この日はベレケになっても笑って許されるので、スウェーデン人は記憶をなくすぐらい呑むのだという。

気がつくと、テーブルの上はザリガニの殻の山で、２００匹以上あったザリガニをあっという間に完食。手づかみで豪快にザリガニを食べるのが国民的な行事になっているなんて、暑気払いにもってこいだなぁと思う。

いい感じに酔っぱらったところで、最終フェリーに乗り込む。船内の座席に着くと、スウェーデン人の陽気な酔っぱらいグループが「君たちはどこから～？」と声をかけてくる。「日本だよ～」と答えると、おっちゃんたちが『上を向いて歩こう』のメロディで歌を歌い出したではないか。さすが世界でヒットした曲だと感心するも、歌詞がヘンすぎる！

ザリガニ・コスプレ姿で40度の酒、くぅ〜！

真っ赤に茹で上がったザリガニの山

フェリー内で1曲歌い上げた、即席ハスキーボイスデュオ♪

「♪ミヤコノコノコぉ〜、ミヤコノコノコぉ〜、ミヤ〜コ　ノコノ〜コ　ノッコノッコ」

なんだよ、ミヤコ、ノコノコって！　メロディは合っているのに、歌詞がデタラメな歌を聞いていると、胸がザワザワする。「違う違う、ホントはこうだよ！　♪上を向ぅいて、歩こぉ〜う」と歌うと、隣に座っていたリリちゃんも「涙がこぼれ〜ないよう〜に」と歌ってハモりだし、「ヒュ〜ッ」と口笛と歓声が上がる。

〝即席ハスキーボイスデュオ〟が『上を向いて歩こう』を歌っていると、酔っぱらいたちがノリノリで肩を揺らし、せっかくの正しい歌詞の上に「♪ミヤコ、ノコノコ〜」を被せてくるものだから、野太い声での大合唱になる。最後まで歌い上げると、船内は拍手喝采の嵐。

フェリーが港に着くと、おっちゃんやねえちゃんたちから「グレート！」「ワンダホ〜！」と握手攻めに遭い、私はディナーショーを終えた歌手になったような気分だった。ふだんは控えめなスウェーデン人も、酔うとリリちゃんみたいなテンションになるんだなぁ。スウェーデンは夜になった途端、リリちゃんチックな人が急増する国だったのだ。

ザリガニパーティで、気恥ずかしいくらいド派手な格好をする意味が、ようやく分かったような気がした。スウェーデン人は、あのぐらい非日常のコスプレをしないとお祭り騒ぎができないほど、根がシャイで真面目な人たちなんだろう。

ストックホルムに着くと、夜もかなり更けていたものの、リリちゃんが「スウェーデン発祥の『ICE BAR』に行ってみよっか！」と提案。えまちゃん&広野ちゃんと「いいねぇ！」と盛り上がる。店内の全てが氷でできているというアイスバーに、人生で一度は行ってみたいと思っていたのだ。

アイスバーの入口で、フェイクファー付きの青い防寒ポンチョをまとい、黒い手袋を身につけると、全員もれなく〝氷の女王〟的な風貌になり、一気にテンションが上がる。

重い扉を開けると、そこはマイナス5度の氷の世界。青いライトアップで幻想的なムードを醸し出し、氷の世界を具現化している店内は、カウンターからイス、壁、装飾まで、全て氷づくし！　自分の吐く息の白さに驚きつつ、氷製のグラスでピンク色のカクテルを吞む。

「冷える〜！　さすがに、このバーにはツマミは存在しないんだねぇ」とえまちゃんが言う。

「でもさ、指先にザリガニの匂いが染みてて、この匂いだけで何杯か吞めそうだよ〜」と言うと、みんなが「たしかに〜」と笑う。ザリガニを食べまくった私たちの間には、焼肉を食べた後、同じニンニク臭になった者同士のような、ザリガニ連帯感が芽生えていたのだ。

翌朝、世界初の屋外博物館「スカンセン」でトナカイや野生のリスの愛らしさに感動した後、湖でカヌーツアー体験。私は湖で得意のバタフライを披露したり、映画『犬神家の一族』の「湖面から両足が突き出た水死体」ポーズを激写してもらったりと、大自然を満喫。

明日、私は一足早くスウェーデンを発つ予定だったので、ツアー後、えまちゃん&広野ちゃんと家呑みしようという流れになり、夜、リリちゃんのマンションへ向かう。

リリちゃんが家のドアを開けようとすると、暗がりの中、階段の踊り場から、怪しい白い手が2本、ニョロニョロ〜と伸びてきた。

「きゃあ〜〜！　な、なに？　この手!?」。くねくねとパントマイムのように踊る、その奇っ怪な手から、小さな花が出てきた！　と思ったら、リリパパがひょっこり顔をのぞかせた。

「超ビックリした〜!!　もう〜、お父さんったら！」

腰を抜かしてヘナヘナと座りこんでしまったリリちゃんを、お茶目なお父さんが笑いながら抱き起こす。お父さんは日本に帰るリリちゃんにお土産を持ってきたのだが、なんて手の込んだサプライズだろう。何時に帰ってくるか分からない娘を、階段で息を潜めて待っていたなんて、純情な中学生男子か！

お父さんが帰ると、リリパパの話で持ち切りになる。「お父さん、リリコさんが小さかったときも、あんな風にリリコさんを驚かせたりしてたんでしょうねぇ」と広野ちゃん。

「41歳の娘にやるイタズラじゃないけど、リリパパの、今までリリちゃんにやってあげられなかったことを全部やってあげたい気持ちが伝わってきて、胸がきゅんきゅんするわぁ」

私がそう言うと、リリちゃんがセンチな表情になって言う。

ダーラヘストに乗って記念写真♬

「湖面に突き出た水死体」ポーズで決め！

髪飾りにしたピンクの生花がキュート♡

アイスバーのイケメン兄ちゃんと♪

「うちのお父さんね、若い頃からジョン・レノンが大好きで、ジョンがオノ・ヨーコと結婚したとき、『俺も日本人女性と結婚する！』って宣言してたんだって」

「お父さん、有言実行で久代をナンパして結婚して、夢を叶えたんだね〜」とえまちゃん。

それにしても、久代が離婚後、シングルマザーとして異国に残ったのが不思議だった。スウェーデンがいくら福祉国家でも、自分の母親（リリちゃんの祖母）が元気なら日本に帰ってきそうなものを、何かしら親子の確執があったんだろうなと思わずにはいられなかった。

「海外渡航が解禁になってすぐ、海外ひとり旅に出た久代は、本当に勇気がある人だよね〜。でもって、リリちゃんも日本語が全く話せないのに、日本に来るなんて勇気あるよね」

もしスウェーデンから出なければ、リリちゃんは自分のルーツである日本を、一生知ることがないまま人生を終えるところだったのだ。

「私が日本に来て、おばあちゃんは言葉の全く通じない孫に戸惑いながらも、いつも笑顔でものスゴ〜く優しくしてくれたんだ。そのおかげで今の自分があるんだって、つくづく思うよ」

「もしかしたら、おばあちゃんは、娘に優しくできなかった罪悪感があったんじゃないかな。で、リリちゃんに優しくすることで、その負い目から解放されて、おばあちゃん自身も救われたような気がするなぁ」

精神を病んだ久代がリリちゃんにキツく当たるのを知って、おばあちゃんは自分が久代をそんなふうに追いつめてしまったんじゃないかと、胸を痛めていたような気がしていたのだ。

「そうかもねぇ。久代も、明治生まれのおばあちゃんに厳しく育てられて、日本で生きるのが息苦しかったのかもしれないなって思うよ。お母さんのことも、日本に来てからも、本当に苦労したけど、経験したことは全部、必要な試練だったと思えるわ。今私、最高に幸せだから」

柔らかな表情で自分のルーツを話すリリちゃんは、もう、誰のことも恨んでいない。リリちゃんがこの世に生まれてくるには、亡くなったおばあちゃんもおじいちゃんもお母さんも生きている間に和解できたお父さんも、み〜んな必要な人たちだったということ。

聞くと、リリパパは、30年以上前に離婚した久代が病気になったのを見るに見かねて、最後は看病までしていたのだという。そして、リリちゃんが半分育てたと言っても過言ではない9歳年下の弟さんは、今では大学教授だというからあっぱれだ。

子どもの頃の写真を見せてもらうと、リリちゃんはキュートな赤い服を着せてもらっていて、両親がどれだけリリちゃんが生まれたことを喜び、愛おしく思っていたかが分かる。お母さんがリリちゃんに辛く当たった事実は変えられないけれど、過去の全ては、今の幸せなリリちゃんにたどり着くまでに必要だった道のりでもある。「過去の事実」は変えられないけれど、「過去の意味」はいくらでも変えることができるのだ。

朝、空港行きのバス停に向かうと、通りにギャルっぽい雰囲気のおねえちゃんがダンボールのボードを持ち、募金活動をしているのが見える。ちょうどクローナ（スウェーデン通貨）の余りがあるから、寄付しよっと。アフリカの子どものための寄付かな？　それとも、スウェーデンで起きた災害か何かかな？　などと思いつつ近づくと、ウソでしょ⁉　ダンボールのボードには英語の手書き文字で「私はロンドン留学したい」と書いてあったのだ。

「あの、スウェーデン人だよね？　自分の夢のために募金を⁉」と聞くと、「そうなの〜。留学する夢を叶えたくて」と可愛い彼女はにっこり微笑む。うーん、まぁ勉強目的ならいいかと思い、寄付する。

さらに歩くと、また別のおねえちゃんがダンボールのボードを持って立っていた。今度の募金は……？　と期待しつつボードを見ると、「私は冬用の靴が必要です」と書いてあるではないか。つーか、募金よりも地道に働いた方が早いやろ！　とツッコみたくなるが、働き口が見つからないんだろうか。

「どうして冬靴がほしいの？」と聞くと、青い目の彼女は「冬は氷点下の寒さだから、あったかいブーツが必要なの」と肩をすくめる。そ、そんな個人的な夢のために、通りで〝立ち

「ロンドン留学の資金を恵んで！」

夢を叶えるために募金活動中

スカンセンには昔懐かしい衣装の少年も

スカンセンで会った伝統衣装の女性

んぼ〟してんの!? と目がテンになるが、うーむ、まぁそういうことなら……と寄付する。

しばらく歩くと、今度はピチピチのショーパンをはいた美人が立っていて、これまたボードを持っている。ボードを見ると、「私はスペイン移住の資金が必要です♡」とさた!

「寄付を募ってまで、スペインに移住したいの!?」と聞くと、「ええ。憧れのスペインで、スペイン人と結婚するのが私の夢なの〜」とのたまうではないか。なんじゃそりゃ! まだ見ぬスペイン人との結婚資金のために募金活動!? ええい、ままよ、持ってけドロボー!

考えてみれば、スウェーデン人は、シラフのときはかなりシャイな人たち。内気な女の子たちがハズカシさを乗り越え、夢を叶えるためにストリートに立ってるんだよなぁ。そりゃ、何もしないでいるより、行動した方がいいに決まっている。シャイな国育ちの人間は、ずうずうしいくらいでちょうどいいのだ。

ハッ、イカン、飛行機の時間が迫ってる! 人ごみをかきわけ、空港への道を走りつつ、私は心の中で、彼女たちにエールを送りたい気持ちになっていた。

みんな、好きな国で、好きなように生きればいい。久代が勇気を出してひとり旅に出て、イングバルが勇気を出して久代に声をかけたからこそ、リリちゃんが生まれ、その41年後、私がザリガニパーティのご相伴にあずかれたことを思う。どんな小さな出会いも、新たな幸せを生む〝金の卵〟かもしれないのだ。

ゆるして

めくるめく出会いで〝心の筋トレ〟

アドリア海沿いの美しい港町、ピランで出会ったファンキーなおっちゃん

オーストリア★ウィーン
厳粛なクラシックコンサートが、爆笑コントに大変身!?

（うう〜、は、腹が減った……）

飛行機でスイスに飛び、チューリヒ中央駅に着いた頃には日が暮れ、雨まで降ってきた。ウィーン行きの夜行列車に乗るまでに夕食にありつかねば！　と思うも、駅周辺に店が見当たらない。暗い夜道を心細い気持ちで歩いていると、1軒、明かりの灯った大きなレストランがあった。

助かった〜!!　中に入ると、モダンな内装の店内で、大勢の人たちがわいわい食事していた。「すみません、オーダーはどこで?」と聞くと、金髪の兄ちゃんがニコニコ顔で言う。

「ここは店ではなく、『デザイン・ミュージアム』なんだよ。僕たちはデザインの仕事をしてる仲間で、閉館後に食事を持ち寄って、交流を深めるパーティをしてるんだ」

美術館で貸し切りパーティ!?　なんて粋な催しなんだろう。

「ヨーロッパを旅行中で、てっきりレストランかと……ごめんなさい!」と謝ると、「よかったら食べていかない?　食べ物も飲み物も全部タダだよ〜」と兄ちゃんが言ってくれる。

「マジでー!?　お店が見つからなくて困ってたんだよ。本当にありがとう！」

こんなウマい話がこの世にあるとは！　この旅も16カ国目。欧州をたくさん旅して、何かしらのスタンプが貯まり、神様からギフトが届いたような気分だった。ご相伴にあずかってビールで乾杯し、具沢山のパエリヤ、ぷりぷりのソーセージ入りサラダ、ゴートチーズ（キャラメルのような味わいの山羊チーズ）等をたらふくいただいた後、陽気な面々と手を振り合う。

「ごちそうさま〜！　みなさん、良き人生を！」「てるこもヨーロッパを楽しんでね！」

オーストリアの首都、ウィーンに着き、赤いキュートなトラム（路面電車）に乗ると、車窓から、中世の香り漂う美しい建物群が見える。さすが、ヨーロッパの中心として栄華を極め、ブイブイ言わせていたハプスブルク帝国の遺産は、格調高くて風格があるなぁ！

このオーストリアでのミッションは、「本場のクラシック・コンサートを堪能すること！」。〝音楽の都〟と称されるウィーンでは、毎晩、旅行者が気軽に楽しめるコンサートが、市内の至るところで開催されていると聞いてきたのだ。

ネットで探した街中のゲストハウスに着くと、色とりどりの小物が並んだフロントは、なんとも楽しげな雰囲気だ。広々としたオシャレなロビーには、8畳ほどのゴロ寝スペースがあり、裸足の旅行者たちがクッションにもたれ、読書したりスマホをいじったりしている。

「ハーイ！　この宿泊カードに記入してね〜」

フロントの、鼻ピアス&唇ピアスの金髪ねえちゃんが、気さくな感じで声をかけてくる。

パウチ加工された記入例を見ると、映画『ゴッドファーザー』等で知られるハリウッドの名優、アル・パチーノの写真が貼ってあり、署名欄にはご丁寧に直筆風サインまで書かれている。んも〜、アル・パチーノがこんな安宿に来るワケないじゃん！　つーか、よもや来たとしても、記入例のパウチ加工なんてチープな使われ方、絶対OKしないし！

「これ、本人の写真を勝手に使って、サインまで偽造しちゃってんの!?」

驚いた私が言うと、ねえちゃんはちっとも悪びれず、肩をすくめて言う。

「オーストリア人はユーモアが大好きなの。単なるジョーダンだから問題ないわよ〜」

ハリウッドセレブ写真の無断使用、ジョーダンで済むかぁ!?　ウィーンの宿、個性的だなぁと思いつつフロントデスクを見ると、「本宿のイチオシ！」という感じでチラシが飾ってあり、目が飛び出そうになる。そこには、パジャマ姿の女が全裸のマッチョ男に抱きついている、アメコミ風の色っぽいイラストが描かれていて、宣伝文句は「あなた、独りでさみしいでしょ!?　今すぐご注文を！」。

なんと、マッチョ男は〝ダッチワイフ〟ならぬ〝ダッチハズバンド〟だったのだ。「キス！　抱擁！　あなたの乾いたアソコに！」という刺激的なキャッチコピーに、笑っていいものやら困るべきやら、リアクションに困ってしまう。

「こ、これは、その〜、フロントで旅行者に、この人形をレンタルしてるってこと!?」

ドギマギしつつ目をパチクリさせている私に、ねえちゃんは不敵な笑みを浮かべて言う。

「うふふっ、単なるジョーダンよぉ」

宿のフロントって、一番ジョーダンとか言っちゃいけないところじゃないの!?　日本の安宿でこんなジョーダンが飾ってあったら、（やっべえ宿だ！）と思い、私は速攻、踵を返すだろう。「ちゃんとした宿と思われたい！」ということよりも、ユーモア（しかも下ネタ！）最優先。まぁ確かに、どんな旅人も楽しむために旅しているのであって、オープンな雰囲気をウリにするのは、案外正しいのかもしれないな。

格式を重んじる固くるしいイメージだったものの、オーストリアは相当ジョークが好きな国民性であるらしい。フロントの兄ちゃんはお客が来ないのをいいことに、ロビーに出てサッカーボールでリフティングの練習をしてるし、おおらかというか無頓着というか、意外に自由でのんきな雰囲気の国なんだなぁと思う。

フロントのねえちゃんに、今夜、聴きに行けるクラシック・コンサートを探してもらうと、ネット検索してくれるも、「どこも完売だわ」とお手上げポーズで言う。

ガガーン!! モーツァルトやベートーベンが活躍した〝音楽の都〟じゃ、毎日数えきれないほどコンサートが開かれてるんじゃないの!?

気を取り直し、地下鉄で「シェーンブルン宮殿」に向かうと、宮殿前にカウンターがあり、コンサートチケットを販売しているおっちゃんがいた。シェーンブルン宮殿の離れで開催されるコンサートで、あのモーツァルトが何度も演奏した場所だと聞き、即購入。夜の予定が埋まってホッとした途端、腹が減ったので、近くのレストランへ向かう。

テラス席に座ると、おっちゃんがオーダーに来てくれたので、オススメを聞いてみる。

「僕なら、オーストリア名物の『ターフェルシュピッツ（牛肉の煮込み）』を頼むね〜」

6代目ジェームズ・ボンドのダニエル・クレイグから、フェロモンを抜き取って爽やかにしたようなおっちゃんがニコニコ顔で言う。

「じゃあその、長ったらしい名前の料理を！」

しばらくすると、爽やかダニエルが「好きなソースをつけてね〜」と言いつつ、料理をサーブしてくれる。リンゴのすりおろし&西洋ワサビのソースにつけ、ステーキ風に盛られた牛肉を食べてみると、うんまーい！　よく煮込まれた牛肉とスープに旨味がぎゅっと凝縮されていて、舌の上でとろける軟らかさに頬が落ちそうになる。カリカリに炒めたポテトの付け合わせとの相性も抜群だ。

笑顔がチャーミングな爽やかダニエル

宿のトイレの目印は、女もボトムス姿！

安宿のゴロ寝スペースは、世界中の旅行者のたまり場

お腹もいっぱいになり、いざ、ウィーン観光の目玉であるシェーンブルン宮殿へ向かう。

青空の下、色鮮やかなイエローに輝く宮殿がドドーンとそびえ立ち、宮殿前にはカラフルな花々が咲き誇る、巨大な庭園が広がっている。空の青さと美しい庭園の緑が、黄色い宮殿に映えること！

この宮殿は、1793年、フランス革命の渦中、ギロチン処刑されたマリー・アントワネットのおかん、女帝マリア・テレジアの居城、つまりはマイホーム。豪華絢爛（けんらん）な建物にそう関心はないものの、前世、フランス革命前のパリでギロチン死したらしい私は（詳しくは『純情ヨーロッパ』参照）、アントワネットの育った宮殿に興味津々だったのだ。

入口で日本語のオーディオガイドを借り、部屋数が1400室以上あるという華麗な宮殿を見学すると、キンキラでデコラティブなゴシック装飾に頭がクラクラしてしまう。

君主の子どもの結婚は、親が決めた政略結婚が常識だった時代。奇跡的に初恋の人と結婚でき、ハプスブルク家（ヨーロッパ随一の威厳を誇った王家）を継承した女帝マリア・テレジアは、政治に無関心な夫&16人の子ども（内6人は天然痘等で病死）とこの宮殿で暮らしていた。そして、自分は恋愛結婚したくせに、ハプスブルク家の繁栄のために子どもたちを次々と政略結婚させ、マリー・アントワネットをフランス王家のルイ16世に嫁がせたのだ。

「家族的セレモニーの間」に飾られた、巨大なマリア・テレジアの肖像画（35歳頃）を見ると、少女時代のか弱いルックスはどこへやら。肖像画なんて依頼主の命令でいくらでも変えられるのに、このメタボな仕上がりということは、実物はもっともっとダイナミックな迫力バディだったに違いあるまい。そして、自分の二重アゴはさておき、アントワネットには散々「コルセットを着けて太らぬように！」と手紙で助言していたというから、ウチのメタボおかんと変わらぬ、心配性の過保護ママだ。

アントワネットの子ども部屋の、豪華なシャンデリアに調度品、ゴールドの装飾のテーブルセット等々……。贅を極めたインテリアを見るにつけ、子どもの頃からこの環境で育っていれば、贅沢を贅沢と感じられず、そりゃ金銭感覚も麻痺するわなぁと思う。ハプスブルク家の絶頂期に大改築された宮殿で育ったアントワネットが、ここから14歳で嫁に行き、その24年後、38歳でギロチン死することになるとは皮肉な話だ。

なんにしても、こういう宮殿が残っているからこそ、どの国にも観光名所があって、今も国にお金が落ちることになってるんだよなぁと思う。時代の流れで民主主義の世が迫り、重税にあえぐ庶民たちに倒される運命だった貴族たち。それでも、貴族たちの生活は豊かな宮廷文化を育み、当時生まれた芸術や建築は、今も私たちに影響を与え続けている。今夜行くコンサートにしても、貴族のようなパトロンの存在がなければ、クラシック音楽はこの世に誕生していなかったのだ。

当時の社会には必要な存在だった貴族の生活を垣間見るうち、ヨーロッパ苦手意識が薄まり、因縁のパリともかなり和解できたような気持ちになってくる。贅沢三昧だった彼女たちの暮らしを見ると「少しは節約せえや！」とツッコミたくもなるが、彼女たちとて、たまたま生まれてみたら貴族だっただけで、悪気はなかったんだろう。

フランス革命に火をつけたといわれる有名なセリフ「（貧困にあえぐ民衆に対して）パンがなければお菓子を食べれば？」も、アントワネット自身の言葉ではなかったとも言われている。そして、彼女がギロチン台に赴く際、執行人の足を誤って踏んでしまったとき「許してください。わざとではないのです」と毅然とした態度で丁寧に謝ったことを知ると、育ちのいい、世間知らずなお嬢様だったように思えてきたのだ。

日本のお殿様やお姫様と同じく、自由があるようでない彼女たちも大変だったんだなぁと思わずにはいられなかった。舞踏会や音楽会を開催し、見栄を張り続けなければならない王族人生。他国にナメられて攻め込まれるスキを与えないよう、国力を誇示するためにもゴージャスな城を造り、財力をアピールする必要があったのだ。

今まで生きてきて、アントワネットに感情移入したことも親しみを感じたこともなかったけれど、彼女とて私と同じ人間だったのだということ。豪華な宮殿内部を見学しながら手を合わせ、（時代はすっかり変わったので、もし思い残したことがあるなら、生まれ変わってきてください）とお祈りする。アントワネットとは全く違う理由で処刑されたらしい私も、現代に生まれ直して、今、こんなにも自由を謳歌しているのだからと。

宮殿を見学した後、敷地内にある、〝世界で最も古い動物園〟シェーンブルン動物園へ。子どもの頃、動物園が大好きだった私は、木に抱きつきながら爆睡するコアラや、元気に駆け回る子鹿ファミリー、笹をむしゃむしゃ食べるパンダの愛らしい姿を、心ゆくまで満喫。まさか、オーストリアでコアラが見られるとはなぁ！

広々とした動物園で暮らす動物たちは、檻に閉じ込められている感がなく、のびのびしているように見える。いろんな角度から動物が見られるよう工夫されたこの動物園を創ったのは、アントワネットの父で、女傑マリア・テレジアの夫、フランツ1世。政治に興味がなかった皇帝が、財力にモノをいわせて自分の楽しみを追求し、世界初の動物園を建てたおかげで、子どもの頃の私が「動物園に行く」というエンタメを享受できたことを思う。

さっき宮殿でフランツの肖像画を見たときは、偉そうなヒゲのオッサンとしか思わなかったものの、「フランツ1世の寝室」のベッドも皇帝のモノだとは信じられないほど質素だったし、女帝を陰で支えた控えめな人だったんだろうな。ハプスブルク家なんて、世界史の授業に出てきたときは意味不明だし、フランツなんてオッサン、私とは縁もゆかりもない人だと思っていたけれど、可愛いコアラたちに癒された今、フランツにも感謝だった。２５０年後の時代を生きてる人間として、遅ればせながら礼を言うわ。ダンケ！

レストランで「ウィンナー・シュニッツェル（ウィーン風・仔牛のカツレツ）」にレモンをジュッと搾り、サクサクに揚がった巨大カツを食べた後、コンサートを聴きに再び宮殿へ。

会場に入ると、アーチ型の天井にクラシカルなシャンデリアが輝き、気品漂う空間だ。

千人近い客が席に着くと、十数人の奏者が登場し、モーツァルトの「フィガロの結婚」や「魔笛」等、ポピュラーな名曲の演奏が始まった。ドレスコードもなく、カジュアルな雰囲気のコンサートなのだが、さすが宮殿の催し物とあって演奏は本格的。クラシックの知識がない私には、ミーハーなラインナップがちょうどいい。

中盤になると、演奏をバックに、宮廷風の衣装を身につけた男女ペアのバレエダンサーが登場し、ふたりの優雅なダンスが始まった。女は肩出しドレス、男は胸元にふりふりのフリル、両腕がバルーンのように膨らんだブラウスに膝丈のピタパンで、「若いふたり」という設定。ところがどっこい、男の方が凄まじい頭頂部へアロスなのだ。つむじというか、ザビエルというか、ほぼカッパ。

ふりふりブラウスを着た、自信満々のカッパちゃんが宙を飛び、カッパちゃんがくるくる回り、カッパちゃんが大きくジャ〜ンプ。ふたりが揃って華麗なステップを踏んだり、一緒に回ったりする度に、頭頂部にばかり目がいってしまい、ついつい吹き出してしまう。「フリフリを着たザビエルが若者を演じている」という設定を、私はどうしても受け入れることができないのだ。

なぜ他の人は、この、無理のある設定を受け入れ、笑わずにいられるんだ？　つーか、ザビエルはどうしてカツラを被らないいんだ？　彼らは踊りながらも、何かしらの役を演じているハズ。通常、舞台の役者は役の設定に合わせて、いくらでもカツラを被るモノ。それなのに、なぜそんなにも地毛にこだわるんだ！

あぁ、ダメだ！　音楽もダンスも全く頭に入ってこない。父が若い頃からヘアロスだったものの「それがどうした？」と全く気にしない人だったので、私は相当〝薄毛フレンドリー〟な人間なのだが、もう無理！　ザビエルがくるくる回ると、頭頂部が見えたり見えなかったりするおかげで、まるで点滅状態。お願いだから、ザビエルヘアで得意げに回らないで〜！　と心の中で絶叫してしまう。

踊り終えたふたりが華麗にお辞儀し（このとき、もろに頭頂部が全開マックスに！）、ザビエルが女にのぼせあがっているという設定なので、女が逃げるように舞台袖にハケる。すると、ザビエルが「アハハ！　照れないでおくれよ〜」というノリで、女を追いかけながら去っていく。オイオイ、そんなややこしい設定の男から追われたら、そりゃ逃げるだろ！

後半は、オペラ歌手の独唱に、ヨハン・シュトラウスの「美しく青きドナウ」「ジプシー男爵」と続き、アンコールの定番「ラデツキー行進曲」の演奏が始まると、指揮者が手拍子を促し、観客みんなで曲に合わせてリズミカルに手拍子を打つ。

うわ〜、「ウィーン・フィルのニューイヤーコンサート」みたいで超楽しい〜！ NHKで見て以来、このお約束の手拍子を、一度でいいからやってみたかったのだ。2時間のコンサートは、オペラあり、ダンスあり、ザビエルありと、盛り沢山で私は大満足だった。

翌朝、早起きし、次の旅先スロベニアに向かうべく、ウィーン・マイドリンク駅に向かう。構内のパン屋に向かうと、他の店がまだ開いていないせいで、どこのカウンターも長蛇の列。ようやく私の番になったものの、突然、目の前に白人のオバハンが割り込んできた。私も、私の後ろに並んでいる人たちも、列車の時間が迫る身。自分だけの問題ではないと思い勇気を出して「すみません、私たちは並んでるんですけど」と言うと、オバハンはいけしゃあしゃあと「あら、そうなの？」などとヌカすも、横入りをやめようとしない。

こういうとき、日本ならお店の人が「先に並ばれていた方がいらっしゃいますので〜」とかナントカ優しく制してくれるモノ。だが、店員の白人のねえちゃんはあからさまに嫌な顔になっていて、「ったく、私はどうすればいいワケ!?」と言わんばかりのイラツキだ。

「私たちが順番を待ったように、あなたは、列の一番後ろに並ぶべきです」とオバハンを制し、惣菜パン、コーラ、カフェオレを注文。ねえちゃんは棚に置いてあった常温のコーラを取り、袋にパンとコーラを入れて私に渡した。ちぇっ、コーラ、冷えてないヤツしかないんだ……と思いつつ列から離れてハッとした。カフェオレが入ってない！　しかも、隣のカウンターの後ろにはガラスの冷蔵庫があり、冷えたコーラもあるではないか。

慌てて列の先頭に戻り、「すみません、カフェオレが入ってなかったんですけど」と言うと、ねえちゃんは私の言葉には一切反応せず、「失礼しました」的な言葉もなく、（あ〜あ、メンドーな客！）という感じで後ろを向き、コーヒーマシンのボタンを押した。

うぬぬ〜！　そんな態度を取られたら、私がクレーマーの客みたいじゃん！　日本なら絶対にあり得ない対応で、あの、嫌な思いなんて滅多にしない、日本の笑顔に満ちたおもてなしを懐かしく思わずにはいられなかった。そういや、宿で一緒になったスペイン人の女の子も、「オーストリアの店員はいい加減で頭に来る！」と怒ってたっけ。お国柄だかなんだか知らんが、ねえちゃんのあまりの態度にカチンときた私は、勇気を振り絞って言った。

「あと、さっき買ったコーラ、あの冷蔵庫の冷たいコーラに交換してください」

「無理！　冷たいコーラがほしいなら、あっちの列に並んで」

はぁ〜？　あんたの怠慢さが原因なのに、なぜ私が買い直さねばならんのだ。堪忍袋の緒が長い私もこれにはガマンならず、これ以上、ヌルいコーラを渡される被害者を出さないためにも、こやつにはガツンと言ってやらねばならん！ と意を決して言った。

「あなたが5歩歩けば、あの冷蔵庫に行けるじゃない！ あなただって、夏の暑い日にお店でぬるいコーラを渡されたら、イヤな気持ちになるでしょ？ しかも、カフェオレの代金を受け取ったのに商品を渡さないなんて、泥棒と同じなんだよ!?」

するとねえちゃんは「ちっ」という顔で5歩歩き、冷たいコーラを取りに行って常温コーラと交換した上で、カフェオレを差し出した。ったく、「ごめんなさい」の一言がなぜ言えん!?

商品を受け取って踵を返すと、同じ列に並んでいたオーストリア人とおぼしきおばちゃんが私の肩をポンと叩き、「よく言ったわ。彼女、いつも態度悪いのよ」とにっこり微笑んでくれる。「ダンケ！」と応えつつ、おばちゃんの優しい言葉で胸がいっぱいになる。おばちゃんが声をかけてくれなければ、私は（あぁ、英語のロクにできない東洋人が、難癖つけて怒ってる風に見られたじゃん！）と気持ちがどんよりしていたかもしれないのだ。

勇気を振り絞って言いたいことを言い、望みの品までゲットできた私は、晴れ晴れとした気持ちになっていた。英語がド下手なせいで、今まではこういう高慢な欧州人には遠慮しがちだったものの、私はちょっとした〝世直し人〟にでもなったような気分だったのだ。

スロベニア★リュブリャナ
トロッコ列車でGO!　巨大鍾乳洞を大冒険

「退屈なんてクソくらえだ！」と絶叫しているような現代アートが炸裂しているエリア「メテルコバ」で、私はド肝を抜かれていた。

ここは、スロベニアの首都、リュブリャナ駅からほど近い場所で、まわりの建物はすべて、〝遊び心〟に満ちたアトリエ兼ギャラリー。大阪・道頓堀の立体看板をスタイリッシュにしたようなコテコテ装飾や、ペンキで描かれた自由すぎるストリート・アート等、見ているだけで楽しい気分になる。

アーティストたちが監獄（！）をリフォームしたという、ユニークな宿の予約が取れたので来てみたら、不思議なエリアにたどり着いてしまったのだ。まさかヨーロッパで、こってりした大阪のメンタリティを思い出すことになるとは。今までなんのイメージもなかったスロベニア、独特で面白い国だなぁ！

監獄をリフォームした宿に着くと、赤を基調に、窓枠がオレンジ、イエロー、ピンク等にペイントされた建物で、なんともアーティスティックな雰囲気。宿の中に入ると、木のぬくもりを感じるオシャレで清潔な空間で、かなり居心地がよさそうだ。

「ドベル ダン（こんにちは）」と挨拶すると、フロントのおねえちゃんがにこやかに言う。

「あなたはラッキーよ！　大人気で予約が取れない、十字架のある個室に泊まれるわよ〜」

なんと、ドミトリー（大部屋）ではなく、囚人が実際に入っていた監獄に、ひとりで泊まれるというのだ。アート目当てでやってきた宿で、まさかの独房独り占め。それってラッキーなのか⁇　怨念がこもっていたらかなわんと思い、まずは下見に行ってみる。

個室のドアには、監獄の名残である鉄格子があり、入口は監獄まんまじゃん！　中に入ると、こぎれいな小部屋にロフト風ベッドが備えられ、巨大な木製の〝十字架風アート〟がドーンと飾られている。

十字架の存在感がデカすぎて、〝反省部屋〟みたいな気がしないでもないが、せっかくだし泊まってみるか。まさか、わざわざ金を払って鉄格子の部屋に収監されるとはなぁ！

「オバケも出そうにないし、泊まるよ」と言うと、フロントのおねえちゃんは「オバケなんて出ないわよ〜」とゲラゲラ笑う。スロベニア人の大学生だという彼女の名前はスベトラーナ、24歳。話していると、つい「スロベニア」を「スロバキア」と言い間違えてしまう。

「ごめん！」と謝ると、スベトラーナは肩を上げて言う。

「慣れっこよ。スロベニアとスロバキアの大使館は、間違えて届く郵便物を交換し合ってるぐらいだもの。どちらの国も、『スラブ人（スラブ語を話す人）の国』という意味なのよ」

「ハハッ、私だけじゃなかったんだ〜。スベトラーナは、学費のためにバイトしてるの？」

「まさか！　世界を旅する旅費を稼ぐためのバイトよ〜。スロベニアは大学まで授業料がタダだもの。ウチの大学には、アメリカ人の留学生もいるわ。アメリカは学費が高くて、自分の国の大学には行けないんだって」とスベトラーナが言う。

外国人留学生の授業料までタダでOKとは、なんたる太っ腹！

ヨーロッパは大学までの授業料がタダの国が多く、有料の国でも大学の年間授業料はたいてい10万円前後なのだという。それに比べ、日本の大学生の半数が奨学金の受給なしには大学に行けず、奨学金の多くは「給付型（返済義務なし）」ではなく、利子を付けて返さなければならない「貸与型」。いわば、非情な〝学生ローン〟なのだ。ヨーロッパの教育事情を聞くにつれ、若者に莫大な借金を背負わせて社会に送り出す日本のシステムは、未来を担う人たちへのリスペクトがなく残酷すぎる！　と思わずにはいられなかった。

「スロベニアの2大鍾乳洞って、見たら感動する？」と聞くと、「もちろん！　ファンタスティックな体験よ〜」とスベトラーナはにっこり。〝アルプスの真珠〟と称される自然豊かな国、スロベニアでのミッションは「ふたつの巨大鍾乳洞を探検すること！」なのだ。

「世界遺産の『シュコツィヤン鍾乳洞』はアクセスが悪いの。明日のツアーに参加するのをオススメするわ」とアドバイスされ、まずは、「ポストイナ鍾乳洞」に列車で向かう。

着いたポストイナ鍾乳洞は、見学する際、ガイド付きツアーに参加する決まりになっていた。とはいえ、ガイドのペラペラ英語が私に理解できるワケがない。ラッキーなことに、日本語オーディオガイド（3ユーロ）があったのでレンタルし、いざ巨大な洞窟へ。

中へ入ると、荘厳な鍾乳石の連なりがライトアップで浮き上がり、幻想的な世界がドドーンと広がっていた。全長27キロ（！）という鍾乳洞は、いまだかつて見たことがない壮大なスケールで、思わずため息がこぼれてしまう。

テーマパークの乗り物のような赤いトロッコ列車があり、これに乗って2キロ奥へと進むのだという。気温8度という肌寒さの中、列車が出発する。

「わわわ、超速ぇえぇ！」

愛らしい見た目から子どもだましの乗り物かと思いきや、トロッコ列車はかなり高速。鍾乳洞を眺めるような心のゆとりはなく、インディ・ジョーンズの世界にぐいぐい入り込んでいくようなワクワク感。急カーブになると、あちこちからキャーキャー歓声が上がる疾走感。私も「ひぃ〜っ！」と叫びっぱなしで、こりゃ完全に絶叫マシーンだ。

トロッコ列車にシートベルトも天井もないのをいいことに、写真を撮ろうと身を乗り出すと、列車が突然、上下左右すれすれの狭まった岩場の中に突入。マトリックスばりにのけぞ

鉄格子&十字架つきの監獄部屋

トロッコ列車で巨大鍾乳洞へ！

「世界をひとり旅するのが大好き」とチャーミングなスベトラーナ

ったおかげで、間一髪セーフ！　顔&手をもぎ取られそうになってヒヤヒヤさせられつつ、狭いトンネルを通り抜け、スリル満点のアトラクションだ。身を乗り出した自分が悪いとはいえ、元社会主義国の乗り物は、造りが荒っぽくて豪快だな〜。

終点に到着し、徒歩で見学するコースへ向かう。フラッシュの光を浴びると鍾乳洞が劣化するそうで、ここから先は撮影禁止。

ダイナミックな地下空間に圧倒されつつ、自然が創り出したユニークなオブジェの数々を見て回る。極細の白い鍾乳石が無数に垂れ下がり優雅な形状の「スパゲティ」や、ラクダ、ワニ、カメ、オウム、フクロウ等々。鍾乳石は1センチ大きくなるのに100年かかるというから、これらの造形は気の遠くなるような年月をかけて作られた〝自然の奇跡〟なのだ。

そんな中、「写真を撮らないで！」とガイドのおねえさんが注意しても、世界中から集まった観光客は、スキあらばカメラやスマホで写真を撮りまくり、フラッシュをたく輩も多い。

それにしても、世界の人たちはいつのまに、こんなにも写真好きになったんだろう。「カメラ好き」の代名詞といえば日本人の専売特許で、この記録癖は世界中でさんざん小バカにされてきたのだ。かつて外国の映画に登場する日本人といえば、「カメラを首から下げ、眼鏡をかけた、スーツ姿の冴えない男」というステレオタイプだったし、私も旅先でよく「日本人は写真撮ってばかり」とからかわれたもの。ところがスマホが登場し、ＳＮＳの普及を皮切りに世界中の人が突然変異を起こし、あらゆる世代の人が、写真をバシャバシャ撮るのがフツーの時代になったのだ。

こんなふうに価値観の大転換を目の当たりにすると、日本人は時代の先を行っていたのであって、世界中の人たちが遅ればせながら〝日本人化〟したのだと思わずにはいられなかった。ふふっ、「その瞬間」を切り取ることで「今」に全力で参加する楽しみが、ようやく分かったか〜とほくそ笑んでしまう。価値観なんてあっという間にアップデートされることを思うと、人にどう思われるかとか、世間のモノサシなんか気にしてる場合じゃないよなぁ！

華麗な鍾乳石群に魅了される、めくるめく探検タイム。変化に富んだ鍾乳洞ワールドを堪能し、90分のツアーが終わると、未知の世界を見てきたという充実感がこみ上げてくる。

ポストイナ駅に着いて時刻表を見ると、次の電車まであと1時間もある。閑散とした駅のまわりにはカフェもなく途方に暮れていると、バーらしき店が一軒だけあった。

ドアを開けると、壁も床もテーブルもイスも、血のようなドス黒い深紅色。なんともいかがわしい雰囲気で、背徳の香り漂う店内に人の姿はなく、怪しさは募るばかり。「ヨーロッパの中ではスロベニアは治安がいい方よ〜」と言っていた宿のねえちゃんの言葉をお守りに、さらに奥へ進んでみる。

右に曲がると、突き当たりはカウンターバーになっていて、顔がヒゲで覆われたTシャツ姿の大男がマスターであるらしい。お客は、ヤンキーっぽいふたり組（つるつるヘッド&丸刈り）と、ひとりで呑んでるロンリー兄ちゃんの、計3人。店内はやはり深紅色で、壁いっぱいにストリート・アート風の絵が描かれ、ウルトラディープな佇まいだ。

ただならぬ雰囲気にたじろぎつつも、自分を奮い立たせて生ビールを注文。お腹がペコペコだったので「何か食べ物はありますか？」と聞いてみる。

ジャンボマスターはビールジョッキをドンと置き、「店に食べ物はないんだ」と一言。3人の男たちを見ても、なんのツマミもなく、ビールを呑み続けている。

「乾きモノもないんだ……」と大げさに落胆し、勇気を出して「空きっ腹で呑んで、酔っぱらわない？」とふたり組に話しかけてみると、丸刈りの兄ちゃんが言う。

「バルカン半島の男は、みんな酒が強いのさ」

「酒とセットで、アッチも強いからな！」とつるつるヘッドの兄ちゃんが胸を張る。

「ア～ッハッハ！」「そりゃそうだ！」

思いっきり下ネタなんだけど、つるつる兄ちゃんの言い方があまりにもストレートで爽やかだったので、店内全員が大ウケ。ひとりで呑んでいた兄ちゃんも「よく言った！」なんて言って、ビールジョッキを乾杯風に上げてみせる。

「スロベニア人には、バルカン半島のアイデンティティがあるんだねぇ。私はこれからバルカン半島を旅する予定なんだよ」と言うと、つるつる兄ちゃんが教えてくれる。

「覚えておくといい。スロベニアもクロアチア、セルビア、ボスニア・ヘルツェゴビナも、言葉の違いは方言レベルだ。元は同じ国、ユーゴスラビアだからな」

出身を聞かれ「日本だよ」と答えると、みなが口々に「日本か」「デカい国だ！」と言う。

「小さな島国だよ～」と謙遜すると、つるつる兄ちゃんが言う。

「スロベニアの人口はたった210万だぞ。日本が小さな島ならスロベニアは小さな村だよ」

うーむ、確かに。ヨーロッパは人口数百万人～1千万人程度の小国が密集するエリアで、人口1億人以上の国はロシアのみ。アメリカや中国と比較してばかりいるから、日本は自国を「小さな国」だと思っているものの、世界に240以上ある国&地域の中で、人口が10番目に多い「大国」なのだ。

「日本が意外に大きな国なの、つい忘れちゃうんだねぇ」なんて言いつつ、みんなで呑んでいて、ハッとした。日本でも海外でもひとりメシには慣れっこなものの、「ザ・呑み屋」にひとりで入ったのは初めてのこと。カウンターだけのバーで、見知らぬ人たちと呑むなんてことを、一度でいいからやってみたかったんだよなぁ！

勇気を出して話しかけた甲斐があったと思い、「よくやった！」と自分自身をホメてやりたくなる。ヨーロッパは個人主義がベースにあるので、こちらから声をかけて〝コミュニケーションの意思〟を見せないと、「ひとりでいたい人」と思われてしまうのだ。

「じつは私、バーにひとりで入ったの生まれて初めてで、メチャメチャ緊張したよ～」とぶっちゃけると、ジャンボマスターの顔がほころび、白い歯をのぞかせる。

「おお、ウチの店が初体験か！　そりゃ光栄だな。ジュビオ！（乾杯！）　バーデビューのお祝いに、俺からスロベニアの国歌、『乾杯の歌』を贈るよ」とジャンボマスターが言う。

「え、国歌のタイトルが乾杯って、どんだけ呑んべえな国⁉」

「ハハハ。まぁ聞いてくれ。この国歌は、本当に素晴らしい歌詞なんだ」

大男の兄ちゃんが野太い声でクラシック風の国歌を歌うと、客の3人も鼻歌で一緒に歌い出す。歌い終えた4人に「ブラボ～！」と拍手すると、みんなが歌詞の意味を教えてくれる。

「『♪日が昇るところ、世界中から戦争が消え去り、すべての人が自由で、敵ではなく、同胞となり、隣人となる。その輝かしい日を待ち望む人たちに、神の祝福あれ』って意味なんだよ」

「超～いい歌じゃん！」とうなってしまう。世界の国歌には、戦争で独立を勝ち取ったことを歌う、勇ましい歌詞も珍しくない。アメリカの国歌は「邪悪な足跡は血で償われた」だし、フランス国歌は「武器を取れ！　汚れた血が我らの田畑を満たすまで」と、血なまぐさいにもほどがあるのだ。

「自分の国のことだけじゃなく、世界の平和を祈る国歌なんて、ラブ&ピースだねぇ」

「だろ〜？　スロベニアの国歌は俺たちの誇りだよ」とジャンボマスターが誇らしげに言う。

ワイワイ呑むひとときはあっという間に過ぎ、列車の時間が迫っていた。

「うわ、ヤバい！　列車の時間だから、そろそろ行くね」

「バルカン半島を楽しんでくれ！」「列車に乗り遅れたら、また1時間ここで呑めばいいさ」

「フヴァーラ！（ありがとう！）」と手を振り合って別れ、ホームまでの道を猛ダッシュ。

ギリギリセーフで列車に乗り込むと、笑いがこみ上げてくる。たった1時間でも楽しかったなぁ！　初めはバラバラに呑んでいた人たちが、中盤から全員で和気あいあい。人と人が繋がる瞬間っていいな。これから私も、人と人が繋がるキッカケになる、潤滑油みたいな係になれたらな。車窓から見える美しい田園風景を眺めると、ホロ酔いの頬に当たる風が心地よく、いつしかまどろんでしまう。


リュブリャナ駅に到着すると、辺りはすっかり日が暮れていた。ライトアップされたリュブリャナは、昼間とは見違えるほどロマンチックなムードを漂わせている。

宿のおねえちゃんに教えてもらったスロベニア伝統料理の店に着くと、笑顔のまぶしいウエイターのおっちゃんが注文を取りに来てくれる。「スロベニアはきのこが美味いと聞いた

尻尾のカッコいい西洋のドラゴン

レストランの陽気なおっちゃんたち

店内もお客も個性的で、超ディープな雰囲気のバー

ので、オススメのきのこ料理をぜひ」とお願いすると、なぜか牛フィレ肉のステーキが運ばれてきた。

食べてみると、肉もウマいが、肉汁のしみ込んだ付け合わせの椎茸がウマいのなんの！　椎茸ってこんなに美味かったっけ!?　と思うほど味が濃厚で、牛肉とベストマッチ。物価も西欧に比べてぐっと安いわ、ワインの残りをサービスしてもらえるわで、私はすっかりゴキゲンだった。

夕食後、宿に戻りがてら歩くと、オレンジの灯りでライトアップされた街はなんともファンタジックな雰囲気だった。街の中心には川が流れ、通りの両側にはアールヌーボーやバロック様式の美しい建造物が並んでいる。リュブリャナには都会的な華やかさはないものの、中世のテーマパークのような趣があり、この小ささがなんとも小気味いい。

街のシンボルの「竜の橋」の欄干には、リュブリャナの象徴だというドラゴンの彫像があり、夜の闇に浮かび上がる姿のカッコいいこと！　中国から伝わった〝アジアのドラゴン〟の大蛇のようなフォルムとはひと味違う、〝西洋のドラゴン〟。威厳のある大きな翼、勇ましいライオンのような立ち姿、先端が矢印のような形になっている長い尻尾。街のファンタジーぶりに拍車がかかるドラゴンにほれぼれしつつ、世にも幻想的な夜が更けていく。

朝食後、宿の入口で「シュコツィヤン鍾乳洞ツアー」の迎えの車に乗ると、同じ宿に泊まっていた白人の男女ふたり組も乗り込んでくる。

「ふたりは、どちらから?」「私たちはスペイン。あなたは?」「日本だよ」

「見て見て〜。私が愛用してるバッグは日本製なのよ〜」とショートカットの可愛い女の子が、和柄の巾着袋を見せてくれる。

人なつっこい彼女の名前はアメリヤ。おとなしめで草食男子のような兄ちゃんはコルド。同い年で24歳のふたりは幼なじみで、22年来の付き合いなのだという。何度か一緒に旅をしているふたりは、今回は中欧2週間旅だと話してくれる。

「お互いに彼氏彼女がいても、アメリヤとコルドは二人旅をしてるの?」と聞いてみると、アメリヤがハッとした顔になった。

「そう言えば、お互い、彼氏彼女がいないときしか二人旅しないわ。やっぱり、パートナーにヤキモチを焼かれちゃうしねぇ」とアメリヤが肩をすくめる。「分かるわぁ〜」と激しく共感した私は、アメリヤとハイタッチを交わす。

そう、異性の友だちは価値観を広げてくれるし、パートナーとはまた違うよさがあるモノ。それでもパートナーにしてみれば、自分の彼女(or奥さん)が男友だちとサシ呑みするのはアリでも、二人旅に出るのはいい気がしないはず。私も男友だちとハワイに旅立てたのは、パートナーと別れた後だったことを思う。そして、私も男友だちも、どちらかがパートナーを作った日には、二人旅は遠慮することになるんだろう。あぁ、そういうのって、本当にめんどくせえ！

「スペイン、いい国だよねぇ。3週間前にアンダルシアを旅したんだけど、フラメンコ、最高だったよ！」と親しみを込めて熱く語ると、アメリヤが言いにくそうに言う。

「分かりやすいかと思ってスペイン出身って言ったけど、私たちのアイデンティティは、バスク人なの」「あぁ、バスクの人だったんだ！」

私がアメリヤにアンダルシアの素晴らしさばかり語ることは、無理くりたとえるなら、古都のプライドがある京都人が、外国人から〝関西人〟と一括りにされて「大阪のド派手看板、面白いね！」「たこ焼き最高だよ！」と言われ続けるようなモノで、自分の故郷の話だとは思えないらしい。

「バスクは独立運動が盛んだもんねぇ。スペインから独立したいと思う？」と聞いてみる。

「もちろん！　若い世代には、高度な自治で十分という人もいるけれど、これだけは言えるわ。たとえ独立できなくても、私たちがバスク人なことに変わりはないわ」

「僕たちが〝エセスペイン人〟になるのはパスポートを取るときだけだよ」とコルドも言う。

スペイン北部にあるバスク自治州の人口は、220万なのだという。ピレネー山脈の国境をまたいでフランス側にもバスク人は住んでいるから、総人口はもっと多い。人口200万のスロベニアが、経済的にＥＵの優等生であることを思うと、バスクも国として独立しようと思えばできる人数なのだ。

古くから独自の文化を育んできたというバスク人。考えてみればアンダルシアの人も自分のことを「スペイン人」だとは言わなかったし、スペインは各エリアの郷土愛が強く、スペインへの帰属意識が薄いなぁと思う。スペインの各自治州には、自治州旗があり、自治州歌もある。アメリヤに「故郷を愛してるんだねぇ」と言うと、「当然！」と返ってくる。アメリアにとって故郷とは、スペインではなく、バスクのことなのだ。

「魚介類や唐辛子を使う、バスク料理は絶品よ〜。『シードル（りんごのスパークリングワイン）』もバスク生まれだし、世界的に有名な『牛追い祭り』もバスクの伝統的なお祭りなの」

「あの、荒れ狂った闘牛に人を追いかけさせる『牛追い祭り』って、バスクだったんだ！」

スロベニアを旅しながらバスクの〝お国自慢〟を聞いていると、スロベニアを体感しつつ、まだ見ぬバスクも旅しているような気分になるなぁ！

話し込むうちに、シュコツィヤン鍾乳洞に到着。昨日と同じく鍾乳洞は撮影禁止で、見学するにはガイド付きツアーに参加する決まりだったので、30人ほどのツアーに参加する。

鍾乳洞に入り、ひんやりした内部を歩くと、信じられないスケールの巨大な地下世界が広がっていた。同じ地球上で、こんな自然美がコツコツ造られていたとは！　横に広がっていたポストイナ鍾乳洞と違って、シュコツィヤン鍾乳洞は深さが160m以上あり、巨大な地底世界を探検している気分が味わえるのだ。

「映画『ロード・オブ・ザ・リング』に出てくる洞窟よりもスゴいね！」と言うと、アメリヤが茶目っ気たっぷりで言う。

「〝指輪の仲間〟になった気分で、ついゴラム（映画に登場する生き物）を探しちゃうわ～」

「見て、あそこ、ゴラムみたいなコウモリがいるよ！」とコルドが指さす。

「コウモリって、ブタっ鼻なんだ！」「キモかわいい～」とテンションは上がりっぱなし。

薄明かりの中、断崖絶壁にへばりつくように造られた細い経路を崖伝いに進む。地下にはダイナミックな渓谷が広がっていて息を呑む。地底でゴォーッと轟音を立てつつ流れる川は大迫力。この世のものとは思えない神秘的な異世界は、まさに地底のグランドキャニオンだ。

前方を見ると、大渓谷に架けられた吊り橋があり、極細の橋をひとりずつ順番に渡っていく。私の番になり、橋に足を踏み出すと、はるか地底に流れる川の爆音に足がすくみ、アドベンチャー感は最高潮！　無事渡り終え、アメリヤ&コルドとハイタッチを交わす。

昨日、ポストイナ鍾乳洞に行ったことを話すと、訪れていないアメリヤが食いついてくる。

「ねぇねぇ、シュコツィヤンとポストイナ、どっちの鍾乳洞がよかった？」

「ポストイナのエンタメ感と、美しい鍾乳石も素晴らしかったよ。でも、シュコツィヤンの方が神秘的で自然のでっかさを感じるなぁ。どちらか選べって言われたら、私は断然こっちだねぇ。それに、昨日の鍾乳洞には、可愛いアメリヤがいなかったしね！」

私がそう言うと、アメリヤは「んも～てるこったら！」なんて言いつつ、まんざらでもない笑みを浮かべている。2時間のツアーを終えて出口にたどり着くと、異世界探検から戻ってきた感が凄まじく、外界のまぶしさに頭がクラクラしてしまう。

冒険気分が盛り上がった私たちは、ウォーキングトレイルを散策しつつ帰ることにした。緑の山道を歩きつつ大自然を満喫していると、アメリヤが顔面蒼白になり、小刻みに震えているではないか。

「ああ、うう～、もう無理～!! 戻ったら、速攻トイレだわ……」

腰を折り曲げた前かがみの姿勢で、アメリヤは一歩ずつそろりそろりと歩いている。破裂寸前の膀胱を抱えたアメリヤは、もはや走ることもできない、限界ギリギリガール。

「オウッ、シット！」「オ～ノ～、アウッ！」とヘンな声まで漏れでてて、悶え苦しむアメリヤは見るも気の毒なものの、その姿はどうにも笑えて仕方がない。「もう少しの辛抱だよ！」と励まし、滝壺の写真を撮っていると、アメリヤが急にすっきりした顔になって戻ってきた。

「エヘヘ。もう大丈夫！　その辺の草むらで済ましてきちゃった♡」

「いろんな人が通るのに!?」と驚くと、アメリヤはいたずらっ子のような顔で言う。

シュコツィヤン鍾乳洞の巨大出口

アメリヤ＆コルドと意気投合！

鍾乳洞ツアー後、気持ちいいテラス席で、ワインを手に乾杯♪

「おしっこしてたら、ツーリストのおばちゃんたちに『んまぁ！』って顔で見られちゃったけど、ヘーキヘーキ。もう一生、会わない人たちだもん」

って、しっかり見られちゃってんじゃん！　と思いつつ、「旅の恥はかき捨て」はこんなときのフォローの言葉なんだなぁとしみじみ。私も旅先での野ションは朝飯前派なので、

「分かるわ〜」とアメリヤとまたまたハイタッチ。

鍾乳洞を後にし、ツアー車がご当地グルメの店へ向かうと、屋外のテーブルには名産だという生ハム、チョリソー、チーズがずらり。同じツアーの中国人カップル＆オーストラリア人の夫婦と地ワインで乾杯。塩のきいた生ハムをほおばり、赤ワインで流し込むと、美味すぎる！「体を動かした後の食事は、最高のごちそうだね〜」「山道のアップダウン、きつかったもんね」などと自分たちの頑張りを讃え合い、ホクホク顔になる。

食後は、アドリア海沿いの美しい港町「ピラン」でフリータイム。城壁から、赤い屋根の家が並ぶ美しい街並みを眺めたり、ビーチにいたおしどり熟年夫婦（おばあちゃんは堂々のビキニ！）を激写したりと、盛り沢山なツアーを満喫し、宿に戻ると夕方になっていた。

「今夜の夜行列車で、クロアチアのスプリットに向かうんだ」と言うと、「私たちも一緒に行くわ！」とアメリヤ。フロントで荷物をピックアップしていると、大きなバックパックを背負って現れたふたりは、いかにも欧米のバックパッカーらしい姿だ。

「今日はハードな山道を歩いたおかげで、背中と腰が痛いわ〜」

ヒーヒー言ってるアメリヤの横で、背負うこともできる、キャリー（車輪）付きバックパックを、楽々とウィール（伸び縮みする棒）で引っ張りつつ、私は言った。

「〝バックパッカー〟なんてやってるからだよ〜」

重い荷物を背負うのが大嫌いな私は、20歳の初旅からずっと、バックパッカーならぬ〝コロコロパッカー〟なのだ。

「うう〜重い〜！　てるこが正解だわ。私も次の旅からは、キャリーパッカーになるわ」

駅に着き、アメリヤ＆コルドが寝台席の予約に向かうと、バカンスシーズンのため、すでに満席。私は一昨日スロベニア駅に着いたときに予約しておいたので、ばっちり寝台席だ。

列車に乗り込み、アメリヤたちの2等席で夕食タイム。駅前の店で買った激うまのケバブサンドをほおばりつつ、ビールで乾杯する。

「ヨーロッパを鉄道で旅してて、食事する時間がないとき、ムスリム（イスラム教徒）の店でこのケバブサンドを買って、どれだけ助けられたか分かんないわ〜」と私が言うと、アメリヤも豪快にぱくつき、口のまわりをソースだらけにしながら言う。

「ほーんと！　ケバブサンドって安くておいしくて、ハズレがないよねぇ」

このケバブサンド、じつはヨーロッパでは定番のB級グルメ。素朴な薄焼きパンに、肉汁がジューシーで香ばしいケバブ（炙り焼きにした肉）に、シャキシャキのレタスやトマトの入ったサンドにかぶりつくと、いつでも力が湧いてくる。移民や難民の受け入れに眉をひそめる人がいる一方、ムスリムの食文化はこんなにもヨーロッパに溶け込んでいるのだ。

コルドが寝に入ったので、アメリヤとの女子トークになる。児童専門の心理カウンセラーをしているアメリヤは、幼稚園に勤務していて、今は2ヵ月のバカンス中なのだという。

私の横に座ったアメリヤが、スマホの中の写真を次々に見せてくれる。

「私の勤めてる幼稚園よ。心のケアが仕事だから、キッズルームの一角に相談場所を作ったの。子どもや親がリラックスして話ができるよう、カラフルな雰囲気にしたのよ～」

「日本のスクールカウンセラーはまだまだ一般的じゃないし、幼稚園にまで心理カウンセラーが常駐してるなんて、スペインは進んで……違う、バスクは進んでるね」

「バスクはとってもいいところよ。いつかぜひ遊びに来て！　ねぇ、てるこはこんなふうにバスク人とじっくり話すの、初めて？」

「もちろんだよ～。バスクと聞いたら、これからはアメリヤとコルドのことを思い出すよ」

「うふふ。私もこれから日本と聞いたら、てるこのことを思い出すことになるのね～」

夜が更けるにつれ、アメリヤは堰を切ったように家族のことを話し始めた。人生に絶望してドラッグに溺れ、ＨＩＶに感染したおじさんがいること。そのおじさんは、バスク独立を目指す武装闘争に参加していたこと。スペイン内戦から1975年までの40年間（！）も、バスク語やバスク文化が禁止される等、バスク人は弾圧されてきたこと。バスクはようやく自治権を回復し、武装闘争も停止されたものの、これまでの道のりは平坦ではなかったのだ。

「バスクのこと、全然知らなかったよ。スペイン内戦も、スペイン映画『ミツバチのささやき』を見て、陽気なラテンイメージの国に、こんな重苦しい時代が……！　と驚いたぐらいで」

「まぁてるこ、あの名作を見たの!?　幻想的でポエティックで、すてきな映画よねぇ」

深夜0時を過ぎると、さっきまで元気だったアメリヤは突然、「眠くなってきたから寝るわ〜。おやすみ！」と宣言し、電源が落ちたかのように爆睡。アメリヤ、素直でマイペースで可愛いなぁ！

今日一日、アメリヤたちとわいわい話しつつ一緒に行動して、国や文化の違いも年齢差も、まったく気にならなかったことを思う。同じものを見て「すごーい！」と感動して、同じものを食べて「うんまーい！」と言い合い、私たちは今も同じ列車に揺られている。

外国人だろうと日本人だろうと、私たちはみんな、やってることは同じだなぁと思う。すやすや眠るアメリヤの寝顔を見てこみ上げてくるのは、ご飯食べて、トイレ行って、寝て、起きて……を死ぬまで毎日繰り返す、同じ人間だなぁという思いだけなのだ。

クロアチア★ドブロヴニク
「理想の男と夢のデート」VS「カサノバ男のSEX」の誘惑

朝9時半、こぢんまりした田舎という感じの古都、スプリット駅に到着。ホームに降りると、青空が広がっていて気持ちいい〜！

アメリヤたちはどこかな？　と見回すと、かなり離れた場所から「ピュ〜〜〜イ!!」というホイッスルのような音が聞こえた。見ると、アメリヤが指笛を鳴らして私を呼んでいるではないか。うぐぐ〜私はイヌか!?　とちょっぴり悔しく思いつつも、かっちょい〜!!

「おはよう〜！　指笛が吹けるなんていいねぇ」と言うと、アメリヤが満面の笑みで言う。

「ママが、命を守る術として、子どものときに教えてくれたのよ〜。指笛は、災害のとき、自分の居場所を2キロ先まで知らせることができるんだって」

「へ〜っ。子どもも大人も、全人類が今すぐ指笛を学ぶべきだね！」

学校で教わったことで、実生活で役立っていることの少なさを考えると、座学よりもまず〝命を守る術〟として「指笛」と「護身術（「着衣水泳」を含む〈『純情ヨーロッパ』参照〉）」を教えてほしいよなぁと思ってしまう。

今日、ふたりはスプリットに泊まり、私は最終目的地であるドブロヴニク行きのバスに乗るので、荷物を駅のコインロッカーに預け、バスの時間までローマ時代の遺跡等を観光する。

青空市場に向かうと、露店のおばちゃんがいい笑顔だったので、「ドバルダン！（こんにちは！）」と言うと、おばちゃんはクロアチア語で挨拶しただけで「ヒャーハッハ！」と大ウケ。英語が話せないおばちゃんに投げキッスし「その素晴らしい笑顔を撮らせて！」と言うと、OKしてくれたので激写し「フヴァーラ（ありがとう）」と手を振り合う。スプリット、開けっぴろげで、ノリが大阪みたいだなぁ。ドブロヴニクに行くのが楽しみになってくる。

写真を撮りまくる私を見て「てるこは世界中の人と仲良くなれるわね」とアメリヤが笑う。

「その国の言葉で『こんにちは』『ありがとう』『さようなら』を覚えておくと、親しみを持ってもらえるよ。旅も人生も、この3語に尽きるしね！」と言うと、アメリヤは「てるこを見習うわ〜」と言い、早速クロアチア語のあいさつをそらんじている。

ピザを食べた後、バス停まで見送ってくれたアメリヤ&コルドと大きなハグを交わす。

「てるこに出会えて、本当に楽しかったわ。あと5ヵ国、いい旅をね！」

「アメリヤとコルドも、いい旅を！　エスケル（ありがとう）！　アグール（さようなら）」

「まぁ、バスク語を覚えてくれたの!?」

「へへっ、さすがに覚えられなかったから、マジックペンで手に書いちゃったよ」

手の甲を見せると、アメリヤが「んも〜てるこったら！」とまたまたハグしてくれる。

バスが発車すると、陽気に手を振るふたりの姿はどんどん小さくなり、すぐに見えなくなってしまった。昨日からずっと見ていた笑顔がもう見られなくなるのだと思うと胸がきゅっとなるけれど、切なさはおあいこ。一方だけが去るのではなく、お互い、別々の場所に向かう旅人同士の別れは、いつでも甘酸っぱくてすがすがしいなぁと思う。

きらめく海を眺めながら、バスに揺られること5時間、着いたドブロヴニクでバスを降りると、いかにも商売上手な感じのサングラスのおばさんが待ち構えていた。

「あんた、宿は決まってる？　決まってなければ、旧市街にある、ウチのプライベートルーム（民家の空き部屋）はどうだい？」

待ってました！　アドリア海に面した小さな港町、ドブロヴニクの旧市街は、宮崎駿のアニメ映画『紅の豚』の舞台にもなった憧れの場所。クロアチアのテーマは「〝アドリア海の真珠〟と讃えられる、美しい旧市街を堪能すること！」なのだ。まずは部屋を見せてもらおうと思い、ローカルバスに乗って向かう。

旧市街に着きバスを降りると、停留所にはおばさんの弟だという短パン姿のメタボ腹なおっさん、エディが待っていた。「あんたが宿に泊まる日本人だな？」と聞かれ、「いや、まだ決めたワケじゃ……」と言うと、有無を言わさずエディが言う。

「便利な場所だから、見たら気に入るはずだ。旧市街の中にホテルはほとんどないからな」

レトロな風情漂う旧市街を歩き、年季の入った建物の3階まで階段で上がると、清潔だが何の変哲もない部屋だった。窓から見えるのは、家々の間からのぞく小さな空だけ。

「向かいの俺の部屋は、海に面してるから、眺めがいいぞ〜」

「エディ」という表札が掲げられた部屋をのぞくと、オーシャンビューで最高じゃん！　家の中で極上の部屋を陣取っているエディが、テレビ付きの自室を自慢げに見せつけてくる。

正直、悪代官ヅラで感じのよくないエディには辟易するも、旧市街には泊まりたい。「2泊するからマケて」と言うと値下げしてくれたのでOKすると、エディが上から目線で言う。

「注意事項は3つ。部屋でパーティをやるな。ドラッグも吸うな。男を連れ込むな。部屋に入れていい男は、この俺だけだ」

なんだよそれ！「俺だけは入れる」とホザくなんて、さては最高の立地に自宅があるのをいいことに、この調子で女を連れ込んでんな!?　どうりで口説き慣れているワケだ。まぁそれでも、相手の意思を確認してのことだろう。もしレイプまがいのことをすれば、「旧市街でのプライベートルーム営業」という特権は剝奪されるに違いないのだ。

宿なんて寝るだけだしと思って気を取り直し、早速、旧市街の散策へ向かう。

こぢんまりとした旧市街を歩くと、メインストリートにはこじゃれたレストランやカフェが建ち並び、世界中の観光客でにぎわっている。ドブロヴニクの旧市街はコンパクトにまとまっている分、観光客の人口密度が高く、まるでお祭りのような人通りなのだ。

レストランの前を通ると、メニューを持ったおねえさんが、「ディナーはいかが〜？」と陽気に声をかけてくる。「おねえさんのまぶしい笑顔でお腹がいっぱいだよ〜」と腹をパンパン叩くと、明るい彼女はケラケラ笑う。スロベニアのストリートアートも超エネルギッシュだったけれど、元ユーゴの国々は勢いがあって、街全体が活気に満ちているなぁ！

旧市街を俯瞰しようと思い、街を一望できるというスルジ山を目指し、上り坂になっている路地を歩く。生活感あふれるキュートな家並みを眺めつつ階段を上るも、傾斜がキツすぎてヒーヒー言ってしまう。

見ると、地元のおばちゃんふたりが階段に座ってくつろいでいた。

「ドバルダン！　この坂がキツいから休憩してるの？」と声をかけてみると、「夕食の煮込みに時間がかかるから休憩中よ〜」とのんびりしたもの。ふふっ、世界中から人が集まるような観光地に住んでいても、ドブロヴニクの人たちは自然体でマイペースだなぁ。

写真を撮らせてもらった後、おばちゃんたちと手を振り合うと、少し上の階段に腰かけていたおじさんが、はちきれんばかりの笑顔で話しかけてくる。

「いい写真、撮れた？　きみがパッション全開で写真を撮ってる姿、ずっと見てたよ〜」

「ドブロヴニクの人って、おおらかでいいよねぇ。あなたはどこから？」

Tシャツに短パン、サンダルというカジュアルな格好の彼が、屈託のない笑顔で言う。

「僕はスイス人なんだけど、長年住んでいるのはアメリカだよ」

彼の名前はカート、59歳。二重国籍がOKのアメリカで、今も「スイス人」でいられているという彼は、ソーシャルワーカー（社会福祉の専門家）をしているのだと言う。

「こないだスイスを旅したけど、人が優しくて、自然に満ちた、素晴らしい国だよねぇ」

私がスイスをホメちぎると、のびやかな雰囲気のカートは両手を広げて喜んでくれる。

「おお、きみは僕の愛する故郷、スイスを旅してくれたんだね〜」

紳士的なカートは、人を包み込むような笑顔で、心からにじみ出る温かみを感じる人だった。それでいて、くるくる変わる表情から生命の輝きがほとばしっている、といえばいいだろうか。彼が何か話すたびに、内に秘めたエネルギーを感じるのだ。

「59歳で、こんなにキラキラしてる人がいるんだね！」と目を見張ると、「アッハッハ！きみの41歳も、相当アンビリーバボーだよ」とカートが茶目っ気たっぷりに言う。

「少年がそのまま大きくなったような」という表現があるけれど、私は初めてその〝本物〟を見た！　と思わずにいられなかった。私も60歳になったとき、こんなふうに仕上がっていたい！　と思えて、少年のような笑顔の彼に憧れのような気持ちを抱いてしまう。

「てることもっと話がしたいな。よかったら今夜、一緒にディナーを食べない？」

「私もそう思ってたとこ！　私は明日でも大丈夫だよ」と言うと、カートが残念そうに言う。

「20歳の息子と旅をしていて、僕がフリーなのは今夜だけなんだ。息子は今日、クロアチアの友人の家に遊びに行くんだけど、明日からふたりでアイランドツアーに参加予定なんだよ」

夏のバカンスに息子さんと親子旅なんて、カートはいいお父さんだなぁと思う。

「これから息子を車で友だちの家に送り届けるから、6時に、旧市街の広場でね！」

今まで旅先で会った男性から食事に誘われても、サシごはんはパスしてきたものの、カートだけは特別だった。彼が悪い人だったら、この世の何を信じればいいのか分からないほど、カートは会った途端、信頼できるナイスマンだったのだ。

坂を登り、ロープウェイに乗ってスルジ山の頂上に着くと、旧市街と海がセットになった絶景が目に飛び込んでくる。うっわ〜、なんてきれいな街なんだろう。敷き詰められたようなオレンジ色の屋根、白い家並み、街の向こうに広がる紺碧のアドリア海。オレンジ、白、青のコントラストが織りなす美しさに息を吞む。

壮大なパノラマを眺めていると、6時が迫っていた。慌ててケーブルカーで旧市街に戻り、通りを走っていると、今日ランチを食べた店の豪快な兄ちゃん、マテが声をかけてくる。

「お〜てるこ！　夜もウチの店で食べていけよ」「無理！　約束に遅れて焦ってるんだよ」

私がそう言うと、マテは広場までの近道を教えるために、途中まで送ってくれた。

「明日、また店に食べにこいよ」「フヴァーラ！　考えとく〜！」

6時すぎに広場に着くと、カートの笑顔が見えたのでホッとしてしまう。

「遅れてごめんね！」「大丈夫！　時間はたっぷりあるよ〜」

海に面したレストランのテラス席に座り、カートとワインで乾杯する。名物の「シーフード・リゾット」を注文すると、ムール貝、海老、イカ、トマトがたっぷり入っていて、海鮮ダシが濃厚で美味い！　「海老の炭火焼き」も、身がぷりぷりで香ばしく絶品だ。

海老をほおばりつつ「お子さんは、息子さんがひとり？」と聞いてみる。

「子どもは4人。僕は2回結婚してるんだ。他の3人は大学を出て、みんな独立してるよ」

聞くと、1度目の奥さんはヤクの売人に目を付けられて薬物依存症になり、心を病んで離婚。ふたりの子どもはカートが引き取り、シングルファーザー歴10年目に2度目の奥さんと結婚。息子ふたり（現在、23歳、20歳）をもうけるも、円満離婚したのだという。

「てことは、3回目の結婚もありそうだねぇ」と言うと、カートが言う。

「結婚はしてないけど、アフリカのガーナ人女性と一緒に住んでるんだ。彼女の人生は壮絶でね。ガーナ人の夫がアメリカに出稼ぎに行ったまま帰ってこなくて、彼女は夫を探しにア

路地で出会った、笑顔のすてきなカート

旧市街で働く元気なおねえさん

ライトアップされた夜の旧市街は、ロマンチックな雰囲気

メリカまで来たんだけど、銃による殺人事件に巻き込まれて夫はすでに亡くなってたんだ」

カートはソーシャルワーカーとして、アメリカに身寄りも知人もいない彼女の相談に乗ったのが縁で、付き合うようになったのだと話してくれる。聞くと、アメリカは銃犯罪による死者が毎年1万5千人以上（！）いるというのだ。毎年、内戦が勃発しているような死者数で、治安の悪すぎるアメリカは、見習ってはいけない国だと思わずにいられなかった。

「アフリカのカルチャーは素晴らしいよ。僕たち人類誕生の地で、母なる大地だからね」

カートがスマホを出し、彼女の里帰りに同行したときの写真を見せつつ、アフリカのアートや音楽について話してくれる。アフリカ風の細かい編み込みヘアの女性の写真があったので「彼女？」と聞くと、「そうだよ」とカートが頷く。〝ザ・アフリカ女性〟という感じの優しそうな人で、故郷の母親に預けているという子ども2人と笑顔で映っていた。この笑顔をカートが撮ったことを考えると、カートは子どものことも含めて、彼女のことを深く愛しているんだなぁと思う。

「今回はどこを旅してきたの？」と聞かれ、欧州21ヵ国をめぐる鉄道旅をしている最中だと言うと、「てるこは勇敢な女性だねぇ！」とカートが青い目をパチクリさせる。

「いや〜、今までヨーロッパの違いが分かんなくて、一緒くたにしてきたけど、国ごとに個性豊かだよねぇ。特にスイスは〝我が道をゆく〟感じでビックリ！　ＥＵに参加しないことも、国民投票で決めたんでしょ。なんでEUに入るのがイヤだったの？」

「スイスは自分たちのことは自分たちで決めてきた国だから、EUの細かい規則に従いたくなかったのが本音だよ。エコ用に指定のLED電球を使えとか輸出品の規定もうるさいんだ。卵1個ずつに、どの養鶏場でどう育てられたか詳細が分かる記号を印刷しろとか」

そういう話を聞くと、EUって、うるさい風紀委員みたいだなぁと思ってしまう。

「ルーマニアを旅したとき、現地の人も嘆いてたよ。EUが『自宅で豚の解体をするな』ってうるさいって。豚を解体して冬の保存食にするのは、欧州の田舎の伝統なのにね。もっと、それぞれの国の個性を生かしつつ、ひとつにまとまることができたらいいのに」

私がそう言うと、カートが真面目な顔になって言う。

「僕も、EUの理念自体は素晴らしいと思ってるんだよ。ヨーロッパが戦場になった、2回の世界大戦の反省をふまえて、『国を超えた共同体』を作ろうとしてるんだからね」

打てば響くカートは、どんな質問にも答えてくれるので、ヨーロッパで気になっていたことをもりもり聞いてしまう。カートは私のめちゃめちゃブロークンな英語を理解してくれるし、私が理解できるよう分かりやすい英語で話してくれる。旅先でこのぐらい気の合う人と出会うと、私は自分がまるで英語がペラペラになったような気分になれるのだ。

私が質問ばかりしていると、カートが好奇心いっぱいの瞳で言う。

「さ、次はてるこの番だよ。今までのきみの人生を聞かせて」

私が、学生時代からひとり旅が好きで、旅の経験を本に書いていること、18年勤めた会社を辞めて独立し、2ヵ月の旅に出たこと等、人生をダイジェストで語ると、カートが言う。

「てるこの新しい人生に乾杯！　1回きりの人生、自分らしく生きることが一番だよね」

フランスのヌーディスト・ビーチで真っ裸になったことや、スイスで挑戦した過激なキャニオニングのこと等、各国の旅エピソードを話すと、カートがいちいち笑ったり驚いたりしてくれるのがうれしくて、つい饒舌になってしまう。

「会社を辞めて、今までしがみついていたステータスとか給料とか、執着を全部手放したら、幸せだけが残った気がするよ。仕事は楽しくやってたんだけど、休みはほとんどないし、忙しいときは、一日200回くらい電話がかかってくるような生活がずっと続いてたから」

「日本人は、会社を辞めないと、長旅に出られないのかい!?」とカートが目を丸くする。

「休むことに罪悪感があるんだよね。でも、日本に生まれた自分は恵まれてるんだから、我慢しなきゃいけないと思ってたんだ。飢餓に苦しむ人たちに比べたら幸せなんだから、有難く思わなきゃいけないって、自分に言い聞かせてたよ。それでも、当時は給料をもらってても(ズタボロまで働いてるワリに少ねぇ〜！)とか思ってたから、心がやさぐれてたと思う。

でも、独立してからは(〝旅人〟の私にお仕事を頂けるなんて……)と感謝がこみ上げて、なんにでも感謝できるようになったから、今は本当に幸せだよ～」

「同感だよ！　感謝できる人生が、何よりも幸せだからね」とカートがニコニコ顔で頷く。

「でもね、会社員時代は私ってダメ人間だなと思って、自分を受け入れることができなかったんだよ」

「どうして自分を受け入れられなかったんだい？」

「私は世界の素晴らしさを伝えたいと思って、数年に1回、2週間の海外旅に出て、本を書いてたんだよ。でも、日本は長い休みを取る人が珍しいから、上司に『また長旅に出る気か！』と怒られ続けるうちに、自分の一番の長所が、一番ダメな欠点だと思えてきて……。

それが、会社を辞めた途端、旅の仕事が舞い込むようになって、価値観が急にひっくり返ったんだよ！　旅した国の素晴らしさを伝えることが本業になったから、誰にも罪悪感を持たずに旅に出られるようになったし」

今では大学で「異文化理解」を教えていることや、全国の自治体や小中高大学でも講演していることを話すと、カートは自分のことのように喜んでくれる。

「てるこは本当に、素晴らしい人生の旅をしてきたんだね～。自分の苦しみからエスケープしたら、人の役に立てるようになったなんて、最高だね！」

自分の人生をそんなふうに表現してくれた人は、初めてだった。今までの自分は間違ってなかったんだと思えて、自分を丸ごと受け入れてもらえたような気がした。カートがどんな私も受け入れてくれるので、カートにはなんだって話すことができた。

「会社を辞めるとき、まわりから散々『もう若くないのに!?』って言われたよ。でも、『もう若くない』っていうのは人と比較するからで、『自分の未来』と比較したらいいんだよね。100歳の自分と比べたら、〝今日が人生で一番若い日〟だもん」

「僕も全く同じ考えだよ！　明日の僕よりも、今日の僕の方が若いんだ。〝毎日が人生で一番若い日〟だと思うと、なんだってできる気がするよね」とカートが満面の笑みで言う。

あぁ、この、大人とは思えない無邪気な笑顔！　カートが笑顔を見せる度に、私も60歳のときに、こんな笑顔にたどり着いていたいなぁと思わずにいられなかった。

2軒目のバーのテラス席で呑んでいると、カートが「思いついた！」という感じで言う。

「ね、旧市街を歩いてみよっか」「いいねぇ、ドブロヴニクの夜の散歩！」

真夜中に不案内な街をブラつくなんて、女のひとり旅ではなかなかできないので、テンションが上がる。カートがナイトとしてそばにいてくれれば、どこに行くのも安心だった。

深夜0時過ぎ、オレンジ色の灯りに照らされた通りを歩くと、夜風が気持ちいい。昼間のにぎわいがウソのように静まりかえり、夜の旧市街にはロマンチックな雰囲気が漂っている。人気（ひとけ）のない夜道を歩きながら、いろんな話をした。まだまだ話し尽きない今までのこと、故郷での思い出、叶えたい夢……。こんなふうに、知らない国の知らない街で話していると、未来が夜の闇のように広がっているように思える。自由な空気をまとったカートといると、時間の流れがゆったり感じられて、どこまでも自由な気持ちになる。

「こうやって異国の街を歩いてると、学生時代に戻ったみたいな気分になるなぁ」

「僕も今、そう思ってたとこだよ。こんなに静かだと、僕たちの貸し切りみたいだねぇ」

旧市街は路地に入ると居住区なので、路地散策すると探検気分でワクワクする。歴史を感じるレトロな建物に、石畳の小道。軒先にはためく洗濯物に、色鮮やかな花々の寄せ植え。こんなにも生活感丸出しで無造作なのに、なんて絵になる家並みだろう。

石畳に寝転んで、人なつっこい野良猫たちの写真を撮っていると、「僕が持ってるよ」とカートが私のリュックを背負ってくれる。

「この猫たち、地元の人たちに愛されてるから、警戒心が少ないんだね」とカートが言う。

「猫って自由でいいよねぇ。ずっと犬派だったけど、ルーマニアで自由すぎるジプシー（ロマ民族）と出会って会社も辞められたし、独立してからは自由気ままな猫に惹かれるわ〜」

ノスタルジックな街並み、人なつっこい猫との戯れ、カートの少年のような笑顔。見上げると、漆黒の空に満月が輝き、月明かりが街をいっそうそう幻想的なムードにしている。

「てるこ、今夜は満月だよ」「ね！　私も今、言おうと思ったとこ」

美しくて、はかなくて、すべてが光り輝いて見えるドブロヴニクの夜。月明かりの下でカートと過ごしたこの美しい夜を、私は忘れないだろうなぁと思う。数時間後にはやってくる別れを、なるべく考えないよう努めながらも、さよならのときを意識せずにいられなかった。

話しながら路地を歩いていると、家の中から「寝てるので、静かに話してちょうだい！」という声がした。肩をすくめた私たちは「ソーリー」と謝り、「怒られちゃったね」と顔を見合わせて笑う。イイ大人がふたりして怒られたことで、ますます学生気分になってしまう。

公園を見つけ、ベンチで話していると尿意を催してきた。「うう〜、トイレ行きたくなってきた〜」と言うと、カートが「僕もだよ〜」と言う。「……あそこがベストかな」と緑の茂みを指さすと、カートも同じことを考えていたらしく、腹を抱えて大笑い。世界有数のリゾート地で、私たちは野ションをもくろんでいたのだ。

体を隠せる茂みがひとつしかなかったので、私が先に用を足した後、カートが用を足しに行く。しばらくして茂みから帰ってきたカートが、大きな目を見開いて言う。

「……見ちゃったよ。てるこ、ウンコしたんだねぇ」

「おしっこしかしてないよ〜！　そのウンコは、誰か違う人のだよ！」

「アッハッハ！　ジョーダンだよ〜」

気がつくと、私はカートに抱きしめられてキスしていた。心臓がどっくんどっくん、うるさいくらい音を立てている。ウンコきっかけでキスって！　と心の中でツッコミつつも、拒絶できない自分がいた。今日会ったばかりでも、私もカートのことが好きだったからだ。

唇を触れ合わせていると、甘くて、切なくて、胸が苦しくて、身も心もとろけてしまいそうになる。あぁ、未来なんてどうでもいいから、このまま時間が止まってしまえばいいのに！

唇が離れて顔を見合わせると、カートの澄んだブルーの瞳がまっすぐ私を見つめている。私はハズカシくてたまらず、「……なんでキスしたの？」と子どものように聞いてしまう。

「それは、てるこのことが、とっても好きだからだよ」「……ん」

んってなんだよ！　んって！　20歳年上のカートの短髪は、全体的に銀がかった白髪で、髪自体も相当薄くなっている。それでもなんでも、カートは本当にすてきだった。こんなふうに年を重ねていける大人がいるなんて、カートは私にとって希望のような人だったのだ。

アテもないまま、カートと旧市街をブラつく。「君の宿で休ませて」なんてことを、カートは絶対言わない人だった。隠すことだってできたのに、彼女がいることも包み隠さず話してくれた。そんな真っ正直な人だからこそ、私はカートを好きになったのだ。

あぁ、まさかこんな出会いがあるとは！　「俺以外の男を連れ込むな」とほざいていた、メタボ腹のエディを恨みそうになる。あいつさえいなければ宿にしけこめたのに！　と思わないでもなかったけれど、私には神様が「しなさんな」と言っているような気がした。どうなったとしても、数時間後に私たちが別れる運命は変わらない。そんな時間があるなら、私はカートともっともっともっといろんな話がしたかった。

喉が渇いたので、3軒目の店へ向かう。旧市街で唯一開いていたオープンエアの店は、深夜だというのに席は半分ほど埋まり、世界中の観光客でにぎわっている。

2時をすぎると、連日連夜、移動&宴会の日々だった私は、さすがに眠たくなってきた。

「ごめん、眠くなってきた。ちょっとだけ寝ていい？」

靴を脱ぎ、空いていたイスに足を投げ出すと、カートが自分のイスを私の方に引っ付けて簡易ベッドを作り、「僕にもたれるといいよ」と言ってくれる。私が気持ちよく過ごせるよう、いつでもカートがさりげなく手を貸してくれるので、すっかり甘えっぱなしだった。お言葉に甘えて膝枕させてもらうと、カートがさも愛おしそうに私のおでこや髪をなでる。

昨日から丸二日間、シャワーを浴びていないものの、自分の体臭や汗のことなんてちっとも気にならなかった。私たちには過去も未来もないけれど、今この瞬間、カートに100%受け入れられている絶対的な安心感があったのだ。

どれぐらい寝ていたんだろう。眠りから覚めると、カートの優しい目が私を見守ってくれていて、このまま目覚めたくないような気持ちになる。

「カートの息子さん、心配してないかな」

「大丈夫。さっき連絡したら、今日は友だちの家に泊めてもらうって言ってたから。息子と1週間のふたり旅でずっと一緒なんだから、僕にもフリータイムがあっていいでしょ」

カートはそう言い、私の頭をなでながら言う。

「てるこさえよければ、こうさせていて。僕はきみに触れていられるだけで幸せなんだ」

こんなにも慈しまれながら見つめられると、私の中のメスがざわつく。今夜、カートとひとつになれたら、どれだけ幸せだろう。でもそれは、今夜だけの話じゃない。明日も明後日も来年もさ来年も、私はカートと一緒にいたいのだ。

こんなにも会いたい人だから、一緒にいても次の約束がほしくなる人だから、私は連絡先も聞かなかった。連絡先を交換したところで、なんになるだろう。会えば好きなのに、彼女に遠慮しなくちゃならないなんて、針のむしろではないか。お互い、こんなにも恋愛感情を抱いてしまった以上、私たちはもう会わない方がいいのだ。

朝4時を回り、宿まで送ってくれたカートと熱い抱擁を交わす。口には決して出さないものの、カートが私の部屋に入りたいことは言わずもがなだった。それでも、私はどうしても、彼を招き入れることができなかった。

「……ごめんね」とだけ言うと、カートは両手で私の頬を包み、頭を優しくなでてくれる。

「てるこの気持ちは十分わかってるよ。きみは、僕の彼女のことを想ってくれたんだよね。そういうてるこの優しいところを、僕は大好きになったんだ」

カートの言葉で、涙があとからあとからあふれ出て止まらなくなる。カートは全部お見通しだったのだ。私がカートを好きなことも、彼女に遠慮して一線を越えなかったことも。

涙で視界がにじんで、カートの姿がぼやけてしまう。神さま、お願いだから、私の涙を止めて。もう二度と会えないカートの姿を、最後にちゃんとこの目に焼き付けさせて。

「てること一緒に人生を歩めないことが悔しいけれど、無神論者の僕でも、今夜だけは神に感謝したい気分だよ。僕と出会ってくれて、すてきな一日をありがとう」

別れ際、やっぱりどうしても最後に触れておきたくて、私たちはどちらからともなくキスしていた。ただ唇を触れ合わせているだけで、全身が熱くてたまらない。なんて愛おしくて、なんて切ないキスなんだろう。意気投合して、10時間以上語り明かしたカートと、会ったその日に永遠の別れをすることになるなんて……。

「カート、いつまでも、この、イキイキした笑顔でいてね」

「てるこもね。きみのヨーロッパの旅から、素晴らしい本が生まれることを祈ってるよ」

「さみしくなるから、お互いの姿を見送らずにいよう。おやすみなさい！」

「おやすみ、てるこ」

カートの青い瞳を間近で3秒見つめ、目に焼き付けると、私は宿の入口までダッシュした。そのまま3階まで駆け上がり、向かいの部屋に掲げられた「エディ」の表札を見てケッと思いつつ、自分の部屋のベッドに飛び込む。

枕の中に顔を埋め、切なさで泣きそうになる気持ちを必死にこらえた。泣き声が漏れて、エディが励ましに来たりしたら最悪だからだ。まったく、この宿は男を連れ込むどころか、泣く自由もないのかよ！

胸が破裂しそうな気持ちを抱えつつも、私は懸命に自分を励ました。私の人生を俯瞰して、全体で眺めてみたら、何も悪いことは起きてない。素敵な人と出会えて、酒を呑んで語らって、最高に楽しい時間を過ごせたのだ。夕方カートと初めて会ったとき、「一緒に呑みに行っていろいろ話せたらなぁ！」と望んでいたことが全部叶ったではないか。

私の人生には、いいことしか起きていない。今日もエキサイティングで、楽しい日だった。ただ、出会った人が、別れが辛すぎるぐらい素敵だっただけ。私は目を閉じ、今日という日を終わりにした。これでよかったんだと自分に言い聞かせながら。

翌朝10時半すぎ、近くのホテルへ向かい、テラス席でアドリア海を眺めつつリッチな朝食をとる。半熟の目玉焼きに、焼きハム。ズッキーニ、ナス、パプリカ等、ジューシーな焼き野菜に、メロン、スイカ、ブドウ等のフルーツ。

人生で一番うれしいと思える朝食バイキングにありつきながらも、昨日のはかない恋がボディブローのようにじわじわきいてきて、胸が痛くて痛くてたまらなかった。小さな港からボートで出かける人や、カヌーを漕ぐ人たちの姿を眺めていると、昨夜のことが現実の出来事ではないように思えて、まるで夢か幻のように感じられる。

連絡先すら聞かなかったカート。今度、いつかまたドブロヴニクに来る幸に恵まれたとしても、当たり前のことだけど、カートはここにいないのだ。あんなにも気が合う人に出会えたのに、もう二度と会えないのだと思うと、胸が張り裂けてしまいそうになる。思い思われた夜を過ごしたというのに、手痛い失恋をしたような気分なのだ。

今日街に出て何をしたところで、昨日以上のことには出会えないような気がした。クロアチア最大のクライマックスが、着いたその日の夜に来てしまった私は、魂が抜けたような心地になってしまった。

それでもなんとか気を取り直し、最大の見所である「城壁の散歩道」へ向かう。この散歩道は、長さ2キロ、最高25ｍの高さの城壁に囲まれた旧市街を上から眺めつつ、ぐるりと一周することができるという観光名所なのだ。

晴れ渡った青空の下、散歩道を歩くと、オレンジ色の瓦屋根×白壁の家々を俯瞰することができ、まるで〝神さまの視点〟で人間界を覗き見しているような心地になる。

と、絶景ポイントで写真を撮る白人のおっちゃんを見て、目がフリーズしてしまった。Tシャツの胸元に、日本語の白文字で「私は、神だ。」と大きくプリントされていたのだ。このおっちゃん、いったい何者!? 史上最強に不遜なフレーズに大ウケしてしまう。

勇気を出して「あ、あの〜、神さまですか?」と声をかけると、「え、ボクが神!?」とおっちゃんは目を白黒させている。

「その〜、あなたのTシャツには、『アイアム ゴッド』って書いてあるんですよ」

「アッハッハ! 参ったな〜。東京を旅行したとき、日本の言葉が書いてあるTシャツがどうしても欲しくて買ったんだけど、この文字がそんな意味とは知らなかったよ」

イギリス人だというスティーブがにこやかに言う。

「今夜、旧市街のジャズバーでサックスを演奏するから、もし時間があれば聴きにきてね」

前を歩いていた奥さんのジェニーも、「彼の演奏は最高よ〜」とニコニコ顔でノロケる。

「わぉ! スティーブは、ミュージシャンなの?」

「いや、僕は普段、ITのプログラマーなんだけど、ドブロヴニクのジャズバーのオーナーが知り合いでね。今日のライブに、ゲストとして招待されたんだ」

「招待されるなんて、立派なミュージシャンじゃん! ライブ、ぜひ見に行くよ〜」

美しいドブロヴニクを〝神さま目線〟で堪能し、地上に戻って旧市街を歩いていると、レストランの兄ちゃん、マテが、土産物の露店でおねえちゃんたちとダべっていた。マテは土産物店の店員でもないのに観光客に「見てってね～」と気さくに声をかけていて、陽気な神出鬼没ぶりに吹き出してしまう。

「マテ、レストランはクビ～?」と声をかけると、マテは「アッハッハ!」と豪快に笑う。

「仕事が終わったから、友だちとしゃべってただけさ。てるこはどこに行くんだ?」

「スルジ山に登って、夕日を見ようと思って」と答えると、マテが立ち上がって言う。

「俺は今から家に帰るとこだから、山頂までバイクで連れてってやろうか」「マジでー!?」

念には念をと思い、土産物店のおねえちゃんたちに「マテのバイクに乗って大丈夫かな?」と聞くと、「マテはいいヤツよ」と言うので、信頼することにした。

バイク置き場までついて行くと、マテが自分のヘルメットを私の頭に被せてくれる。

「マテの分は?」と聞くと、マテは「俺はフェミニストなんだ」と一言。

マテにつかまり、バイクが走り出すと、風が気持ちいい～。右に青く広がるアドリア海を見ながらバイクで走ると、街歩きでは得られない疾走感がハンパない。海沿いの道を20分ほど走り、爽快な気分になっていると、山腹のマンション前でバイクが停まった。

「ここは俺のマンションだ。ウチに寄って、トイレに行かせてくれ」

エレベーターを上がってマテの家に入ると、海に面したマンションは眺めが素晴らしく、いかにも女を連れ込むのにピッタリなロケーションだった。モノが少ない部屋は片付いているものの女っ気はなく、ひとり暮らしのようだ。

トイレを済ませたマテが「何が飲みたい？　ビールかコーヒーか」と聞いてくる。「じゃコーヒーを」と言うと、マテがコーヒーを淹れてくれる。ソファで話していると、マテが突然、〝壁ドン〟ならぬ〝ソファドン〟体勢でキスしようとしてきた。

「ちょっ、何すんのよ！　山頂に連れてってくれるんじゃないの!?」

突き飛ばして拒絶しても、マテはちっともめげず、余裕しゃくしゃくで言う。

「俺のことが嫌いか？　な、信頼してくれ、俺は身勝手なセックスなんて絶対しない。必ず、おまえを歓ばせてみせるよ。セックスは悪いものじゃないぞ。コミュニケーションを兼ねたスポーツみたいなもんだ」

え、なにこれ？　口説き？　説得？　説教？　なんかの布教？　そんな、いきなり〝国際親善試合〟を申し込まれても、こっちにも都合があるのだ。

「セックスをスポーツとは思えないし、私はそんな気分になれないんだよ」

私の心は、まだまだカートのことでいっぱいだったのだ。カートの優しい笑顔。見守ってくれる雰囲気。こんなこと絶対してこない、ジェントルな人柄。そのすべてが恋しかった。

あぁ、なんで連絡先を聞かなかったんだろう。いや、聞いてどうなるというんだ。一緒になれる運命でもない人の連絡先なんて聞いても仕方ないんだから、これでよかったんだ……というひとり問答が、今朝から頭をぐるぐる巡り続けている。

こんなにもカートを想って胸が張り裂けそうなのに、どうして他の男とやらねばならんのだ。マテのことは嫌いではないけれど、今マテとやるくらいなら、どうしてカートとしなかったんだと後悔することになる。そんな後悔まっぴらごめんだし、嫌いじゃないからってセックスしてたら、世界中の男とセックスすることになるじゃん！

この雰囲気をなんとか変えたいと思い、私は言った。

「マテって、バチカン半島に多い名前でしょ？　日本語でマテはWaitの意味なんだよ～」

私がそう言うと、マテは大きな目を見開いて言う。

「なんだって!?　思い立ったらすぐ行動する俺の名前が、日本じゃ『待て！』って意味なのか!?　日本ってどんなセンスしてんだよ！」

「私に言わないでよ～。もう何百年も前から、そう決まってるんだから。ま、マテは〝お預け〟の星に生まれた人なんだよ」

「俺はカサノバなんだ。〝お預け〟の星になんか生まれてないぞ」とマテが胸を張る。

カサノバ？　プレイボーイの話だよな？　スマホ検索すると「18世紀のイタリアの作家。

その女性遍歴によって広く知られている。自伝の『回想録』によると、生涯に1000人の女性とベッドを共にした」なんて書いてある。

何度も映画化されている古典だから、架空の主人公かと思いきや、アドリア海を挟んだ対岸のイタリアに実在した人物なんだ！　しかも、映画化されているのは、性豪だった本人による性遍歴の自伝エッセイだったとは!!　イタリア人がナンパ男よばわりされるようになったのは、カサノバの影響なんじゃないかと思ってしまう。

「ハハッ、自分のことを『俺は女たらしだ』なんて名乗る人、私は初めて会ったよ！」

「カサノバは、単なる女たらしじゃない。女性をリスペクトして、無限の愛を与える男だったんだぞ。女性に尽くして歓ばせることに、生涯を捧げた男なんだ」

「会ったこともないのに、なんでそんなことが分かんのよ？」

「カサノバの自伝、全12巻を全部読んだからさ！　本なんて滅多に読まない俺がだぞ」

確かにマテ、本読まなそ〜。でもカサノバの自伝は、そんなマテを夢中にしたほど読み物として面白く、女を愛し、自由を愛し、人生を謳歌した生き様が綴られているというのだ。

テーブルに置かれたマテのスマホを見ると、可愛いキティちゃんストラップが付いていて、思わず吹き出してしまう。今や世界中でキティちゃんを見かけるものの、キティグッズを身に付けている男を見たのは初めてだった。

「ハハッ、なんでキティちゃん？　彼女に買ってもらったの〜？」

「俺は猫とキティが好きだから、自分で買ったんだ。そして、俺には特定のガールフレンドはいない。俺は誰も縛りたくもないし、誰にも縛られたくない。ずっと自由でいたいんだ」

キティが好きな、クロアチアのカサノバ。ウケる〜！

「俺は嫌がる女を抱くほど、女に不自由してない。何もしないから、てるこはもっとリラックスして、ドブロヴニクを楽しめよ。昨日も『約束が！』ってえらい焦って走ってたろ」

「これは私の性分だから、しょうがないよ。それに、今日はドブロヴニク最後の夜だから、どうしてもスルジ山から夜景が見たいんだよ！」

「俺は昨日夜勤で、今日も朝から働いて疲れてるんだ。2時間だけ寝させてくれ。そしたら、後で俺がバイクで送ってやるよ。一緒に夜景を見て、ディナーを食おうぜ」

「夜はジャズライブを見に行く約束があるんだよ〜」

「そうか。なら、頂上にある『独立戦争記念館』はぜひ見てくれ。俺の生まれたクロアチアが、ユーゴスラビア紛争（1991〜2000）で、どんな目に遭ったか分かるからな」

「大変だったんだね……。ユーゴ紛争は複雑すぎて、日本人の私には理解できなかったよ」

「俺はこんなにキティが好きで、礼儀正しい日本人をリスペクトしてるのに、日本人はクロアチアに興味がないのか？」

「日本にはクロアチアの情報が殆ど入ってこないんだよ。マテはユーゴが好きだった?」

マテは今、42歳。ユーゴ時代も紛争のこともバリバリ覚えている世代だ。

「ユーゴを好きだったのは、ユーゴの中心で指導権を握ってイバってた、セルビアだけだよ。ユーゴが崩壊して、クロアチアが独立しようとしたら、セルビアは攻撃してきたんだぞ」

話がややこしすぎる! 多民族国家だったユーゴスラビアは、世界史で「7つの国境線、6つの共和国、5つの民族、4つの言語、3つの宗教、2つの文字、1つの国家」と覚えさせられたっけ。あのときは遠い国の話すぎて、全く興味が持てなかったことを思う。まさか自分がその国々を旅して、ユーゴ紛争の話を直に聞くことになるとは、想像もしなかったのだ。

当時は、ソ連が崩壊する寸前で、冷戦が終わった頃。対ソ連で団結していたユーゴの国民意識がバラバラになり、クロアチアが独立しようとしたところ、セルビア人主体のユーゴ連邦軍が「独立は許さん!」とクロアチアを攻撃してきたというのだ。

「こないだまで同じ国だった人が攻撃してくるなんて……。カリスマ性のあったチトー(ユーゴスラビア社会主義連邦共和国の「建国の父」と敬われる指導者)の時代は平和だったのが、チトーが死んじゃって、タガが外れて、ユーゴ紛争が起きたんでしょ?」

チトーは、〝ヨーロッパの火薬庫〟と称された「多民族、多宗教国家だったバルカン半島」

をひとつの国家にまとめあげた、カリスマ指導者だったと聞いていたのだ。

だが、私の言葉を聞いたマテは、真剣な顔になって言う。

「ひとりのカリスマが死んだぐらいで国が崩壊するなんて、国としてダメだろ？　何かに強く依存することは、自立できない国や人を生み出してしまうんだ」

確かになぁ。会社でも、権力を握っている人が休んだら仕事が回らない状態になる職場なんて、健全じゃないもんな。自分がいなくても、社員が自分たちでなんでもできる状態にしておくことが、いいトップのすることなのだ。親が子どもを育てるときしかり。

マテが、5年間も続いた戦争で、親戚や友人が亡くなったこと、精神的に参ってしまって心の病気になった人も多かったこと等、ユーゴ紛争時代について話してくれる。

「クロアチアは長い歴史があるけど、『新しい国』なんだ。俺は、今のクロアチアが好きさ。だからてるこも、今の俺を信じて体を預けてみなよ」

「なんでその話に飛ぶんだよ〜。でもさ、なんで私なんだよ。世界有数の観光地なんだから、女なんて探せばいくらでもいるじゃん」

「てるこは、とびきり元気でチャーミングだと思ったからだよ。俺も、歓ばせる相手を選ぶからな。てるこは俺に選ばれたんだぞ」

つーか、このカサノバ、どんだけ上から目線なんだよ〜！　史上最強の自信家の言葉にブッと吹き出すと、マテは「笑ってられるのも今のうちだ。知ってるか？〝俺のベイベー〟って言い方をするのは、赤ちゃんみたく、女性をヒーヒー泣かせるからなんだ。俺は絶対、女性を満足させる自信が……」と言いつつ、よっぽど疲れていたんだろう、マテは気を失ったように寝に入ってしまった。オイオイ！　連れ込んどいて、寝るヤツがあるかよ！

　途方に暮れてしまうが、マテの子どものような寝顔を見ていると、この人は女性をイカせる〝千人斬り〟を目指しているだけで、悪い人ではないんだなぁと思う。女に酒を呑ませて眠らせるのではなく、コーヒーで私の眠気を覚ましておいて、自分はグーグー寝ちゃってる有り様。テーブルの上には財布が置きっ放しになっていて、財布を盗まれかねない無防備なマテの方が、立場的にはよっぽど危険なのだ。

　このまま寝させてあげたい気持ちにもなるが、マテの話を聞いてますますスルジ山に行きたくなった私は、マテの耳元で「山頂に行きたいよ〜」と大声で訴えた。

　すると、マテは寝ぼけ眼（まなこ）でキティちゃんスマホに手を伸ばし、タクシードライバーの友だちに電話してくれた。タクシーが着いた連絡が来ると、マテはタクシーまで見送ってくれて、タクシードライバーの友だちに「俺のダチだから安くしてやってくれよ」と言ってくれる。

「いい旅をな！　その気になれば、今夜、何時でもいいから、俺のところに戻って来い！」

「性欲薄いから大丈夫〜！　マテはその素晴らしい才能を生かした方がいいから、〝セックス・カウンセラー〃にでもなった方がいいよ」

「俺はただ、女性を歓ばせたいだけなんだ。金を取るような野暮なことはしねーよ」

マテはそう言うと、後ろを向いたまま手を振った。なんというか、自信があっぱれすぎて、笑えてくる。私はもう生まれ変わりたくないと思ってる人間だけど、もし生まれ変わるハメになったら、アンタみたくおめでたい男に生まれて、女をぶいぶい歓ばせたいもんだよ。バイバイ、セクシュアル・アンバサダー（大使）！

タクシーで頂上に着き、「独立戦争記念館」に向かうと、紛争時に戦場になったという要塞が記念館になっていた。要塞の壁には、戦闘の凄まじさを物語る本物の銃弾跡がたくさん残っていて、胸がキリキリ痛む。

館内には、ユーゴ紛争時の映像が流れていた。容赦なくぶち込まれるミサイル弾。建造物に燃え盛る炎。逃げ惑う人々……。当時の映像を見た途端、この国で起きた戦争の現実の中に入り込んだような気持ちになる。この要塞から、ユーゴ連邦軍が旧市街に向けてミサイルを打ち込み、美しいドブロヴニクは〝死の街〟と化したのだ。私がさっきまで歩いていた旧市街が！　と思うと生々しく、砲撃の恐ろしさがリアルに迫る。

爆破された建物の瓦礫（がれき）を、黙々と片付ける人々の姿に胸を締めつけられる。あの魅惑的な旧市街は、戦後、街の人たちの努力によって修復されたものだったのだ。紛争が終わったからこそ、クロアチアに来られたことを考えると、平和の有難さを思わずにはいられなかった。

外に出るとすっかり日が暮れ、ライトアップされた旧市街全体が、夜の闇に浮かび上がっている。建ち並ぶオレンジ屋根の白い建物が、キラキラと黄金色に輝く姿は、いつまでも見ていたいほど麗しくロマンチックだった。

美しい夜景に心を奪われつつも、マテのセルビア人への凄まじい恨みを思い出してしまう。戦争で酷い目に遭った人は、生涯そのむごさを忘れることはない。そして、自分の子や孫の世代にも戦争の話をするから、敵となった国への憎悪も受け継がれかねないのだ。戦争の傷跡を乗り込えるために必要なのは、未来の世代のためにも、憎しみを手放す勇気なんだろう。

夜9時、ジャズバーに着くと、店前のオープンエアの会場は満席の大盛況だ。ジャズバンドの中にスティーブを見つけ、手を振ると、「おお!」と嬉しそうに手を振り返してくれる。

バンド演奏が始まり、歌手の兄ちゃんが渋い声で歌い始めると、ジャズの調べにうっとり聴き惚れてしまう。「テイク・ファイブ」「A列車で行こう」等、CM等でおなじみのスタンダードな名曲ばかりなので、自然と体がリズムを取る。歌手の兄ちゃんから「ロンドンから来てくれた、サックス奏者、スティーブだよ!」と紹介されると、スティーブのソロ演奏が始まり、拍手が湧き上がる。

くぅ〜っ! ジャズセッション、シビれる〜! 考えてみれば、ジャズの生演奏を聴いたのは、初めてで、今回のヨーロッパ旅は初体験づくしだ。狭い世界に生きていると、知っていることばかりになるけど、一歩海外に出てみれば、世界は知らないことに満ちてるなぁ！

堅苦しくないライブなので、隣席の陽気なゲイカップルともわいわい話す。

「僕たちは、キューバ人なんだよ」と、モンキー顔の可愛いアリエルが言う。

「最高に愉快な国だよね！　前にキューバを旅したとき、キューバ人があまりにもテンション高いから、生まれて初めて、私は自分のことを〝ネクラ〟だと思ったぐらいだよ〜」

私がそう言うと、ふたりは手を叩いて大ウケだ。

「僕たちもキューバを愛してるけど、当時はまだ、同性婚が認められてなかったからね。どうしても結婚したかった僕たちは、スペインに移住してバルセロナで結婚したんだ」とアリエルが言うと、いかにも人の善い白人という雰囲気のエウヘニオが続ける。

「僕は女性と結婚してて娘もいたんだけど、アリエルと出会って、自分がゲイだと気づいたんだよ。妻子のことは愛していたけれど、アリエルを愛するのをやめられなかったんだ」

すると、アリエルが「ああんもう！」と身もだえ、エウヘニオにしなだれかかって甘える。

勝手にしてくれや！　とツッコミたくなるほど熱々のゲイカップルは、出会って10年。エウヘニオは娘にちゃんと仕送りしているというし、家族の形態はいろいろだなと思う。

この旅でいろんな人に出会えば出会うほど、誰もが、自分の生きたい場所で、自分らしく、のびのび生きればいいんだ！　という思いが骨身にじわじわ染みる。前の世代からかけられた呪い（＝制限）を解いた人は、生まれ育った場所から旅立ってでも、自分で自分を幸せにしている。なんといっても、自分を幸せにできるのは、自分だけなのだ。

演奏が終わると、スティーブがテーブル席まで会いに来てくれる。

「超カッコよかったよ～！　スティーブの上手さなら、プロになれるのにね」

「僕はロンドンでもたまに演奏するんだけど、ときどき演奏するのが性に合ってるんだよ」

野暮なこと言っちゃったなぁと思う。音楽が好きだからって、何もプロになる必要なんてない。「これをしていれば自分は幸せ」というモノを見つけて、自分なりのやり方で大事にするのが一番なのだ。

気がつくと、エウヘニオ&アリエルが、社交ダンスをノリノリにしたような激しいダンス「サルサ」を踊り始めている。キューバの至るところで踊らされたサルサを懐かしく思いながら眺めていると、エウヘニオと金髪のねえちゃんが踊り始めた。

すると、アリエルが私の手を取り、「てるこ、踊ろう！」と情熱的なサルサを踊り始める。

「ちょ、サルサの踊り方なんて、忘れちゃってるよ～」「大丈夫！　僕がリードするから」

アリエルがまるで私を操るかの如く、引き寄せては回転させ、引き離しては回転させる。

つーか、私はなんで大失恋の翌日に、モンキー顔のゲイ兄ちゃんにクルクル回されるハメに

自信満々のカサノバ男、マテ

スティーブのTシャツに目がクギ付けに！

キューバ人の仲良しゲイカップル

ドブロヴニクのお茶目トリオ

なってんだよ〜！ それでも、サルサを踊っているとカートのことがぶっ飛び、目の前の「今」に全力投球するしかなくなってしまう。

ライブ後も席で呑んでいる客たちが、私たちの踊る激しいサルサに「ヒュ〜！」と歓声を上げ、スティーブもノリノリでサックスを吹き始めた。んも〜、完全に見世物じゃん！

世にも美しい旧市街で、音楽に身を委ね、ステップを踏む。クロアチアのクライマックスが、国籍も性別も音楽ジャンルも超えた、このごった煮ライブになるとはなぁ！ アリエルのニコニコ顔にリードされるうち、下手クソなサルサを踊っていることが全く気にならなくなっていく。

呑んで、踊って、笑って、今日という日が更けていく。アバンチュールの機会に満ちたリゾート地で、かたくななまでに貞操を守った、ドブロヴニクでの2日間。

なんにしても、私は自分のことがよく分かったような気がしていた。同じ恋はないけれど、どんな恋も手順は同じ。私はそれよりも、自分の知らなかったことに出会いたい。やったことがないことに出会って、ドキドキワクワクしていたい。

私は恋愛至上主義ではなく、〝旅至上主義〟なのだ。

ゆるされて

〝因縁のヨーロッパ〟と和解

ベオグラードの気持ちのいい遊歩道を歩く、マーシャとお父さん

ボスニア・ヘルツェゴビナ★モスタル

運命のソウルメイトと語り明かし、ゆるしゆるされた夜

「素通りなんてもったいない！　モスタルには、世界遺産の美しい橋があるのよ〜」

朝8時発、ボスニア・ヘルツェゴビナの首都、サラエボ行きのバスに揺られていると、隣席のおばちゃん、カディジャが「世界で最も美しい橋のひとつ、『スターリ・モスト』を見ないなんて！」と途中下車をえらく勧めてくる。パリからやって来たというカディジャは、憧れの橋を目前に、目を輝かせつつガイドブックを見せてくれる。

欧州を巡る私の旅も、残すところ5日。最終地のトルコにたどり着くまでに、あとセルビア、ブルガリアを巡らねばならず、旅程はパッツンパッツン状態なのだ。それでも、こんなにも熱くススメられると、やはり気になるモノ。「モスタル」でスマホ検索してみると「世界遺産のスターリ・モストからのダイビングが街の名物」と書いてあるではないか。

これだ〜！　じつは、ボスニア・ヘルツェゴビナ（以下、ボスニアと省略）だけ、旅のミッションが決まっていなかった。国名もやたら長くて舌を噛みそうになるし、国の成り立ちもややこしすぎてチンプンカンプン。

私にとってボスニアといえば、カンヌ映画祭で『アンダーグラウンド』『パパは、出張中！』が最高賞を、『ジプシーのとき』が監督賞を受賞する等、世界三大映画祭すべてを制覇した名匠、エミール・クストリッツァの出身地。敬愛する監督の故郷に興味はあったものの、やりたいことが見つからず、立ち寄るか迷っていたところだった。

ダイビングというと、じつは私は高校時代、文化祭でアクションコメディ映画を作り、大阪の十三大橋から淀川に飛び込んだことがあるのだ（『淀川でバタフライ』参照）。ダイビングを教えてくれる師匠を探し出して弟子にしてもらい、そのスターリ・モストから飛び込む、というナイスアイデアが頭に浮かぶ。そうときたら、旅のミッションは「世界遺産の橋からダイビング」に決定だ！

雄大な山々を眺めるうち、今まで旅したヨーロッパとは明らかにテイストの違う、オリエンタルな雰囲気の街並みが現れた。モスク（イスラム教寺院）の細長い塔があったと思ったら、今度は十字架の教会が顔をのぞかせる。東西のカルチャーが織り交ざった街を目にして、一気にテンションが上がる。

バスがモスタルに着き、カディジャと連れの友だちに続いて、私も、ええい、ままよ！とバスから降りる。さて宿を決めねばと思っていると、太陽のように明るいおねえちゃん＆おばあちゃんが「ハーイ、うちのプライベートルームに来ない？」と声をかけてくる。宿を探しに行かなくとも、向こうからやって来てくれる東欧はラクでいいなぁ！

おねえちゃんの名前はチア、32歳。自分の母親と一緒に客引きに来ていたチアは、10歳の娘がいるシングルマザーなのだという。人柄のよさがにじみ出ている陽気な親子だったので、私はチアの家に泊まることにした。

「この『マーシャル・チトー通り』を歩くと、10分で我が家に着くわ。家から、スターリ・モストのある旧市街はすぐ近くよ〜」

チトーの名前を冠した通りが残っているなんて、いまだに尊敬されているんだなぁと思う。

着いたマンションは見晴らしのいい高台にあり、家の中に入ると清潔な個室が用意されていた。チアの娘、セルマは可愛い盛りのおませさんで、「どうぞ〜」なんて言ってオレンジジュースをサーブしてくれる。

よーし、飛び込む前に、まずは腹ごしらえっと。

早速、旧市街に向かうと、通りには、廃墟と化した建物がいくつもあった。よく見ると、壁にはおびただしい数の弾痕（だんこん）が残っているではないか！　弾痕はここだけでなく、街を歩くと、塀や民家、廃屋等、あちこちに銃撃戦の痕跡があり、生々しさが凄まじい。

ドブロヴニクの要塞でも数々の弾痕を見たものの、あれは〝負の遺産〟として、記念館が管理&保存していたモノ。一方、モスタルの弾痕は、残そうとして残っているのではなく、片付けるような金も余力もないまま年月が経ってしまった感じで、今も戦争の傷跡が町のいたるところに残っているのだ。

旧市街に着くと、レトロな石畳の通りには、トルコ風の土産物店やカフェ、レストランが軒を並べ、世界中の観光客でにぎわっていた。かつてこの地を治めていたオスマン帝国（オスマントルコ）の趣を残す旧市街は活気があり、のどかな雰囲気だったので一安心。

カラフルな土産物を見てまわっていると、近くのモスクから、独特の節まわしのアザーン（祈りの呼びかけ）が聞こえてくる。アザーンが終わってしばらくすると、今度はキリスト教の教会から鐘の音が鳴り響く。東西の文化が混在する旧市街は、中世ヨーロッパの風情を漂わせつつも、全体的にはエキゾチックな佇まいで魅惑的なこと！

異国情緒あふれる旧市街を歩くと、世界遺産の橋、スターリ・モストが見えてきた。

うっわ〜、なんて美しい橋なんだろう。アーチ状の橋の下には、澄み切ったエメラルドグリーン色のネレトバ川が流れている。風情のある石造りの橋と川との、見事なコンビネーション。赤い屋根×白い石壁の家並みのコントラスト。アーチ橋の奥には、旧市街を見守るように緑の山々が広がっていて、まさに絶景だった。

通りを散策していると、モスタルはコンパクトな街なので、バスで隣席だったカディジャ&友だちのジャミラに遭遇！　さらに同じバスに乗っていた日本人の兄ちゃんも合流し、食堂でランチする流れになった。

料理をいくつかオーダーし、取り皿を多めにもらってみんなでシェアする。

郷土料理「ボサンスキーロナッツ」は、牛肉の角切りに、じゃがいも、人参、玉ねぎ等の野菜が入った、トマト味のボスニア風ポトフ。見た目はアカ抜けないものの、くたくたに煮込まれた野菜の甘みは万国共通のホッとする味で、文句なしのうまさだ。

「チェバプチチ（ひき肉を棒状に固めて焼いた料理）」は、バルカン半島で食べるうちに大好物になった、トルコのケバブの〝バルカン半島バージョン〟。素朴なピタパンにチェバプチチを挟み、豪快にかぶりつくと、炭火で焼いた肉はスパイスとニンニクが効いていて、肉汁がジューシーでうんまい！

パリで教師をしていて、モロッコ系移民の2世だというカディジャに、「フランスにムスリム（イスラム教徒）って、どれぐらいいるの？」と聞いてみる。

「フランスの人口の約1割がムスリムだっていわれてるわ」「へぇ〜、そんなに！」

フランスの経済成長を担ってきた移民にモロッコやアルジェリア出身者が多いのは、かつてフランスがそれらの国々を植民地にしていたからなのだが、国民の1割に達していたとは驚きだ。

食後、みんなと手を振り合って別れ、意を決してスターリ・モストへ向かう。

街並みを眺めるにつけ、旧ユーゴの国々はやっぱり一味違うなぁと思う。ヨーロッパでありながらも、ヨーロッパナイズされていない、といえばいいだろうか。特にボスニアの雰囲気は独特で、宿の親子にしてもレストランや土産物店の人も、いい意味で素朴で大らかな田舎っぽさがあり、全体的にゆるいアジアのようなのんびりムードが漂っている。

今さらながら、私たちがよく使う「欧米」という単語の「欧」の部分は、欧州ではなく、「西欧」のことを指していたんだなぁと思う。このボスニアは、いわゆる欧州のイメージとはかけ離れていたからだ。

旧ユーゴの国々は、「東欧」とか「中欧」とか、その時々であいまいな呼び方をされる場所で、知っている情報がない分、何を見ても食べても新鮮だった。スロベニア、クロアチアときて、さらにディープ感が増したボスニア。特に何があるわけでもないけれど、街をブラついているだけで、未知の土地への冒険心で胸がワクワクしてくる。

スターリ・モストの中央までたどり着くと、四方八方に緑があふれる、壮大な景色が広がっていた。小高い山々に囲まれた古い街並みは情緒があり、自然と街が調和したモスタルの美しさに心を奪われてしまう。

こわごわ見下ろすと、橋からネレトバ川までは、想像を絶するほど遠くに感じられた。川べりでくつろいでいる人たちの姿も信じられないぐらいミニチュアサイズで、川面まで30m

近くあるんじゃなかろうか。ここから本当に飛び降りるのか!? と想像するだけで心臓がバクバクし、めまいすらしてくる。川面をジーッと眺めていると、そのまま吸い込まれてしまいそうになる高さなのだ。

しばらく呆然と川を眺めていると、橋の欄干に、競泳用のビキニ海パンをはいた兄ちゃんが現れた。全身が鋼のような筋肉で、究極の細マッチョ体型の兄ちゃんは、飛び込みの練習に来たんだろうか。だが、兄ちゃんは観光客に声をかけつつ、欄干を行ったり来たり。飛び込むそぶりを見せては飛び込まず、もったいぶっている兄ちゃんに聞いてみる。

「その〜、飛び込みが見たくてずっと待ってるんだけど、いつ飛び込むの？」

「チップ次第だね。チップが25ユーロ集まったら、僕は飛び込むんだよ」

「これ、見世物なんだ！」とチップを渡しつつ聞いてみる。

「何度も飛び込んでいるとはいえ、毎回、命懸けのパフォーマンスだからね。僕たちハイダイビングのダイバーは、このチップでなんとか生計を立ててるんだよ」

兄ちゃんの名前はイーゴリ、21歳。15歳からダイビングを始め、毎年7月にモスタルで開催されているダイビング大会で、２度も優勝経験があるのだという。聞くと、スターリ・モストでは１５６６年の橋の竣工後から「飛び込み大会」が始まり、４５０年以上の歴史があるのだという。日本が血で血を洗う戦国時代の真っ只中、ここではハイダイビング（五輪等の高飛び込みの台の高さは10m。その2倍以上の高さから飛び込む競技）をやっていたとは驚きだ。

それにしても、普通、プロのアスリートといえば、スポンサーがついているモノ。ボスニアの企業にはそんな余裕がないんだろうか。イーゴリがチップで生計を立てているということは、アスリートというより、一発芸で食べてる〝パフォーマンス芸人〟みたいじゃん！

「こんな所でチップ集めてないで、仕事しなよ～」と言いたくもなるが、イーゴリによると、ボスニアの失業率は25％強！　街で物乞いの子どもを見かけたし、ここには日本のようにいつでも店員募集中のコンビニもない。景気の良かったクロアチアやスロベニアのようにボスニアの復興は進んでおらず、働きたくても働けない若者がごまんといるようなのだ。

イーゴリが欄干をうろうろしながらチップを集めるうちに、見物人の数がふくれあがっていく。意を決した顔になったイーゴリは、相方とおぼしき兄ちゃんにお金の入ったカゴを渡し、橋の中央に向かって歩きだした。目標額のチップが集まり、いよいよ飛び込むらしい。

橋の中央にやってきたイーゴリは欄干から手を離すと、おもむろに両手を広げ、全身のバランスを取った。次の瞬間、体が宙に飛び出し、ストーンと足から一直線に川面へと落ちていく。

おお～！　あんな高所から飛び降りたにもかかわらず、水しぶきは殆ど上がらず、まさに神

カディジャ(左)のおせっかいに感謝!

民宿の娘さん、愛らしいセルマ

細マッチョなダイバーのイーゴリ

トルコ風の土産物店の並ぶ旧市街

業のようなダイブ。ほんの数秒のことなのに、その美しいフォルムと度胸に感服してしまう。

観光客たちから拍手が湧き上がる中、イーゴリは両手を挙げて歓声に応えている。体を張ったパフォーマンスでお金を稼ぐ、モスタルの若者たち。自分たちでお金を稼ぐ方法を編み出した彼らのハングリー精神を、たくましく思わずにはいられなかった。

そうだ、彼に飛び込みのコーチをお願いしてみよう！　急いで川べりに向かい、「素晴らしいダイビングだったねぇ」と声をかけると、イーゴリはガッツポーズを決めてくれる。

私は思いきって、イーゴリに切り出した。

「その〜、私もスターリ・モストから飛び込みたくて、飛び込みを教えてもらえませんか」

「え、きみが!?　素人にはあまりにも危険すぎるから、やめておきなって！」

「そこをなんとか！」と食い下がると、イーゴリが呆れ顔で言う。

「僕にはそんな大役、荷が重すぎて無理だよ〜。ダイバーズの事務所に相談してみれば？」

イーゴリが教えてくれた橋のたもとに向かうと、石造りの小さな建物があった。どうやらここは、ダイバーズたちの詰め所を兼ねた事務所であるらしい。中に入ると、壁には華麗な飛び込み写真がいくつも飾ってあり、モスタルのダイビングの歴史を感じる佇まいだ。

「ドバル ダ〜ン（こんにちは〜）」

口では「こんにちは」と言いつつも、私の心の中は、武士が道場を訪れるときの挨拶「たのも〜う！」と言っているような気分だった。あの高さにとてつもない恐怖を感じたものの、恐怖心に打ち勝ってダイビングを成し遂げれば、ひとまわり成長できるような気がしたのだ。

奥から出てきた所長らしきおじさんに、私は懸命に熱意を伝えてみた。

「スターリ・モストから飛び込みたいんです！　どうか私に、先生をご紹介ください！」

だが、私が何をどう言っても所長は顔をしかめ、大きく首を振る。

「やめておくべきだ。1ヵ月前、チェコ人観光客の若者が飛び込んで、5日後に下流で死体が発見されたんだよ。打ち所が悪くて気を失ったらしく、検死結果は溺死だったそうだ」

そこに、所長の奥さんらしきおばちゃんが現れ、所長を上回るエピソードを被せてくる。

「前にも、オーストラリア人の観光客の若者が『俺は絶対できる！』と豪語して、止めたんだけど、勝手に飛び込んだの。彼は全身打撲で首も骨折して、結局亡くなったのよ」

ひぃ〜っ、こえええええ!!　全身に悪寒が走り、ゾ〜ッとしてしまう。自分がやろうとしているハイダイビングが、そんなにも大それたことだったとは……。だが、私は人に「絶対、無理！」「やめとけ！」と言われると、よけいに燃えたぎってくるタチなのだ。

「でも、飛び込んで亡くなった人たちは、ダイバーから指導を受けてないですよね？」

「あぁ。ハイダイビングの訓練もせず、わしらの忠告も聞かず、勝手に飛び込んだ観光客だ」

「なら、ちゃんと指導を受ければ、飛び込めるようになる可能性もあるじゃないですか」

私もこの〝道場破り〟が無謀だとは思いつつも、所長は「きみは女なんだし、あきらめなさい」の一点張りで、話もロクに聞いてもらえない。

と、そのとき、事務所の奥から、落ち着き払った雰囲気の兄ちゃんが現れた。

「なんだ、どうした？ 話なら聞くぞ」

颯爽と現れた兄ちゃんは、風もないのに肩で風を切っているような、ヤクザ映画で最後にカタを付けてくれる兄貴分のような風格だった。この兄ちゃんなら、この膠着状態をなんとかしてくれるに違いない！

兄ちゃんの名前はデイビッド、32歳。Tシャツに短パン姿の兄ちゃんはいかつい体形からしてダイバーなんだろう。男気に満ちた風情のデイビッドに、私はなりふり構わず訴えた。

「お願いします!! 昔、15mくらいの橋から飛び込んだ経験もあります。どうか私に、スターリ・モストからのダイビングを教えてやってください！」

私の申し出を聞いたデイビッドは、救世主になってくれるかと思いきや、難しい顔で言う。

「気持ちは分かるが、俺たちはいじわるを言ってるワケじゃないんだ。高さ25mのスターリ・モストから飛び込むと、落下時の最高速度は時速80キロに達する。入水角度によっては、コンクリートにぶつかったような衝撃で、大ケガすることになるぞ。恐怖心を持ったまま、少しでも体がナナメになって飛び込むと、全身打撲か、首か胸か腰の骨折だ」

ビルの8階建てに相当するスターリ・モストは、「クリフ（崖）・ダイビング世界選手権」が行われる高さなのだという。スターリ・モストからのハイダイビングは、「エクストリーム・スポーツ（厳しい環境下での過激なスポーツ）」の一種だったのだ！

極限まで体と精神力を鍛え上げたトップアスリートだけが挑む、難易度の高い競技。この2ヵ月間、毎日のように呑んだくれて腹がタルタルの私が挑むのは、さすがに無理があるんだろうか……。それでも、せめて指導だけでも受けたいと思った私は、必死に頼み込んだ。

「どうか指導だけでも！　上達しなければ、スッパリあきらめますから！」

「モスタルに何日滞在できるんだ？　5日滞在できるなら、俺が特訓してやってもいい」

ドスのきいた声で凄みのあるデイビッドは、少々ぶっきらぼうなものの、見るからに頼りになりそうな人だった。師匠はこの人しかいない！　と思い、私は全力で食らいついた。

「それが、飛行機の都合で、今日1日しかないんです。なので、今から教えてください！」

「1日しかないだと!?　にしても、なぜあんたは、そんなにスターリ・モストから飛び込みたいんだ？　しかも1日で飛び込めるようになりたいなんて、いくらなんでも無茶だぞ」

もう本当に、おっしゃる通りだと思う。無理難題を言っているのは、私の方なのだ。

私はデイビッドに、自分は21ヵ国旅をしている最中で、どの国でも1ミッションを遂行してきたこと、紀行作家なので帰国後に21ヵ国旅の体験を本にしたいと思っていること、でもこのままだとボスニアだけ思い出がないこと等を話し、頭を下げて懇願した。

「師匠（マスター）！　どうか私を、一人前のダイバーにしてやってください！」

この事務所に来て、早1時間。こうしている間にも、飛び込みの練習時間がどんどん減ってしまう。私がこの街に滞在できるのは、ぶらり途中下車した今日だけなのだ。

「よし、おまえの熱意はよく分かった。俺が個人レッスンで教えてやろう」

所長や奥さんが「たった1日の練習で飛び込むなんて無謀すぎる！」「彼女に何かあったらどうする気!?」と言っても、デイビッドは動じなかった。

「これだけヤル気があるんだ、俺にコーチさせてくれないか。頭ごなしに『できるワケない！』と言わず、トライさせてやってくれよ。彼女のガッツがあれば、飛び込めるような気がするんだ。もちろん、練習の仕上がりを見て、やめておいた方がいいと俺が判断したら、絶対に無茶はさせないから」

くぅ〜っ、かっくいい〜!!　さすが、私が師匠と見込んだだけのことはある！

だが、デイビッドがそこまで言っても、所長たちは首を縦には振らなかった。まぁ確かにダイバーズ事務所の人たちにしてみれば、私は突然、アポなしの飛び込みでやってきた、どこの馬の骨とも分からない旅人なのだ。

「なぁデイビッド、彼女に万一のことがあったら、どうする気だ。やめておくのが賢明だぞ」

「頼む。今回のことは俺にまかせてくれ。何かあったら、責任は全部、俺が取るから」

デイビッドは所長たちにそうタンカを切り、私に向き直った。

「練習用の飛び込み台を使うから、指導料は10ユーロだ。俺の指導は厳しいぞ」

「ありがとうございます！　師匠、どうぞよろしくお願いします!!」

マンツーマンの個人レッスンがたった10ユーロなんて、お安い御用だ。

「今、水着はあるのか？」「ラッシュガードを着てきたので、今すぐ練習できます！」

やる気満々の私は、前もって宿で着込んできたのだ。今までさんざんリゾートと温泉で着てきたラッシュガードを、世界遺産の橋からのハイダイビングで着ることになるとは！

「よし、早速、川で練習だ」

デイビッドは颯爽と歩きだしたので、慌てて後を追う。知っている人がいないこの国で、孤立無援だった私を、デイビッドが信頼してくれたのが何よりもうれしかった。あんなにも反対されたのに、デイビッドだけは「彼女のガッツがあれば、飛び込めるような気がする」と言ってくれたのだ。

デイビッドが私を信じてくれれば、なんでもできるような気がして、闘志がメラメラ湧き上がってくる。仲間にタンカまで切って、飛び込みの練習を押し切ってくれたデイビッドの期待に、私も応えたい！

歩きながら自己紹介すると、いかにも体育会系という感じのデイビッドが言う。

「てるこ、俺はおまえを指導はするが、ハイダイビングで一番大事なのは集中力だ。今日がおまえの〝最後の日〟にならないようにできるのは、おまえだけだ」

「ええ!?　じゃあ今日が、私の命日になるかもしれないってこと!?」

「ハッハッハ、冗談だ。でも、集中力はてるこ自身の問題だから、それを忘れるな」

デイビッドはかなり早口なのだが、私でも理解できる英単語でハキハキ話してくれるので、英語がものすごく分かりやすい。決して品行方正ではないものの、義理人情に厚く、豪快を絵に描いたようなデイビッド。「漢」と書いて「おとこ」とふりがなを振りたくなるような、昔気質(むかしかたぎ)の男！　という感じのデイビッドに、私は興味津々だった。

「デイビッドは、いつから飛び込みを始めたの？」

「モスタルの男はみな、10代から飛び込んでるよ。ネレトバ川が一番の遊び場だからな」

川べりの岩場に着くと、切り立った崖を利用して作られた、武骨な飛び込み台があった。

入念に準備体操をし、川の水で体を濡らした後、デイビッドが言う。

「この練習用の飛び込み台は、高さ10m。飛び込み競技でも、高飛び込みの最高は10mだから、かなりの高さだ。この飛び込み台でのミッションは、恐怖を克服することだ」

デイビッドは岩場の平らな場所に、石で白い線を引いて言った。

「この白い線が飛び込み台の先端だと思って、ここに立って両手を広げてみろ」

私が白い線ギリギリの所に立って両手を広げると、デイビッドが言う。

「ここなら、少しも怖くないよな？　いくらでも立ってられるし、風が吹いても余裕でバランスが取れる。それは、恐怖を全く感じていないからだ。地上でまっすぐ立っていられるように、飛び込み台の先端でも恐怖を感じず、平衡感覚を保てるようになるのが最終目標だ」

デイビッドの教え方は単純明快で、頭にスーッと入ってくる。

「この10mの飛び込み台で恐怖を克服して、完璧にダイブできたら、スターリ・モストからも必ず飛べる。俺が手本を見せるから、ここからよく見ておくんだ」

デイビッドはTシャツを脱いで階段を上がり、飛び込み台の先端に立った。先端ギリギリに立ちながらも、経験に裏打ちされた自信に満ちたデイビッドは、見ているこちらをヒヤヒヤさせない安定感があった。

「先端で意識を集中させ、体全体の平衡感覚をゆっくり整える。真下は岩場だから、真下に落ちてはいけない。少し先の宙に向けて、台を蹴るようにジャンプするんだ」

直立したデイビッドはゆっくり両手を広げ、全身のバランスを取る。次の瞬間、ジャンプしたデイビッドの体は宙に浮き、それからまっすぐ川へと落ちていく。おお〜！　あの高さから飛び降りたにもかかわらず、水しぶきがほとんど上がらない、超絶テクニックだった。ただ川に落ちただけだというのに、空中に飛び出した姿の美しかったこと！

今度は私の番だった。デイビッドにカメラを渡し、飛び込みの撮影をお願いする。

崖に掛けられた階段を上がるにつれ、川との距離が離れていき、自分のいる場所がどんどん高くなっていく。飛び込み台までたどり着き、おそるおそる下をのぞくと、川面まではるか遠くに感じられた。

しょえ〜！　10ｍってこんなに高かったっけ!?　考えてみれば、10ｍというと、３階建てビルの高さなのだ。見ると、飛び込み台の手すりは、先端の１ｍ手前までしか作られていなかった。手すりから手を離し、先端まで歩こうとするも、今まで感じたことのない恐怖に襲われてしまい、どうしても手を離すことができない。あぁ、ここまで来て、このチキンぶりはなんなんだ！

「うう〜、怖いよ〜!!　無理〜!!　前に15ｍの高さから飛び込んだときは、勢いで飛び込めたのに、台の端ギリギリに立ってバランスを取るなんて、怖すぎるよ!!」

下にいるデイビッドに力の限り叫ぶと、デイビッドが大声で言う。

「いいか、25ｍの高さのスターリ・モストは、勢いで飛び込んでいい高さじゃない。バランスを取らずに飛び込むと、ハイダイビングでは死ぬか大ケガだ。

10mの高さから飛んでも、入水時には時速50キロになる。恐怖心が消えないなら、ケガの元だから無理して飛ぶな。恐怖に打ち勝って、バランスが取れたら、飛べ！」

勢いにまかせれば、全然ジャンプしてしまえる。でも、勢いで飛び込んだところで、スターリ・モストから飛ぶための練習にはならないのだ。

うおぉ〜、怖えぇ〜〜!! スイスのキャニオニングも超ハードだったものの、恐ろしさがその比ではなかった。体をプロテクトする装具が一切ない飛び込みは、生身の体ひとつで勝負する恐怖が凄まじいのだ。こんな場所に身ひとつで立っていると、そよ風が吹くだけでよろけ、ヘンな体勢のまま川に落ちるという妄想が頭にチラつき、頼りないことといったらない。

極度の緊張状態で、心臓が口から出てきそうなぐらいバクバクしながらも、勇気を振り絞って手すりから手を離すと、足ががくがく震えだす。比喩でも何でもなく下を見ると背筋が凍り、全身がマンガのようにガクブル震え、立っていられなくなってしまうのだ。

「てるこ、恐怖が増すから下を見るな！ さっき白い線を引いた、地上にいると思え！」

あぁ、想像力の神様、助けてください！ 私は必死に自分に言い聞かせた。そう、私は今、地上にいるんだ！ 地上なら、白い線の所で立つなんてワケないじゃないか！

なるべく下を見ず、歯をグッと食いしばり、デイビッドの信頼に応えたい一心で、飛び込み台の先端までたどり着く。静かに深呼吸しながら息を整え、全神経をつま先に集中させる。両手を広げてバランスを取り、平衡感覚が整ったところで、私は、ええい！　と飛び込んだ。

ジャンプした途端、体は落ちていくのに、一瞬、まわりの景色にスローモーションがかかったように見える。次の瞬間、ドッボーンという大きな音と共に川面を突き破り、気がつくと私は、水面下、数mの深さまで沈んでいた。

足をバタつかせて川面まで泳ぎ、プッハーと顔を出すも、つ、つ、冷たい！　川の水は澄んでいるものの、まるで氷水のような冷たさだった。見た目にはおだやかに見えるのに、ネレトバ川はかなり流れがあり、元の場所まで泳いで戻るのに相当時間がかかってしまう。

なんとか岸までたどり着くと、体はバッテバテ。岩場で大の字になり、息をゼーハーしていると、デイビッドが言う。

「初めてにしては、まずまずだったな。俺が見込んだだけのことはある。でも、まだまだ恐怖心があるから、体が少し傾いてて、水しぶきが上がってるぞ」

私は息をハアハアさせながら言った。

「次は、もっと、うまくやれる。もう1回やらせて！」

「飛び込んで分かったと思うが、川の水は冷たく、流れも速い。岸まで泳ぐ度に、体力を消耗してしまう。本番までに体力と集中力を残しておくためにも、練習はあと2回だ。あと2

回で完璧なダイブができなかったら、スターリ・モストからの飛び込みはあきらめるんだ」

「たったあと2回！　分かったよ。次こそうまく飛び込むから！」

水分補給した後、再チャレンジに向かう。階段を上がり、飛び込み台の先端に向かおうとすると、2度目とはいえ全身に緊張がみなぎり、やはり恐怖に襲われてしまう。

「てるこ、いいか！　できないできないと思うから、できないんだ！　自分は絶対できると思え！　俺は、おまえを信じて、コーチを引き受けたんだぞ！」

「はい！　私はできる！　私は私を信じてる！」と自分を奮い立たせるべく大声で叫ぶ。

飛び込み台の先端に向かうべく、なんとか心を落ち着かせ、そろりそろりと足を運ぶ。てるこ、自分を信じるんだ！　何よりまず、おまえが自分を信じなくてどうする！　すべては自分自身を信じることから始まるんだ！

飛び込み台の先端までにじり足で歩を進めると、なんだかサーカスの綱渡りをしているような気分になる。先端にたどり着いた私は、深く深呼吸し、両手を広げて体のバランスを整え、思いきってダイブした。川にストーンと落ちた後、川面に顔を出すと、遠くから「ヒュ〜ッ」という歓声が上がった。どうやら、対岸の川べりでくつろいでいた観光客たちが、私たちの熱血レッスンを見ていたようなのだ。

泳いで戻り、岸の岩場で息をゼーハーしていると、デイビッドがやってきて言う。

「水しぶきも減って、さっきより随分よくなったぞ。よし、次が最後のダイブだ！」

ん？　見ると、デイビッドの鼻下から赤い血が垂れているではないか。緊張感あふれるこのタイミングで、なぜ鼻血!?　だがデイビッドは鼻血に全く気づいておらず、鼻息荒く言う。

「いいか、俺の話をよく聞け！」

「よく聞け！」って言われても、鼻の下から鼻血が一直線に流れているデイビッドを見ると、鼻血にばかり気を取られてしまい、言葉が頭に入ってこない。気持ちが張りつめ、メチャメチャ緊張しているというのに、ぶぶっと吹き出してしまい、笑いが止まらなくなってしまう。

「おい、ナニ笑ってんだ！　ふざけて飛び込んだら死ぬぞ！　もっと集中しろ！　落ち着いて俺をよく見るんだ！」

「集中しろ！」と言いながら、デイビッドは鼻血タラ〜ッ。「俺をよく見ろ！」って言われても、そんなまぬけな鼻血ヅラ、見てらんないよ！

「アハハ、その〜、ハハッ、は、鼻血が……」

「なに？　鼻血がどうした？　今は鼻血の話をしてる場合じゃない!!」

と言いつつ、ハッとなったデイビッドが鼻下に手をやると、手に真っ赤な血が付き、デイビッドの顔がみるみる真っ赤に染まる。

「なんてこった！　俺としたことが！　なんでこんなときに鼻血がっ！」

デイビッドは岩場にへたり込み、ヒザ立ち姿のオーマイガーポーズで頭と鼻を抱える。

「なんでって、私が聞きたいぐらいだよ！　『俺の話を聞け！』とか『俺を見ろ！』って言われても、鼻血タラ～じゃ、ちっとも話が頭に入んないよ！」

ティッシュを渡すと、デイビッドはティッシュの先を鼻の穴に詰めたものの、鼻の穴から白いティッシュがぶら下がり、ふわふわと風にそよぐさまは、どうしてもアホなまぬけ面。そのうち、鼻の穴まわりがじわじわ赤く染まりはじめ、まぬけ面はさらにヒートアップ。

「んも～、早くその鼻血止めてよ～。そんなアホ顔のコーチに見守られてたら、吹き出しちゃって、飛び込み台で集中できないよ～」

「アーッハッハ！」「ギャーハハハ！」とふたりで腹を抱え、岩場で体を転げつつ大笑いしてしまう。

ひとしきり笑った後、ようやく鼻血の止まったデイビッドが、笑い涙をぬぐいつつ言う。

「いや～すまんすまん。指導に熱が入りすぎて、興奮してしまったらしい」

「私に『落ち着け！』って言いつつ、デイビッドこそ、どんだけ興奮してんだよ～」

「ハハハ、こりゃ参ったな。よーし、気持ちを入れ替えて、最後のダイブだ。合格点をクリアできたら、その感覚を忘れないうちに、そのままスターリ・モストに直行するからな」

「うん、分かった。最後のダイブは、もっとうまくやれる気がする！」

私がそう言うと、デイビッドは私の肩をコーチっぽく叩いて言う。

「その意気だ！　無事スターリ・モストから飛び込めたら、今夜、一緒に祝杯をあげよう」

「わーい！　晴れ晴れした気持ちで師匠と乾杯したいから、私、頑張るよ!!」

デイビッドの気持ちが、心底うれしかった。今までの人生で〝師匠〟と呼べる存在の人がいなかった私にとって、デイビッドは初めての師匠のような気がした。私のポテンシャルを信じてコーチを引き受けてくれたうえ、こんなにも親身になって、鼻血が出るほど熱血指導してくれた人は人生で初めてなのだ。

3回目のダイブを終えると、向こう岸の観光客たちから「ヒュ～ッ！」「ナイスファイト！」と拍手喝采が沸き起こる。いつのまにか、私たちの熱血レッスンを見守る観光客の数は、かなり膨れ上がっていたのだ。川面から顔を出してガッツポーズを決めた私は、うれしさのあまり、喜びのバタフライまで披露してしまう。「いいぞ～！」と沸き立つ声を背に受け、体力の消耗も気にせず、ネレトバ川でもバタフライ！

岸に戻り、ゼーゼーしながら「どうだった？」と聞くと、デイビッドが満面の笑みで言う。

「てるこ、よくやった！　今の飛び込みは、本当に素晴らしかった。パーフェクトだ！　水しぶきの上がらない、ノースプラッシュだったぞ」

「マジで～!?　やった～!!」

前に蹴り出した時、実際には落下しているものの、一瞬、空中にふわりと浮かんだような気がして、自分的には不思議な浮遊感があったのだ。恐怖を克服できて気持ちにゆとりができた分、空を飛んでいるような気分になれたのだと思うと小躍りしてしまう。これが、最高に集中していながら、同時にリラックスしている状態＝〝ゾーン〟に入った感覚かぁ！

「よし、今の感覚を忘れないうちに、本番に向かうぞ！」「はい！」

デイビッドがスターリ・モストに向かってずんずん歩き始めたので、私も後を追う。威勢のいい返事をしたものの、はるか向こうにそびえる巨大なアーチ橋が目に入ると、8階建てビルの屋上に相当する高さから、本当に飛び込めるだろうか……と身震いしてしまう。

肩で風を切り、早足で歩くデイビッドの背中を見ながら、私の胸は不安で張り裂けてしまいそうだった。気持ちとしては、本当に、メチャメチャ飛び込みたいのだ。でも、それと同じくらい強い気持ちで、飛び込むのがメチャメチャ怖い自分がいた。

こんな意気地なしの私が25mからのハイダイブを成功でききんのか!? ほんの少しでも恐れを感じて、体のバランスを崩して飛び込んだら最後、首や胸を骨折して入院＆ギプス、下手したら命の保証もないのだ。

え、保険って入ってたっけ!? 運よくケガで済んだときは、クレジットカード付帯の海外旅行傷害保険があるか。傷害治療の上限っていくらだっけ!? にしても、ケガで入院となっ

美しいアーチ状のスターリ・モスト

熱血指導中のデイビッドコーチ

10mの台から、死ぬ気でジャンプ！

澄んだネレトバ川でバタフライ

たら、帰国翌日の講演や大学の講義はどうするんだ!?

　不安が不安を呼び、全身から血の気が引いていく。この期に及んで私の頭に浮かぶイメージは、ハイダイビングの成功ではなく、包帯でぐるぐる巻きになった自分のミイラ姿だという体(てい)たらく。これじゃあケガするのが前提で飛び込むようなモノではないか。

　あぁどうか、ハイダイビングが成功しますように！　この飛び込みがうまくいくなら、私はもう悪魔に魂を売ってもかまわない!!　と思って、ハッと我に返った。いやいや、魂を売っちゃイカンだろう。つーか、私はいったい何をしてるんだ？　誰に「やれ！」と言われたわけでもないし、テレビ番組の罰ゲームでもないのに、私が勝手に「もう飛び降りるしかない！」と、自分で自分自身を追いつめてしまっている気がしてくる。

　ふと、チェコで泊まった日本人宿「民宿桐渕」のオーナー、賢二さんが掛けてくれた言葉が蘇ってくる。賢二さんは別れ際、私の旅を案じて、「てるこさん、植村直己みたいにならないよう気をつけてね。冒険家は『もっと凄いことをやって人を驚かせたい！』と思ってどんどん過激になって、引き返せなくなってしまう。絶対、無理しちゃいけないからね」と言ってくれたのだ。あのときは、冒険家でもない私にそんなことを言うなんて賢二さんは心配性だなぁと笑い話ぐらいに感じていたのに、あの言葉は今日のためにあったんだろうか……。

　いや、でも、ここまできて、こんなに練習も頑張ったのに、デイビッドもあんなに一生懸命に教えてくれたのに、今さら飛び込まないなんてあり得ない！

「今から飛び込むと伝えてくるから、ちょっとここで待っててくれ」

ダイバーズ事務所まで戻ると、デイビッドはそう言って、事務所の中に入っていく。

橋から川面を眺めていると、ダメだ、やっぱりこの高さは無理かも……と弱気になってくる。デイビッドが初めに言ったように、あと4日、毎日練習して、10mの飛び込み台の先端で全く動じなくなり、恐怖を完全に克服することができたら、スターリ・モストからも飛び込めるような気がする。でも、今日の今日は、さすがに早すぎるかもしれない。このまま飛び込んだら、ケガをするような気がしてならなかった。

でも、この期に及んで、やめるなんて言えない!! デイビッドも太鼓判を押してくれたのだ。デイビッドが私を信じてくれているんだから、私が自分を信じなくてどうする！

あぁ、ホントは気が小さい小心者のクセに、調子に乗るとその反動で大きく出てしまう自分の性格が恨めしかった。こうなったらイメトレしかない！ 私は呪文を唱えるかの如く「私はできる！」「私はやれる！」とブツブツ言いながら自分に暗示をかけるのに必死だった。

飛び込む決心が鈍るから、デイビッド、早く出てきて!! 祈るような気持ちで待っていると、事務所から厳しい表情のデイビッドが出てきて、言い難そうに切り出す。

「てるこ、すまない!! 俺は、てるこが10mから完璧なダイブができたことを伝えたんだが、猛反対に遭って、『飛び込みは許さん！』と言われてしまったんだ……」

その言葉を聞いて、私は腰が砕けそうになり、その場にへたり込んでしまった。人生史上マックスで、ピーンと張りつめていた緊張の糸が切れ、放心状態になる。

「事務所のみんなが、てるこの最後のダイブを見ていたら、絶対、納得してくれたと思うんだが……。でも、みんなも、おまえの身を案じてこその結論なんだ。どうか分かってくれ。おまえは本当によくやったよ。てるこは、俺の自慢の弟子だ。外国人の弟子も女の弟子も初めてだが、俺はてるこを誇りに思うぞ」

ぐったりしている私を励まそうと、デイビッドが思いつく限りの言葉を掛けてくれる。そんなふうに言われると、自分が本当は意気地なしのビビリで、「飛び込む勇気がない」と喉元まで出かかっていたことを告白せずにはいられなかった。

「デイビッド、違うんだよ。飛び込みの許可が出なかったことで、ホッとした自分がいたんだよ。飛び込めないのが悲しいんじゃなくて、恐怖を完全には克服できなかった白分が情けないんだ。みんなに反対されたのに、デイビッドだけは『おまえなら飛び込める気がする』って言ってくれて、私を信じてくれたのに……」

期待に応えられなかった自分が、情けなくて悔しくて仕方がなかった。自分への腹立たしさと同時に、プレッシャーから解放された安堵感が相まって、涙がこみ上げてくる。

「泣くな、てるこ。おまえが勇敢なサムライなことは、俺が認める。おまえは正真正銘の、ラスト・サムライだ！」

え、ラスト・サムライ!?　映画のタイトルみたいっていうか、アメリカの映画名まんまじゃん！　と心の中でツッコミつつも、知っている日本語を駆使して称えてくれるデイビッドの優しさが身に染みる。誰にほめられるより、自分の尊敬する師匠にほめてもらえたことが、私は何よりもうれしかった。

「うん、やれるだけのことをやったから悔いはないよ。デイビッド、突然やってきた私に長時間付き合ってくれて、本当にありがとうね」

私が鼻水をすすりつつ言うと、切り替えの早いデイビッドが言う。

「湿っぽい話は終わりだ。さ、とっとと着替えて、祝杯をあげに行こうぜ！」

「でも私、スターリ・モストから飛び込めなかったし……」

私が顔をしかめて言うと、デイビッドが私の頭をポンポンと優しく叩いて言う。

「てるこは今日、本当によく頑張ったんだ。たった3回のダイブで、10mの高さからノースプラッシュでダイブできるようになるなんて、めちゃめちゃスゴいことなんだぞ。俺がオリンピックの審査員なら、満点つけてたよ」

「うう、師匠～!!　私も今日は、デイビッドとパーッと呑みたい気分だよ！」

気持ちのスイッチを切り替え、デイビッドの行きつけの店に向かうと、着いた先はネレトバ川だった。見ると、川べりに素朴な食堂があり、河川敷に簡素な木製テーブル&ベンチが置いてある。地元の人しか来なさそうなローカルな雰囲気満点で、スターリ・モストが見渡せる最高の場所ではないか。

「うっわ〜。モスタル一の、素晴らしいロケーションだねぇ！」

「だろ〜？　俺は世界で一番、この風景が好きなんだ」

デイビッドと長い付き合いだというヒゲ面の渋いじいさんが、酒とツマミを運んできてくれる。ガラスのとっくりには透明の酒が入っていて、小さなグラスで乾杯する。

「これは果実から造る蒸留酒『ラキヤ』で、40度以上ある酒だ。バルカン半島の南スラブ人にとって国民的な飲み物で、客を歓迎してもてなすときは、このラキヤと決まってるんだ」

冷え冷えのラキヤを呑んでみると、くぅ〜っ!!　体が一気に燃えて熱くなり、芳醇な香りが口の中にふわっと広がる。

「国民的な飲み物と言っても、ムスリムは酒を呑まないでしょ？」

「バルカン半島のムスリムは、戒律が厳格なアラブ諸国とは違って、酒を呑む人が多いんだ。豚肉は食べないけどな」

アルミの丸皿に、トマトの輪切り、チーズ、イチジク、トールシ（バルカン半島や中東で

内戦の弾痕が残るモスタルの街

ダイビング事務所の優しい奥さん

ネレトバ川沿いの青空バーで、師匠デイビッドと乾杯！

定番のピクルス）がドカッと載っかっていて、東欧らしいざっくり豪快な盛りつけだ。

「ラキヤとトマトは、最高の組合せだぞ～。酒を呑むときは、少しずつツマミを食べるんだ。何も食べないと酔いが回っちまうし、胃を荒らすことになるからな」

死の淵から蘇ったような気分の今、酒のうまさはひとしおだった。思えば、バスを降りた昼すぎから、怒濤の6時間。モスタルに着いてからというもの、全身打撲とか溺死とか悪魔に魂を売るとか売らないとか、頭に浮かぶワードが物騒すぎたのだ。

まったく何やってんだか、と自分にツッコミつつも、こうやってデイビッドと笑顔で酒を酌み交わせる「今」にたどり着いて、本当によかったなぁとしみじみ思う。

ふとデイビッドの組んだ足を見ると、ふくらはぎから足首にかけて、大きな古傷がいくつもあるのが見えた。皮膚がめり込んでいるような深い傷跡で、なんとも不自然な傷だ。

「ね、この傷、どうしたの？　子どもの頃に大ケガでもしたの？」

デイビッドは「ま、そんなとこさ」と言い、急に口が重くなったので、話題を変えてみる。

「デイビッドにきょうだいは？　家族もモスタルに住んでるの？」

「俺にきょうだいはいない。紛争中、家族でベルギーに亡命して、両親は今も向こうにいるよ。俺は故郷のモスタルで生きたいと思って、少し前に俺ひとりだけ戻ってきたんだ」

デイビッドが、イチジクの実をむさぼりながら聞いてくる。

「それはそうと、てるこはいくらなんだ？」「へ？　今なんて⁉」

目がテンになった私が即座に聞き返すと、デイビッドが顔を真っ赤にして首を振る。

「すまん！　言い間違えた。俺は英語が一番苦手なんだ。てるこは何歳だ？」「41歳だよ」

「ほぅ～、41だったのか！　ガッツあるな。俺よりも年が下かと思ってたよ」

考えてみれば、デイビッドは私の年も聞かずに、コーチを引き受けてくれたのだ。年齢にも性別にもとらわれないデイビッドは、「自由人」という表現がピッタリの人だなぁと思う。鼻血を出したり、言い間違えたりする人間臭いところはあるものの、デイビッドは32歳だとは思えないほど、どっしりした落ち着きっぷりなのだ。

「さっき、外国人に道を教えてたけど、デイビッドは英語以外の言葉も話せるの？」

旧市街を歩いていたとき、デイビッドは、道に迷っている白人夫婦や若い旅行者たちに気さくに声を掛け、「そこに行くなら、こっちの道が早いよ。この先を右に……」という感じで、行き方を丁寧に教えていたのだ。

「フランス語やドイツ語で道に迷ってる会話が聞こえてきたから、案内しただけさ」

聞くと、デイビッドはこう見えて、6ヵ国語（英語、セルビア語、アラビア語、フランス語、オランダ語、ドイツ語）が話せるのだという。フランス語とオランダ語とドイツ語はベルギーの公用語だから分かるにしても、デイビッドはなぜ、セルビア語とアラビア語の両方

が話せるんだろう⁇

あぁ、デイビッドの民族がチョ〜気になる！　必要な箇所だけちぎって持ってきた『地球の歩き方』のボスニア編には「所属民族を聞くことは非常に失礼なことなので、絶対に口にしないこと」と書いてあったので、おいそれとは聞けずにいたのだ。その人のアイデンティティを聞くことが失礼になるなんて！　と思いつつも、この国でそれを聞くのは、相当センシティブな問題なのに違いなかった。

ユーゴ崩壊後、各地で紛争が起きて始まった「ユーゴスラビア紛争」。中でもボスニアは、セルビア正教（キリスト教の教派）を信じる「セルビア人」、イスラム教を信じる「ムスリム人（＝ボシュニャク人）」、カトリックを信じる「クロアチア人」という、3つの民族が住んでいる国。ユーゴ時代は仲良く共存していた3つの民族が互いに戦い、三つどもえになったのが、ユーゴスラビア紛争の中でも最も悲惨な紛争になった「ボスニア紛争」なのだ。

民族は聞かず、「その〜、なんでセルビア語とアラビア語が話せるの？」と聞いてみる。

「俺の父さんはセルビア人、母さんはムスリム人なんだ」

「え、デイビッドの両親、宗教の違う異民族なのに結婚したんだ⁉」

「当時はごくフツーのことだったんだ。チトーは〝民族融和〟のポリシーを掲げて、異民族間の結婚を奨励してたからな。映画監督のエミール・クストリッツァは分かるか？　彼は俺と同じで、両親がセルビア人とムスリム人なんだよ」

「『黒猫・白猫』とか『ジプシーのとき』等、大好きな映画だよ。彼の映画はあんなにもエネルギッシュなのにどこか哀愁が漂っているのは、ユーゴ内戦の影響もあるんだろうねぇ」

「旧ユーゴの中で、3つの民族がバランスよく共存していたのは、このボスニアだけだったんだ。コスモポリタン（国際人）な文化が自慢だったよ。特にこのモスタルは、ユーゴが崩壊するまでは、3つの民族が本当に平和に暮らしてたんだ」

あぁ、やっと分かった！「6つの共和国」があった旧ユーゴには、中心となる「5つの民族」が住んでいた。ユーゴ崩壊後、クロアチア人が独立してクロアチアを作り、スロベニア人が独立してスロベニアを作る等、「民族名を称した国」として独立した。

ところが、ボスニア・ヘルツェゴビナには固有の民族が存在せず、3つの民族が共存している国だったので、独立するにあたって勢力争いが泥沼化したようなのだ。

デイビッドは顔を曇らせて言う。

「紛争は信じられない悪夢だった。昨日まで友だちだった人やご近所だった人たちと殺し合うなんて想像できるか？　1日7千回も爆撃があって、街も人の心もボロボロになったよ」

同じ街で仲良く暮らしていた人同士が、突然、殺し合うようになるなんて……。デイビッドは、当時13歳。思春期の真っ只中に、殺し合う大人たちの姿を見て、どれだけ人間不信になったかを考えずにはいられなかった。

1992年から3年半続いたボスニア紛争は、死者27万人（!）、人口の半数の200万人が難民・国内避難民になったのだという。敗戦後の日本で生まれ育った私にとって、戦争といえば、湾岸戦争（1991）にしてもイラク戦争（2003〜2011）にしても、ミサイルでの空爆をテレビゲームのように映し出す、現実感のないものばかり。まさか、旅先で出会った同世代の人から、生々しい戦争体験を直に聞くなんて、想像もしていなかったのだ。

「デイビッドは、ユーゴのことをどう思ってたの？」と聞いてみる。

「俺はユーゴを愛してたし、自分のことを『ユーゴスラビア人』だと思ってたよ。でも、俺の愛する祖国は、永遠に失われてしまったんだ」

「悲しいね……。でも、同じ国に住む人が、なぜ民族が違うだけで戦争を始めたの？」

「民族が違うといっても、見た目に差はないし、言葉も変わらない。ユーゴスラビアは『南スラブ人の国』という意味で、元々はみんな同じ『南スラブ人』なんだ」

「ユーゴスラビアの人たちってみんな、ルーツは同じだったんだ！」

南スラブ人の中で、正教を信じるようになった人が『セルビア人』のアイデンティティを持つようになり、カトリックを信じた人がクロアチア人に、イスラム教を信じた人がムスリム人になったというのだ。

「宗教が違うといっても、〝唯一神〟を信仰している一神教だから、キリスト教もイスラム教も同じ神さまを信じているのに。なんで争うんだろうねぇ……」

「さっき俺の足の傷を見て、『ケガ？』って聞いたろ。じつはこれ、ケガじゃないんだ」

デイビッドはTシャツを脱いで言った。

「俺はこの傷がコンプレックスで、ふだんは隠してるんだ。理由を聞かれるのも嫌だから」

さっきは飛び込みに必死で気がつかなかったものの、デイビッドの脇腹には大きな4本の傷跡があった。〝ひどいミミズ腫れ〟では済まない、鋭利なモノで切られたような深い傷跡だ。胸毛で隠れているものの、目を凝らすと胸にも小さな傷が無数に残っている。よく見ると、腕毛に覆われた前腕にまで、深い切り込みのような傷跡が幾つもあるではないか。

「ふくらはぎの傷も、胸や腕の傷も、本当は……戦争中に拷問されたときの傷なんだ」

「ご、拷問って、どういうこと!?」

思わずスマホ検索し、単語の意味を間違えていないか確認してしまう。生まれて初めて「拷問されたことがある」と打ち明けられた私は、心臓が縮み上がってしまった。

デイビッドは感情的にならずに、淡々と話してくれる。

「俺が14歳のときのことだ。ある日、家にひとりでいたとき、セルビア人の兵士たちがやって来て、『お前の父親はどこに隠れた!?』と問いつめられたんだ。俺の父さん（セルビア人）

は絵を描くアーティストでとてもおだやかな人なんだけど、戦争が始まって、父さんは同じセルビア人から『戦争に加わって戦え！　妻も妻の家族も殺せ！　異民族は皆殺しにしろ！』と言われて、無理やり連行されていた。でも、平和を愛する父さんは、母さんが属するムスリム人も、隣人だったクロアチア人も殺したくなかったから、連行された場所から逃げだして山に隠れていたんだ」

心臓の鼓動がどんどん速くなる。私のキャパをはるかに超えるような、あまりにも恐ろしい展開に、思わず想像力の扉を閉じたくなってしまう。

「兵士たちに連行された俺は、上半身裸にされて両足首を縛られた。そして、逆さ吊りにされて、『父親の居場所を言え！』と脅されたんだ。でも俺は、父さんが連行されたことも逃亡したことも知らなかったから、『自分は何も知らない』と言い続けた。

まぁもし知っていたとしても言わなかったけど、俺は子どもだったし、本当に何も知らなかったんだ。兵士たちは何度も何度も俺の体をナイフで切りつけ、顔を鈍器で殴った。手の爪も剝がされて、俺は幾度となく気を失ったよ」

言葉がなかった。14歳の、日本なら中学2年の、まだまだあどけない子どもに、そんな惨いことができるなんて……。14歳のデイビッドは、どれだけ恐ろしくて、どれだけ痛くて、どれだけ辛かったかを想像すると、胸をえぐられるような気持ちになる。

でも、それが戦争なのだ。「自分が正しい」と思えば、正義の名の下に、どんな残虐なこともできてしまうのが戦争の現実なのだ。

「……それで、どうなったの？」

「家の近くに放っておかれたんだ。殺されなかっただけマシだったよ。全身血だらけで顔が腫れ上がった俺を見て、母さんは泣き崩れた。俺は気を失って、5日間起き上がれなかったよ。抵抗力が落ちてて出血も酷かったから、本当に死にかけたんだ」

リンチされてボコボコにされたデイビッドを思うと、胸が張り裂けそうになる。息子を守ってやれなかったお母さんも、自分が逃亡したせいで息子が拷問されたことを知ったお父さんも、どれだけ自分を責めたことだろう。ひとり息子を半殺しにされた姿を見たときの両親の悲しみを想像すると、涙があふれて止まらなくなる。

私はデイビッドのふくらはぎの痛々しい拷問痕に手を当てて言った。

「デイビッドが生きててくれて、本当によかった。生きてててくれないと、今日、こんなふうに出会うこともできなかったから……」

「おまえは、俺のために泣いてくれてるのか」

「だって、人間が人間に、しかもまだ14歳の子どもに、こんなことができるなんて……。でも、それが戦争なんだね」

デイビッドの話は、あまりにも重すぎた。クロアチアの記念館で戦争のリアルを知ったつもりでいた自分が恥ずかしかった。授業でユーゴ紛争が出てきたときには、「こんな遠い国で起きた戦争のことなんて興味ねー。知らない国のややこしい歴史を知って、何の意味があるんだよ」ぐらいに思っていた。それは、「知らない国で起きた、知らない戦争」が、「私の仲良くなった大事な人が、子どものときにこんな目に遭わされた戦争」になった瞬間だったのだ。

ボスニアで起きた悲劇が、戦争の凄まじい現実が、胸を締めつける。デイビッドの体も心もズタズタに切り刻んだ戦争。もう本当に、誰にもこんな目に遭ってほしくない！

「俺はいまだに迷彩柄を見ると、拷問を思い出して、吐き気を催してしまう。人が住んでる所は安全だけど、ボスニアには今もたくさん地雷が埋まってるんだよ」

弾痕は残されていても、はた目にはモスタルは平和そうに見える。生命力に満ちているデイビッドは、誰よりも元気に見えた。街の復興は少しずつ進んではいても、人の心の奥底には、紛争の傷跡がこんなにも残されているのだ。

デイビッドのむごすぎる実話を聞いてしまうと、日本でよく使われている「地雷を踏んだ」とか「弾丸ツアー」とかいう表現は、デリカシーに欠けた言葉だったんだと思わずにはいられなかった。たとえばもしどこかの国の人が、日本人が「地雷を踏む（触れてはいけないものに触れる)」と表現するようなことを、「原爆を落とす（落としてはいけないものを落とす)」と表現していたら、どれだけ嫌な気持ちになるだろうと思う。

クロアチア旅の道中、セルビアの悪口を聞かされてきた私は聞いてみた。

「ユーゴ紛争中、『セルビア人が〝民族浄化〟を行っている』と報道されてたのを知ってる？」

当時〝民族浄化〟というセンセーショナルな言葉を聞いて、私は衝撃を受けたものだった。本来はポジティブな「クレンジング（汚れ物を洗う)」という言葉を「民族を除去する」という意味で使われたことが、ナチスの〝ユダヤ人狩り（大量虐殺)〟をイメージさせたからだ。

「いろんなデマや噂が流れてたし、みんなおかしくなってたんだ。戦後、明らかになったのは、ボスニア政府が頼ったアメリカの大手広告代理店（ルーダフィン社）に国際世論が情報操作されて、『セルビア人＝加害者』という偏ったイメージが広まってたってことさ。ユーゴ紛争は、どの民族が悪いとかいう話ではないと思うよ」

そうだったんだ……。当時は「ユーゴ紛争は全部セルビアが悪い」と繰り返し報道されていたものの、クロアチア人やムスリム人が残虐行為を行った過去もあるのだという。世界の情報というと、日本では「アメリカに都合のいい国際世論」ばかり流れてくるけれど、アメリカは〝戦争ビジネスのプロ〟。ボスニア紛争は、圧倒的な力を持つ米国ＰＲ企業に、セルビアが負けた「情報戦争」でもあったのだ。

デイビッドはしみじみ言う。

「ユーゴの民族は、みんな同じルーツを持つ〝似た者同士〟だ。だが、欲に満ちた権力者たちに〝民族意識〟を焚き付けられて、〝小さな違い〟が許せなくなり、団結を煽られるうちに泥沼の戦争になったんだ。権力者たちが始めた〝陣取り合戦〟に巻き込まれて、犠牲になったのは無力な庶民だよ」

いつだって、戦争を始めるのは庶民ではなく、一部の権力者たちだということ。家族や友人を失い、住む家を失い、祖国を失い……失うものばかりで、庶民が戦争で得るものなど何もないのだ。

「紛争中、スターリ・モストも、クロアチア軍に破壊されたんだ。クロアチアの民族主義者が、オスマン帝国のもたらしたイスラム的な文化を排除するべきだ！　とけしかけたから」

「あんなに大きな橋まで破壊されたんだ……。でもさ、そんなこと言い出したら、バルカン半島の人たちが大好きな国民食、チェバプチチも食べられなくなるよ？　って話だよね」

「ハハッ！　確かに。チェバプチチも、トルコ文化がもたらした食べ物だからなぁ」

ヨーロッパの隣接した国同士は、歴史的に影響を与え合っていて、「食べ物や言葉、文化も似ているから仲がいい」と思ってしまいそうになるけれど、フランスvsドイツ等、隣接している国同士ほど過去に争った歴史があるのだ。

「日本も、お隣の中国や韓国とよくモメるんだけど、ユーゴの国々と同じで、長い歴史の中では、ケンカしたこともあれば、蜜月だったときもあるんだよね。日本がアフリカの人とは戦争しないことを考えると、地理的に近い国同士は、ルーツの近い親戚みたいなもので、お互いをよく知っているからこそ、近親憎悪でときどきモメるんだと思うよ」

ルーツをたどれば、中国大陸や朝鮮半島に住んでいた人たちが渡来し、縄文人と混血しながら拡散したのが〝今の日本人〟なのだから、日本人や日本の文化が形成されるまでに渡来人の存在は必要不可欠なのだ。韓国に関しては、天皇陛下（現在の明仁上皇）も以前、2002年のサッカーのワールドカップ日韓共同開催について聞かれた記者会見で、百済の渡来人の子孫を天皇家の嫁として迎え入れていた「韓国とのゆかり」発言をされている。

「日本と韓国の人々の間には、古くから深い交流があったことは、日本書紀などに詳しく記されています。韓国から移住した人々や招聘された人々によって、様々な文化や技術が伝えられました。（中略）こうした文化や技術が、日本の人々の熱意と韓国の人々の友好的態度によって日本にもたらされたことは、幸いなことだったと思います。日本のその後の発展に大きく寄与したことと思っています。私自身としては、桓武天皇の生母が、百済の武寧王（第25代の王）の子孫であると、続日本紀に記されていることに、韓国とのゆかりを感じています」

（＊宮内庁公式サイト・平成13年12月18日　天皇陛下の記者会見より）

〝民族浄化〟を言い始めたら、本当にキリがない。たとえば日本なら、渡来人が日本にもたらした米（稲作）や、漢字、仏教、絹、焼物、鉄製品等……すべて捨て去って、縄文時代に戻るしかなくなってしまう。先祖を大事にするのと同じ気持ちで、自分たちのルーツでもある中国や韓国と仲良くできればいいのに、と思わずにはいられなかった。

「アフリカが人類誕生の地であることを思うと、世界中の人は全員、アフリカ出身。みんな、アフリカから世界中に散らばって混血の果てに生まれたんだから、純粋な民族、混血してない民族なんて存在しないのにね。今は白人とかアジア人とかいろいろいるけど、たった20万年前までは全員アフリカ人で、元をたどれば、〝共通の祖先〟にたどり着くんだよ」

「祖先が同じってことは、『南スラブ人はルーツが同じ』どころか、世界中の人はルーツが同じなのか！　〝人類みんなきょうだい〟は、生物学的にも正しいんだな。その事実を、子どもの頃から学校教育でもっと徹底して教えれば、戦争をする理由がなくなるのにな」

大人になると、互いの〝小さな違い〟が原因で戦争を始めることを思うと、人類のルーツに敬意を払うべく、世界中の人が人生で一度はアフリカを巡礼旅すればいいような気がする。実際の旅が難しければ、映像を見ながらのバーチャル旅でもいい。どんな形でもいいから、人類として生まれたからには、私たちの先祖を育んでくれた大地に、一度は御礼参りをしてみてほしい。そして、アフリカで生まれた人類は、いろんな土地でいろんな個性を育んできたけれど、みんなルーツは同じなんだよ、と腹の底から学べたらいいのに！

それにしても、こんなにもめたボスニアは、戦後、どうやって国を運営してきたんだろう。

「ね、ボスニアの国のトップは、どの民族の人なの？」

「国のトップは、8ヵ月ごとに、3つの民族の代表者が交替しながら務めてるんだ」

「へ〜っ、この世にそんな国があるとは！」

でも確かに、ある民族の政治家がトップであり続けたら、3民族のバランスが崩れ、また紛争が起きかねないのだ。

ボスニアでは民族の住み分けが進み、かつては3民族が仲良く暮らしていたモスタルも、民族が分断されてしまったのだという。セルビア人の多くは街を離れ、今ではセルビア人居住区へと移住。残った2民族は、ネレトバ川を挟んで東側にムスリム人、西側にクロアチア人が住んでいて、対立感情が根深いために交流はほとんどないというのだ。

「元々同じルーツで、同じ街に住んでるのに？」

「ま、スターリ・モストの修復も時間はかかったけど、昔のように観光名所として復活できたんだ。人と人も少しずつ歩み寄っていけると、俺は信じてるよ」

「このモスタルでは、毎年飛び込み大会が開催されてるんだよね。スターリ・モストが、本当に〝平和の架け橋〟になるといいねぇ」

「あぁ。俺も、名物のハイダイビングで、町おこしができたらと思ってるんだ。ボスニアのサッカーチームも、戦後はムスリム人だけだったのが、ようやく3民族のナショナルチームになった。モスタルもボスニアも、まだまだこれからなんだよ」

まだまだこれから。まっすぐで、いい言葉だなぁと思う。「発展途上国」というと「遅れている国」とイメージしがちだけど、伸びしろがある、伸び盛りの国ということなのだ。私も生きている限り、〝発展途上人間〟でいたいな。自分はもう「発展し尽くした」なんて思ったら、生きている甲斐がないし、ちっとも面白くないもんな。

「デイビッドは、何か宗教を信じてるの？」と聞いてみる。

「俺はどの宗教も信じてないから、どの民族にも所属してないよ」

「じゃあ、デイビッドは、モスタルのどっち側に住んでるの？」

「どっちでもない。俺はネレトバ川の真ん中に住んでるんだ」「え？　どういうこと？」

「川の河川敷に、テントを張って寝てるんだよ。俺は、アパートにいると息が詰まるんだ」

真冬はさすがに寒さが厳しいので、荷物置き場にしている安アパートに泊まるものの、それ以外の時期は、デイビッドはテント暮らしをしているというのだ。

「てるこを特別に俺のテントに招待するよ。腹も減ったし、何か食いもんを買って行こう」

デイビッドはそう言いつつ、ぼろい財布の中をのぞくと、肩をすくめて言う。

「すまんが金がない。10ユーロくれ」

「わ、指導料を払うの、すっかり忘れてた！　それに、さっきからごちそうになりっぱなしだし」と私が20ユーロ渡そうとすると、デイビッドは10ユーロだけ受け取って言う。

「じゃ、有難くもらっとくよ。今日の酒はてるこの祝い酒だから、俺におごらせてくれ」

「フヴァラ（ありがとう）！」

精一杯もてなそうとしてくれるデイビッドに失礼だと思ってお金をしまったものの、手元に10ユーロもないなんて、デイビッドは本当にその日暮らしなんだなぁと思う。

デイビッドが、得意の早足でどんどん歩きだしたので、私も後についていく。

夕闇に包まれる頃の、レトロな旧市街を歩く。モスタルは、ドブロヴニクからの日帰り客が多いらしく、昼のにぎやかさがウソのようだった。世界中の観光客であふれかえっていたのが、住人だけの時間になり、街は静かな安らぎに包まれている。

オレンジ色の灯りに照らされ、夏祭りの夜店のような雰囲気の街並み。どこからか漂ってくる、スパイスの香り。露店に並ぶ、色鮮やかなトルコ石のお土産。安堵の表情で帰路につく、家族連れの笑顔。一日の中で一番ホッとする夕暮れどきは、戦争の傷跡が今も残ってい

ると は信じられないほど平和に満ちていた。

デイビッドの行きつけの店で、バルカン半島の名物パイ「ブレック」のひき肉とチーズ入り&トマト煮込み入りの2種類、ビスケット等のお菓子を買い込む。

公園でアツアツのブレックをほおばっていると、痩せた少年が声をかけてくる。デイビッドは少年と親しげに話すと、ビスケットと小銭を渡し、少年の肩を優しくポンポンと叩く。

「食べ物とお金を分けてあげるなんて、デイビッド、優しいねぇ」

自分もその日暮らしの生活なのに、デイビッドの助け合いの精神にジーンとしてしまう。

「バルカン半島は本来、とてもオープンな風土なんだ。なんでもシェアし合うのさ。それに、彼はジプシーだからな」

「そうだったんだ。私、映画『ガッジョ・ディーロ』を見てその生命力に憧れて、撮影地ルーマニアの村まで行って、ジプシーの家にホームステイさせてもらったことがあるんだよ」

（＊「ジプシー」とは、インドを起源とし、世界中に散在する移動民のこと。近年、「ロマ民族」という呼称が広まりつつありますが、「ジプシー」と呼ばれる人びとすべてが「ロマ」と呼ばれることを望んでいるわけではありません。「♪ボッラーレ、オッオッオ〜」という大ヒット曲で知られる世界的なジプシーバンド『ジプシー・キングス』が、「ジプシー」をポジティブな呼称に変えていきたいという意志を込めてバンド名をつけていることに倣（なら）い、私も敬意を込めてこの敬称を使います）

「ユーゴ紛争当時、元々差別されていたジプシーも迫害の対象になったんだ。アジアとヨーロッパの混血であるジプシーは見た目で分かるから、本当に酷い目に遭わされたんだよ」

このヨーロッパ旅の道中、ジプシーを差別せず、優しく接する人を見たのは、デイビッドが初めてだったような気がした。ジプシーのことが話題に出ると、みな、あからさまに嫌な顔になったのだ。デイビッド自身、ふたつのルーツを持つ〝マイノリティ〟なので、虐げられてきたジプシーに対する眼差しが優しいんだろう。

日はすっかり落ち、夜のとばりが街を包んでいる。旧市街の小道から川原に降りると、スターリ・モスト周辺がライトアップされているのが見える。東洋と西洋の文化が混在する街並みが、夜の闇に浮かび上がっている。モスタルの幻想的な夜景をネレトバ川が映し出す姿は、ファンタジックでたとえようもなく美しかった。

しばらく河川敷を歩くと、小さなテントがぽつんと置いてあった。中をのぞくと、必要最低限の衣類や毛布が置いてあり、本気モードのテント暮らしに度肝を抜かれてしまう。

デイビッドが両手を広げ、大きく伸びをしながら言う。

「見てみろよ！　俺は毎日、世界遺産を独り占めしてるんだぜ。月、太陽、山、川、木々……自然に満ちたここには何でもある。強いて言うなら、俺の神さまはこの自然だ」

「分かるよ〜。私もこういう、自然の大いなる存在、〝サムシング・グレート〟が神さまだと思ってるもの」

教会やモスクで祈る人たちの姿を見ると、確かに〝宗教のもたらす安らぎ〟はあると思う。それでもいつの日か、宗教のいらない世界になるんじゃないかと私は思っているのだ。


真っ暗闇の川辺で、デイビッドと酒を酌み交わす。夜空を見上げると、ほぼ満月のお月さまが川面を照らしていて、ボスニアで月見酒とはオツだなぁと思う。

時間があまりにもゆったり流れるので、つい時間を忘れて話し込んでしまう。時計を見ると11時すぎ。宿のおねえちゃんは心配してるだろうな。こんなに遅くなるとは思いもせず、私は彼女の携帯番号も聞かずに外出してしまったのだ。

「デイビッド、私、今日はフツーの宿じゃなくて、プライベートルームに泊まることになってるんだ。宿のおねえちゃんが心配してるだろうから、そろそろ帰るわ」

私がそう言うと、デイビッドが強く引き止める。

「心配すんな。いい大人なんだし、外で呑んでるんだろうな、ぐらいに思ってるって。帰るときは宿まで送ってくから、まぁリラックスして呑めよ」

そうは言ってもやっぱりそろそろ帰らないとなぁと、腰を上げようとしたそのとき、デイビッドがこれ以上ない真面目な顔になって言う。

橋のたもとには「(橋が破壊された)1993年を忘れるな」の石碑

幻想的で美しいモスタルの夜景

「じつは……、俺は、人を殺したことがあるんだ」

あまりにも突然の告白だった。デイビッドの人生に、いったい何が起きたんだろう……。衝撃ではあったものの、相手がデイビッドだからか、暗い川原にふたりっきりというシチュエーションでも、不思議と怖くはなかった。怖いというよりは、むしろ、(子どもの頃におぞましい拷問にかけられて〝暴力の破壊力〟を徹底的に刷り込まれていたら、人から再び凄まじい暴力を受けたときに、暴力を解決手段にしてしまうのも分からないではない)と思ってしまう自分がいたのだ。

心がザワつきつつも、私はなんとか平常心をキープして聞いた。

「誰を、なぜ殺したのか、話して」

デイビッドは静かにうなずき、ぽつぽつと話し始める。

「ユーゴ紛争が終わった6年後のことだ。当時、俺たち家族と同じようにベルギーに亡命したボスニア難民は5千人以上いて、その中に、難民のリーダーみたいなセルビア人のボスがいたんだ。戦争中、ムスリム人やクロアチア人を殺した戦犯から逃れた男で、早い話、マフィアのボスみたいな人間だ。俺たち難民はみな、言葉も分からず、慣れない生活の中でボスの世話になってたし、彼は俺にとって父のような頼りになる存在だったんだ」

「そんなに世話になってた人を、どうして……」

「ある日、ボスは俺のルーツに関わることで、人間としての誇りを踏みにじるようなことを言って、俺を思いっきりビンタしたんだ。19歳だった俺はまだ子どもだったから、彼をどうしても許せなかった。自分のことはどう言われてもいい。でも、両親のことを侮辱されて……俺は、俺は、それだけは絶対許せなかった。激しい怒りがこみ上げて頭に血がのぼって、気がついたら彼を殺してしまっていたんだ」

デイビッドはどんな侮辱を受けたんだろう。戦いを拒否して逃亡した父を〝意気地なし〟〝裏切り者〟と言われたんだろうか。いや、そういった言葉は、兵士たちに拷問されたときに散々浴びせられたと言っていた。とにかく、両親のルーツを誇りに思うデイビッドにとって、ボスの言葉は許しがたいもので、人間としての尊厳を踏みにじられたというのだ。

「彼をどうやって殺したの？　拳銃とか？」と聞くと、デイビッドは言葉少なに言った。

「……聞かない方がいい。気持ちのいい話じゃないから」

銃以外の方法に違いなかった。逆上して殺したということは、その辺にあったものが凶器だから一撃では事切れず、「聞かない方がいい」ぐらい残忍な殺し方だったのかもしれない。こんなにも面倒見がよくて、誰に対しても分け隔てなく優しいデイビッドが、人を傷つけずにはいられないほど鬱積（うっせき）した闇を抱えていたなんて……。

「それでどうなったの？」

「俺はすぐに自首した。逮捕後、初めの3年間は、国際刑事警察機構（インターポール）（国際的な犯罪防止のために世界の警察で構成された国際組織）の管轄でフランスに勾留されてたんだ」

「イ、インターポール!?」

インターポールなんて『ルパン三世』に出てくる銭形警部のセリフ「インターポールの銭形だ」で知った言葉で、実生活で聞いたのは初めてのこと。デイビッドは難民だったため、さまざまな手続きが煩雑だったようなのだ。

「刑の確定後、身柄を移され、ベルギーの刑務所で9年服役したよ。出所後、料理が得意な俺はベルギーの食堂でコックをしてたんだが、やっぱりモスタルで暮らしたかったんだ」

デイビッドの壮絶な人生を思う。13歳のときに紛争が始まり、14歳で残虐な拷問を受けた後、国内避難民となり、難民としてベルギーへ。16歳のときに紛争が終結。19歳で殺人を犯し、29歳で出所後、真面目に働くも故郷への気持ちが募り、ここモスタルへ戻ってきたのだ。

一番気になったのは、刑期を終えて出所したものの、デイビッドは「自分の犯した罪を心から悔んでいるだろうか」ということだった。

私は死刑執行のニュースを聞く度に、人の命を奪ったことを改悛（かいしゅん）した上で刑が執行されたのかが、ものすごく気になってしまう。死刑が執行されると、罪を贖（あがな）う機会は永遠に失われてしまう。〝人間の心〟を持てないままの死刑執行は、自暴自棄の果てに罪を犯した犯人の

「自殺の手助け」をしたような気分になるのだ。

　たとえば、死刑囚となった秋葉原通り魔事件の犯人は、幼少期から母親による虐待があったことが明らかになったけれど（事件後、母親は精神を病んで離婚、犯人の弟は自殺）、日本でも海外でも残忍な殺人事件の犯人の大半は、幼少期に心理的もしくは身体的な虐待を受け、脳が傷ついていることが多い。アメリカとドイツの研究では、幼少期に虐待を受けると、感情や記憶を司る「海馬」が十分に発達せず、普通の人よりも12～16％も萎縮することが報告されている。児童虐待は脳を変形させ、心身に障害を起こすダメージを与えるのだ。

　虐待によって海馬が十分に発達せず、「人を心から信頼することができなくなってしまった人」を、死刑にして終わりでいいんだろうかと考えてしまう。最新の研究では、脳の損傷も治療によって改善する可能性があることが分かっているというのに……。

　私は「国家に死刑にされて終わり」ではなく、悔い改めてほしいと思っている。自分の犯した過ちを理解して、遺族に心から謝ってほしい。人を殺さずにはいられなかった境遇と決別して、今世で生まれ変わってほしいのだ。

「もしデイビッドが過去に戻れるとしたら……それでも、ボスを殺す？」

　私の問いに、デイビッドは「殺さないよ」と即答した。

「彼を殺したことを、後悔してるんだね？」

「あぁ。ボスも紛争中、人を殺した人間だったけれど、殺されてもいい人間なんてこの世にいない。彼にも家族があったんだ」

その言葉を聞いて、私は思わずデイビッドを大きくハグした。

「デイビッドがそう思っていて、本当によかった。ただ刑務所に入っただけでなく、デイビッドは悔い改めることができたんだね」

そう言ってくれると信じていたものの、デイビッドの改悛の言葉に私はホッとしていた。

「聞いてもいい？　ボスを殺めたとき、デイビッドは自分自身と仲良くできてなかったんじゃないかな。自分自身のことを受け入れることができてた？」

「いや、俺は心のどこかでいつもイラだっていて、少しも安心できていなかった」

やっぱり……。「自分が自分であることに安心できる」ということは、「自分自身と仲良くする」ことと同じ意味だ。自分さえ良ければいいというナルシシスト的な自己愛ではなく、「ありのままの自分を好きになること」「自分自身を１００％受け入れること」は、簡単なようで、大人でもむずかしい。私はデイビッドの話を聞いて、この旅に出る前からずっと考えていたことを確信できたような気がした。

「話を聞いてて考えたんだけど……デイビッドは13歳のときに紛争が起きて、拷問されて以来、胸にマグマのような怒りや憎しみを抱えて生きていたと思うんだ。そしてその憎しみを、侮辱してきたボスにぶつけてしまったんじゃないかな。憎しみをぶつけた相手が、たまたまボスだっただけで、デイビッドは元々、自分自身とうまくいってなかったと思うんだよ」

私がそう言うと、デイビッドはハッとした顔になり、真摯な表情でうなずいた。

殺人を犯す人、暴力をふるう人は、多かれ少なかれ、そういうところがあると思う。「相手の言葉にカッとなった」というより、そもそもその人が自分自身と折り合いがついておらず、人間としての尊厳を失うほどの鬱屈が積み重なっていたと思うのだ。言うなれば、鬱積した気持ちがパンパンに膨らんだ風船のようになっていたところに、たまたま現れた人の言葉が引き金になって風船が割れてしまった状態が、暴力という形で現れたのではないかと。

その人が自分自身と仲良くできていて、心から満ち足りていたら、誰が何を言おうと相手にせず、放っておけばいいだけの話。でも、シカトできずに逆上するということは、元々自分の中に怒りや憎しみが溜まりに溜まっていたとしか思えなかった。

「私、この旅に出て、『自分らしく生きて、自分自身を好きでいること』が、人生で何よりも大事なことだと思ったんだよ。本当に時間がかかったけど、私はようやく、ダメな自分も全部ひっくるめて、自分を受け入れることができるようになってきた気がするんだ」

「俺も今は、以前よりもずっと、自分自身であることに安心できる。命を奪ってしまった俺は、生涯、罪を背負い続けることになるけど、俺は自分にできることをして罪を贖っていきたいと思ってるよ」

その言葉を聞いて、私は今、今までの過去を全部ひっくるめたデイビッドに会っているんだと思わずにはいられなかった。32歳のデイビッドに出会うと、つい、32歳のデイビッドとだけ会っていると思いがちだ。でも本当は、14歳のデイビッドも、19歳のデイビッドも、29歳のデイビッドも、今のデイビッドの中にいる。

「今」というときは、いつでも、その人の今まで過ごした「過去の集大成」なのだ。32歳のデイビッドに出会ったということは、32年分の積み重ねで出来上がったデイビッドに出会ったということなのだ。それは、デイビッドが乗り越えてきた、痛み、哀しみ、喜び……全てと出会っているということでもあった。

デイビッドが真剣な顔で聞いてくる。

「てるこはなぜ、昔の俺の精神状態が分かったんだ？」

「長い話になるけど……それは私が、自分自身に暴力をふるってきた人たちのことを、少しずつ理解できるようになったからだよ」

「親に虐待されたりしたのか？」

「いや、両親には愛されて育ったけど、小学校のとき、2人の教師から暴力を受けたんだ」

デイビッドからこれ以上ない赤裸々な告白をされて、私に話せない過去などなかった。私は、今まで親しい数人にしか打ち明けたことのない過去を話し始めた。

「私はそのせいで、長い間、人間不信だったんだ。子どもの頃から元気キャラではあったけど、ときどき頭が割れそうな頭痛や、のたうち回るような腹痛があって、不眠症にもなったんだよ。でも、何度病院に行っても原因は分からなかった。今考えると、当時はまだ一般的じゃなかった、PTSD（心的外傷後ストレス障害）だったんだと思う。

　小学3年のときの暴力教師は、愛も意味もなく、自分の機嫌次第で暴力をふるう人で、鼻血が出るまで殴られたりして、毎日生きるのが辛くて辛くて仕方がなかった。

　小学5年のときの教師には、言葉の暴力を浴びせられた。私は勉強ができなかったんだけど、唯一得意だった国語の宿題で、自分の気持ちをうまく表現できた！　と思った作文を提出したら、『どうせ、どこから写してきたんだろ！』と罵詈雑言を浴びせられて……。

　自分で一生懸命書いたのに、完全な冤罪なのに、一日中、廊下で水の入ったバケツを持って立たされたんだ。他のクラスの子たちからも『宿題、盗作したんだって？』と笑い者にされて……。でも、学校での教師の力は圧倒的だから、何を言い返したところで言い訳にしか聞こえないし、盗作のレッテルを貼られた私は、あまりにも屈辱的で死んでしまいたかった」

　私はこのことがトラウマになり、文章を書くことが嫌いになってしまい、文章を書こうとすると吐き気を催すようになった。そのトラウマを克服して書き上げたのが、デビュー作になった『ガンジス河でバタフライ』だったのだ。

「……てるこも大変だったんだな」

「私は戦争のない国で生まれ育ったから、デイビッドの壮絶な体験とは比べものにならないけど、私の子ども時代は平和ではなかったし、恐怖に満ちていたよ。一番辛かったのは、7歳のとき、知らない予備校生の男に暗い場所に監禁されて……セクシャルな暴力を……」

そこまで言うと、あのときの「騒ぐと殺す！」と脅された恐怖が蘇ってきて、目に涙がにじむ。

「……もう言うな」

デイビッドがそう言って、私を力いっぱいハグしてくれる。同情だけはされたくないと思って生きてきたものの、デイビッドのハグは同情ではなく、苦しみを乗り越えて生きてきた同志に対する敬意のこもったハグだったので、私は自分の尊厳を失わずにいられた。

私は、デイビッドに痛いぐらいハグされながら言った。

「デイビッド、私が今、泣いてるのは、哀しいからじゃないんだよ。この旅に出て初めて、生きてきてよかった、生まれてきてよかったって、心から思えたからなんだ。だから、これはうれし涙なんだよ」

やせ我慢ではなく、嘘偽りない本心だった。私が今、流している涙は、恐怖や憎しみが蘇ったのではなく、恐怖や憎しみを抱いて生きてきたにもかかわらず、過去に囚われずに生きることができるようになった喜びなのだ。

この欧州旅に出て2ヵ月あまり。今まで苦手だったヨーロッパの国々でいろんな人に出会って、同じ地球に生きる善き人たちと一緒に、笑ったり驚いたり感動したり、困ったときに助けてもらったりした。私は大人になって初めて、心の赴くままに動くことで、今まで味わったことのない解放感を感じることができたのだ。

今までの人生は会社や学校に縛られていたけれど、自分を縛っていたのは、他でもない自分自身だったことを思い知った。私は、本当は、どこに行ってもいいし、誰と仲良くなってもいいし、何をしてもいい自由な存在だということを身を以て体感して、「生まれてきてよかった！」と腹の底から思うことができたのだ。

あぁ、猛烈に生きたかった。まだ見ぬ国、人、風景、食べ物、文化、音楽……その全てに会いに行きたくて、旅先でかけがえのない出会いや忘れられない体験があれば、それを帰国後、人にもシェアして伝えたくてたまらない！

「辛いことがたくさんあったのに、てるこはよく曲がらず、ここまでこれたな」

「曲がりっぱなしだよ。子どもの頃は本当に、毎日死にたかったもの。自死の方法が分からなかっただけで、方法さえ分かれば死んでたと思う。朝起きると、（あぁ、今日も死んでない、今日もまた生きなきゃいけないんだ……）の繰り返しで、毎朝、絶望したよ」

デイビッドに「よくここまでこれたな」と言われて、私は初めて、自分自身をほめてあげたくなった。そして、人を殺めたデイビッドは、決してほめられたものではないものの、それでもやっぱり、デイビッドのこともほめてあげたくなった。壮絶な体験を乗り越えて、今まで生きのびるのは、本当に、並大抵のことではなかったからだ。デイビッドの歩んだ時間。私の歩んだ時間。デイビッドの孤独と自分の孤独を思って私は泣いた。

「私たち、よくここまで立ち直ることができたね。子どもの頃のことを考えると、今こうやって、自分らしく生きられるようになったことが、本当に、奇跡だと思えるよ」

明日があることが絶望でしかなかった私が、今、こんなにも毎日が楽しくて、めくるめく世界を旅することもできて、41歳でも自分の未来が楽しみだと思えるようになれるなんて……これが奇跡でなくてなんだろう。

「生きるのが辛かった私は、ずっと〝ゆるし〟について考えていたんだけど、究極のことを言うと、『誰も悪くない』と思えてきたんだ」

「誰も……悪くない？」

私は、黒澤明の映画『野良犬』で、三船敏郎演じる刑事が言った「世の中に悪人はいない、悪い環境があるだけだ」というセリフを思い出していた。

「つまり、『その人が〝今のその人〟になったのには、全部理由がある』ってこと」

初めてインドを旅したときから、私のこの気持ちはずっと同じだった。

インドの列車で出会って仲良くなり、私を家に泊めてくれた優しい家族のお母さんが、自分よりも身分の低い人に向かってスプーンを投げつける姿を見たとき、カースト制（インドの身分制度）を目の当たりにして愕然（がくぜん）とした。カースト制は、法律上はすでに撤廃されているのに、人の心はそうたやすく変えられるものではないことを思い知ったのだ。

私はそのとき、このインドファミリーと私の違いはなんだろうと考えた。唯一、違いがあるとすれば、それは私がヒンドゥー教徒ではないことだった。カースト制とヒンドゥー教は、切っても切れない関係にある。もし私がインドのこの村に生まれて、自分の両親から、おじいちゃん、おばあちゃん、親戚、近所の人、友だち、学校のクラスメートまで、みんながみんなヒンドゥー教徒だったら、私だってごくごく自然にヒンドゥー教徒になるに違いなかった。言ってしまえば、インドファミリーと私の違いは、「私がインドに生まれなかったこと」でしかないように思ったのだ。

「デイビッドの話を聞いて、ますますそう思ったよ。だって、生まれたてのまっさらな赤ちゃんには、人間不信も、差別心も、人を傷つけたい怒りも、戦争したい欲望もないよね。ということは、やっぱり『生まれ育った環境が、その人を形づくっている』と思うんだ」

その人が〝今のその人〟になったのには、全部理由があるのだということ。どんな酷いことをした人も、もしも、その人が誕生してから今日に至るまで、どんな出来事があったのか、人生のすべての時間を知ることができたら、なぜその人が〝今のその人〟になったかを、理解することができると思うのだ。

もちろん、どんなに辛いトラウマがあったとしても、それが人を殺してもいい理由にはならない。それでも究極を言えば、私とデイビッドとの違いは「私がデイビッドの家に生まれなかったこと」だけかもしれないと思えてくる。もし私がデイビッドとして生まれて、13歳のときに紛争が始まり、拷問されて半殺しの目に遭っていたら、理不尽な世の中に対して鬱積した気持ちが募りに募って、19歳でボスを殺していてもおかしくないと思ってしまう。デイビッドに限らず、どんな人に対しても、私と〝その人〟の差は「私が〝その人〟に生まれなかったこと」だけかもしれないと思えてならないのだ。

デイビッドと話しているうちに、ふっと頭に浮かんだのは「私はあなたで、あなたは私である」という言葉だった。もし自分がデイビッドとして生まれていたら、ボスを殺していてもおかしくないと思えたのは、私がデイビッドから直接、話を聞いたからなのだ。もしデイビッドの過去を知ることもなく、ただニュースでデイビッドの起こした殺人事件を知ったなら「なんておぞましいことを！　酷い犯人だ！」と思っただけだっただろう。

どんな殺人も、犯人の境遇や過去を知らず、表面のニュースだけを見ると、「酷い！」としか思えない。それでもデイビッドのことを考えると、これからは「犯人がそうせざるを得なかった苦しみや哀しみ」にも目を向けようと思わずにはいられなかった。

私が熱く語ると、デイビッドは真剣に耳を傾けてくれる。

「私は、私に酷いことをした暴力教師たちと予備校生をどれだけ憎んだか分からないし、大人になってからもずっと、いつか謝罪してほしいと思ってたんだ。

でも、会社を辞めて以来、いろんなことを俯瞰で考えることができるようになって、『その人がその人になったのには、全部理由がある』と思えるようになったんだよ。

彼らも、小さな子どもを虐待せずにはいられないほど心が傷ついていて、病んでいた人たちだったことが理解できたから。子どもにあんな暴力をふるえるなんて、どう考えても尋常じゃないし、幸せな人間のやることじゃない。彼らは、誰よりも、自分自身と仲良くできていない人たちだったんだ。心が満たされていなくて、自分のことも好きになれない、可哀想な人たちだったんだと思って。幸せな人は、人を虐めたりしないからね」

デイビッドはときどき小さな相づちを打ち、私の話を聞いてくれている。

「そうやって、自分の過去を克服したつもりでいたけど、やっぱり『生まれてきてよかった』とまでは思えなかった。ふとした瞬間に、過去のことがフラッシュバックで蘇ると、

『あんなにも酷いことが待ち受けていると分かっていれば、やっぱり生まれてきたくなかった』と思ってしまうネガティブな自分がいて。

でも今日、デイビッドに出会って、過酷な体験が人に与える影響を改めて思い知ることができた。デイビッドのおかげで、私に暴力をふるった人たちのことをとことんゆるそうと思えたよ。相手のためというより、自分自身のためにも。人をゆるさないと、苦しい過去に縛られて、私自身が幸せになれないから。

そして、生まれ育った国も文化も違うのに、こんなにも分かり合える人に出会えて、初めて、過去の全てがあったからこそ、今日があると思えた。今日という素晴らしい日にたどり着くには、全部、必要な過去だったと思えた。私はようやく、過去の全てをゆるして、過去の全てを受け入れることができた気がするよ」

私がそう言うと、デイビッドは深く頷き、「俺も同じ気持ちだよ」と言ってくれる。

「デイビッドが殺めたボスも、人の尊厳を踏みにじってビンタを食らわすなんて、虚勢を張っていただけで、本当は自分に自信のない、可哀想な人だったんだと思うよ。自分のことを100%受け入れて、心が満たされている人は、決してそんな酷いことを人にしないもの」

「……本当にそうだな。若かった俺は、そこに思いを馳せることができなかったんだ。てるこは、よくそんなふうに考えられるようになったな」

「会社を辞めて〝地球の広報・旅人・エッセイスト〟として活動するようになって、こんな自由な肩書きで生きている私もゆるされているんだから、人のこともゆるそうと思えるようになったのかもしれない」と言うと、デイビッドも深く頷いて言う。

「俺はもう、紛争への憎しみも怒りも持ってないよ。拷問されたことも根に持ってない。なんせ、俺自身が人に暴力をふるって、取り返しのつかないことをしてしまったからな。

俺はつくづく思ったんだ。憎しみを受け継いだところで、何もいいことはない。いい未来はやってこない。だから俺は、ふだんは絶対、戦争の話をしないんだ。暴力はこりごりだし、暴力の連鎖は、俺たちの世代で断ち切らなければと思ってる。自分の人生を、もう憎しみに支配されたくないんだ」

私やデイビッドが〝過去の自分〟と決別できたのは、その後の人生で、よき人たちに巡り会えたおかげだろう。生きていくことのベースに、深い人間不信のあった私は、人生で自暴自棄に陥ったことが何度もあった。そんなとき、自分を信頼してくれる親や中学時代の水泳部の恩師、友だちの存在があったことを思う。人はよき出会いに恵まれなければ、なかなか変わることはできない。それでも、人は出会い次第で、いくらでも変わることができるのだ。

「ねぇ、この街の人は、デイビッドが刑務所帰りってことを知ってるの？」

「あぁ。俺がモスタルに戻ったとき、『殺人犯が帰ってきた』って噂になったらしいから。

でも、後で事実が知れ渡るより、先に事実を知った上で、それでも付き合ってくれる人の方がいいから、俺としては気がラクだよ」

デイビッドから、血で血を洗う紛争の話を聞いた後、「人を殺した」という重い告白をされて、私はチャップリンの名作『殺人狂時代』（1947）を思い出さずにはいられなかった。チャップリン演じる「連続殺人犯」の主人公は、処刑される直前にこう言うのだ。

「殺人において、私なんかアマチュアだ。世界は、戦争による大量殺人を奨励している。一人の殺人は犯罪者を生み、100万人の殺人は英雄を生む」と。戦争という〝大量殺人〟を痛烈に皮肉ったこの映画を見ると、「殺人」と「戦争」の何が違うのか、本当に分からなくなる。

国と国の争いにしても、過去を遡れば必ずその原因があることを思うと、私はイラク戦争（2003〜2011）のことを考えずにはいられなくなる。アメリカが「大量破壊兵器を隠し持っているテロ国家と戦う！」と宣言して始めたイラク戦争。空爆が始まり、民間人が16万人以上（！）殺されても、殺人罪には一切問われず、誤爆しても「あ、場所をミスっちゃった」で終わり。「大量破壊兵器がある」という大義もデマで、全く正当性のなかった戦争が、のちに狂信的なイスラム過激派組織を生み出す要因にもなってしまったのだ。

そんな、明らかに間違ったイラク戦争を支援した日本も、罪なき民間人を殺す手助けをしてしまったも同然ではないか……。遠い国の戦争だと思われているけれど、日本はイラク戦争に30兆円以上（！）も出資したといわれ、私はその軍資金（税金）を払っているひとりなのだ。何の罪もない人たちを殺した戦争に加担した国の人間なのに、私は普段、さも「人なんて殺したことありません」という善人顔でのうのうと生きている。

国が戦争に加担していることを思うと、過ちに全く加担していない人間なんて、この世にいないんじゃなかろうか……。そんなことを考えていると、人と人は、ゆるし続けて、ゆるされ続けるしかないように思えてならないのだ。

「デイビッドには、両親以外の家族はいるの？」と聞いてみる。

「もう別れてしまったけど、16歳のときから12年間付き合ってたベルギー人の彼女との間に、5歳の息子がいるんだ」

「へぇ～っ。って、ん??　3年前まで服役してたのに、なんで5歳の子どもがいるのよ？」

「ベルギーの俺のいた刑務所じゃ、面会に来た妻や恋人とセックスすることができたんだ。俺と離れればなれでさみしいという彼女が子どもを望んでいたから、子どもをつくったんだ」

「マジで!?　服役中に子づくり!?」

そういえばアメリカのドラマで、刑務所に囚人の奥さんが面会に来たとき、別室でふたりきりでセックスしてたっけ。確かに、釈放後の社会復帰を考えると、支えてくれる家族とのコミュニケーションが認められていた方がいいに決まっている。聞くと、欧米ではパートナーと個別に過ごすことが、人権として認められている刑務所が珍しくないというのだ。

「でも、デイビッドの出所をずっと待っててくれた彼女と、なんで別れちゃったの？」

「ま、いろいろさ。俺はどうしてもモスタルで人生をやり直したかったし、この国の言葉が話せない彼女と息子は、ベルギーを離れることができなかったんだ」

はぁ～。あまりにも紆余曲折で濃厚なデイビッドの人生に、頭がクラクラしてしまう。19～29歳というピチピチ盛りの時代を監獄で過ごし、青春を棒に振ったものの、デイビッドには5歳になる子どももがいたのだ。

「で、息子さんには会えたの？」「出所後、会いに行ったよ。彼女と別れても、息子にとって俺が父親であることは一生変わりないからな。今後も年に1度は会いに行くつもりだよ」

話し込むうちに深夜3時を過ぎ、かなり冷え込んできた。こんな時間に宿に帰るのはさすがに申し訳ないと思い、デイビッドの勧めるままに、テントで寝させてもらうことにした。

薄いマットが敷いてある1人用のテントに横たわり、1枚の毛布をふたりでシェアするも底冷えがひどく、寝られたものじゃない。

「うう、超寒いよ～。こんな寒いところで、毎日よく寝られるねぇ」

寒さに震えていると、デイビッドが毛布から出て私を毛布でくるみ、毛布の上から私を覆うような形で包んでくれる。

「少しは温かくなったか？」「うん。さっきより随分まし。ありがと」

デイビッドの体温が、毛布の上からじんわり伝わってくる。好き好んで川べりに住んでいるデイビッドのテントに遊びに来たというのに、私はなんだか雪山で遭難した人にでもなったような気分だった。

でも私たちは、人間界で一度、遭難した者同士なのは間違いなかった。根深い人間不信に陥り、自分を傷つけた人間を憎み、そんな自分にも辟易するようなやさぐれた気持ちで生きてきて、ようやくはい上がった者同士なのだ。

荒っぽい優しさで私を包みながらも、デイビッドは私に指一本触れなかった。私もデイビッドにそんな気は起きなかったし、デイビッドといると、男とか女とか国とか民族の違いを超越した絆を感じて、心から安らぐことができた。

「ゲッ。ブゥ〜ッ」

ま〜ただ。デイビッドはテントの中に入ってからというものの、自分の家に帰ってきた安堵感からか、ゲップとオナラをやりたい放題。

「デイビッド、どんだけゲップとオナラしたら気が済むんだよ〜」

「いいじゃねーか、誰に聞かれるワケでもねえし」

「つーか、私がめちゃめちゃ聞いてるっつーの！」

素行が少々おおざっぱで泥くさいものの、誰よりもハートが熱く、人情味にあふれた元殺人犯の男と、同じ毛布にくるまってテントで寝ることになるとはなぁ！

あぁ、旅に出ると、なんていろんなことが起きるんだろう。一昨日、クロアチアでカートと出会って夢のようなデートをしたことが、なんだか現実の出来事じゃないように思える。カートとはしかのような恋に落ちたドブロヴニクの夜は甘く美しい時間だったけれど、デイビッドとはもっともっと深い〝魂レベル〟で触れ合い、癒し合っているように思えてならなかった。

デイビッドは、何度生まれ変わっても出会えるという〝ソウルメイト（深い縁のある魂レベルの友人）〟なんだろうか。仏教の根底には「人は生まれ変わり続けている」という〝輪廻転生（ねてんしょう）〟の思想があるけれど、ソウルメイトとは離れた場所で生まれても、出会うべきタイミングで出会えるのだという。地球で何十回、何百回と生まれ変わる中で、魂は似た波動を持つ者同士でソウルグループを作り、同じ仲間とさまざまな関係性（親子、恋人、夫婦、友人等）を体験しながら、旅を続けているというのだ。

私は、前世のことを覚えていた友人のクボメ（『純情ヨーロッパ』参照）や、チベット文化圏で出会った、前世を覚えている少女デルダン（『ダライ・ラマに恋して』参照）との出会いを通して、輪廻転生はあるのかもなぁと思うようになっていた。そして、このデイビッドとも、前世のどこかで出会っていたような気がしてならなかったのだ。

「ねぇデイビッド、私たち、ソウルメイトだと思う？」「ん〜、そうじゃねぇか」

「ちょっと〜！　ソウルメイトの意味、ちゃんと分かってる？」

私が、今まで出会った人たちの前世話をすると、デイビッドは興味津々で聞いている。クリスチャンの父とムスリムの母を持つデイビッドは、一神教の影響を受けてきた人だ。一神教には「生まれ変わり」という概念がないものの、話を聞き終えたデイビッドが言う。

「俺は宗教は信じないが、そういう考えには惹かれるよ。なんせ、ツーリストをテントに招待したのも、会ったばかりの人に過去の全てを話したのも、てるこが初めてだからな」

「私も会ったばかりの人に、こんなに自分の歴史を話したのは初めてだよ」

そのときハッとした。もし私が本当に生まれ変わり続けていて、みんなで地球をよりよい場所にするために、数えきれないぐらい転生し続けているとしたら、過去の転生時には、私は男としても女としても生まれていただろうし、金持ち、貧乏人、権力者、兵隊、犯罪者として生まれたこともあっただろう。そして、人類の歴史を思うと、当然のことながら、人を殺したこともあれば、人に殺されたこともあっただろうと。

人類７００万年の歴史を思えば、「人権」という概念が生まれたのは、つい最近のこと。

まだまだ差別の問題はあるものの、「すべての人は自由で平等」という考え方ができるようになったのは、二度の世界大戦後、国連で「世界人権宣言」（１９４８）が採択され、世界が少しずつ進化していったからなのだ。

「世界は悪くなる一方だ」と思わされているフシがあるけれど、生まれながらの差別や格差が当たり前だった時代から、人類はようやく「人権」という概念を手に入れ、差別や格差のない世界を作ろうとしているところだということ。戦争やテロや殺人事件が起きる度に、テレビではしたり顔のコメンテーターが「今の時代は昔に比べて、命が軽くなっている」といったことを言うものの、「人権という概念のなかった時代」に比べれば、命は決して軽くなっていない。

悪気はないのだろうけど、視野の狭い〝昔はよかった病〟に侵されている人たちが「昔はよかったのに今は――」というのは老害だと感じられるし、若い世代が未来に希望が持てなくなるから、「世界はどんどん悪くなっていると思わせるような〝呪い〟をかけないで！」と思ってしまう。人類はようやく「人権の存在する世界」に到達できたのだし、世界はどんどんよくなっていると、思わずにいられない。というか、そう思わないことには私は生きていけない！

私たちは、少し眠ったり起きたりを繰り返しつつ、心に浮かぶ限りの話をした。過酷な人生を生き抜いたデイビッドの優しさに包まれていると、まだほんの少し残っていた、自分を傷つけた人たちへの怒りや憎しみの残り火が消えて、心が溶けていくような気がした。

予定外のオプションだったモスタル。あまりにもめまぐるしい一日だったけれど、この街にも、ここぞというときに現れて窮地を救ってくれる〝天使〟がいた。私の前に現れた天使は、かつて酷い目に遭わされ、殺人まで犯してしまったものの、今では悔い改め、モスタルのために一肌脱ぎたいと思っている、人情味にあふれた男だった。

バックグラウンドの全く違う、こんなに離れた場所に生まれた者同士でも、たった一日でも濃厚な時間を過ごせば、互いを理解し合えるのだということ。飛び込みの特訓後、デイビッドと過ごした時間は、たっぷり時間をかけて自分の物語を打ち明け合った、究極のヒーリングだったように思えた。

私はデイビッドと出会って、人をゆるすことで、自分のこともゆるすことができるのだということを、腹の底から実感できたような気がした。憎しみを持ち続けているかぎり、私は自分自身を〝憎しみの奴隷〟にしてしまう。自分が幸せになるために、自分自身が自由になるために、私はゆるすのだ。

そしてきっと、ゆるすというのは、1度や2度のことじゃない。これからも生きている限り、私はゆるし続けよう。自分も自分の先祖たちも、ゆるされてきたのだから。

人生は死ぬまで、ゆるし、ゆるされて。人をゆるし続け、自分もゆるされ続けるのが、ひとりでは命をつなげない人間が、支え合いながらみんなで生きている意味だと、私には思えるのだ。

デイビッドに毛布でくるまれながら、私はただただ、繭に包まれるような安心感に包まれていた。それは、今まで感じたことのない種類の安らぎだった。寒さに震えながらも、私はいつまでもいつまでもこのぬくもりを感じていたかった。

翌朝、小鳥の鳴き声で目を覚ますと、7時をまわっていた。本格的に寝たのは4時頃だったから、数時間は寝ただろうか。テントの中を見回すと、隣ですやすや眠っているデイビッドの傍らには、昨晩、一緒に飲み干した酒瓶が転がっていた。デイビッドのおだやかな寝顔を見ていると、テントで野宿して語り尽くすことになるなんて想像もしていなかったことなのに、こうなることがずっと前から決まっていたような気もして、なんとも不思議な気持ちになる。

テントの外に出ると、スターリ・モストとネレトバ川の織りなす美しい風景に、朝のまぶしい光が降り注いでいた。うわ、マジで世界遺産で1泊しちゃったよ～。旅は好きでもアウトドアに縁遠い私にとって、テントで寝たのは初めての体験だった。川で顔を洗うと、ひや

っこくて気持ちぃい！

川原を歩くと、ちょうど体がすっぽり隠れる大きな草むらがあったので野ションする。

テントに戻ると、デイビッドは安心しきって爆睡していて、少しも目覚める気配がない。

なんでも話してくれて、なんでも受け入れてくれたデイビッド。子どものような寝顔を見ると、この街を去る決心が鈍りそうになる。

あぁ、この街であと何日か、ゆっくりできればいいのにな。そうしたら、私はデイビッドにみっちり特訓してもらって、あのスターリ・モストからも飛び込めるようになるのにな。

そんなことを考えているうちに大きい方を催したので、さっきマーキングした場所に戻り、大自然の中での野ウンコを満喫していると、デイビッドがやって来たではないか！　屋外でのウンチング・スタイルという、誰にも見られたくない姿を見られてしまった！

「ぎゃあ～!!　ノックぐらいしてよ！」と叫ぶと、草むらから飛び出したデイビッドが言う。

「こんな、川原全体がトイレみたいな場所なのに、どうノックすりゃあいいんだよ～」

「テントの近くで大きな草むらって、ここしかないじゃん！　テントに私がいないってことは、当然トイレでしょ！」

「つーかさ～、人間みんな、出してるもんは同じだろ。いくら着飾って『私はウンコなんかしません』って顔してるヤツでも、絶対ウンコしてんだから」「ま、そうなんだけどさ～」

それを言っちゃあ、おしめえよ！　と思いつつ、デイビッドらしい返しにブブッと吹き出してしまう。野ウンコ後のマナーとして土を被せ、ペットボトルの水でウォシュレットした私は、テントに戻った。そして、後ろ髪を引かれながらも意を決し、再び寝入っているデイビッドに声をかけた。

「デイビッド、いろいろありがとう。午前中のサラエボ行きバスに乗るから、宿に戻るね」

「……どうしても行くのか？　本当に行くのか？　明日じゃダメなのか」

デイビッドに強く引き留められたものの、私の決心は変わらなかった。

「うん。今日のうちにサラエボに着いて、明日のベオグラード行きのバスチケットを買っておきたいんだ。４日後の、日本に帰る飛行機に乗り遅れると、本当にマズいんだよ」

私が今日モスタルを発つ本気度を伝えると、デイビッドはなんとも哀しそうな顔になったが、腰を上げて言った。

「宿まで一緒に行くよ。バス停まで見送らせてくれ」

テントを出たデイビッドが、「ここは最高の場所だったろ？」と伸びをしながら言う。

「うん！　睡眠不足だけど、ものすごく深く眠れたし、すっきり目覚めたよ～」

荷物をピックアップすべく宿へと向かう。朝の光に照らされた旧市街を歩くうち、デイビッドが黙りこくってしまったので、私は雰囲気を変えようと思って言った。

「宿の人、心配してるだろうなぁ。朝帰りなんて、アバンチュールを疑われちゃうよ〜」

私がそう言うと、デイビッドは真面目な顔で言う。

「今日も俺のテントに泊まればいいじゃないか。宿代もかかんないんだぞ？」

「そうしたいのは山々なんだけど、この旅で私に残された時間は、あとわずかなんだよ」

マンションに着くと、デイビッドは外で待っているというので、宿のチャイムを鳴らす。

ドアが開くと、宿のおねえちゃん、チアが、血相を変えて出てきた。

「あぁてるこ、無事だったのね！　どれだけ心配したと思ってるの！　事件にでも巻き込まれたんじゃないかと思って、これから警察に捜索願いを出しに行こうかと思っていたのよ」

「心配かけて本当にごめんなさい！　ダイビングを教えてくれた兄ちゃんと意気投合して、一緒に酒呑んでたら、つい爆睡しちゃったんだよ〜」「じゃあ、今まで彼の家に？」

「いや、ネレトバ川の川沿いにある、彼のテントの中で」「テントぉ!?」

チアは目をパチクリさせていたが、バスの時間が迫っていたので、私は宿代を払ってお礼を言い、宿を後にした。外で待っていたデイビッドとバス停に急ぎ、チケットを買うと、出発までの時間は30分を切っている。私はさんざんごちそうになったせめてものお礼に、バス停前のカフェで、コーヒーをごちそうさせてもらうことにした。

コーヒーが運ばれてきても、デイビッドは手を付けず、切ない顔で言う。

「てるこ、頼む。せめて午後のバスにしろよ。一緒にボスニアスタイルの朝食を食おうぜ」

「ごめん、やっぱこのバスで行くよ。初めての場所に、暗くなってから着くのは怖いから」

私は、できない約束はしたくなかったので、デイビッドに正直に言った。

「またデイビッドに会いたいけど、いつ来れるとも分からないし、もしかしたらもうモスタルには来られないかもしれない。それでもデイビッドに会えて、本当に本当によかったよ！ありがとう」

カラ元気を出してそう言うと、デイビッドが悲しい顔で言う。

「もう来ないなんて言うなよ。その日暮らしの俺が、日本に行けるワケないんだから」

「でもデイビッドだって、ずっとここにいるかどうか、分かんないでしょ？」

ボスニアで5番目に大きな都市の川べりで、キャンプしながら暮らしているような都会の野生児が、ずっとひとところにいるとは思えなかったのだ。

別れ難い気持ちが胸にこみ上げるにつれ、連絡先すら聞いていないデイビッドと、また会えるだろうか……と考えずにはいられなかった。昔気質なデイビッドは「俺はメールも使わないし、携帯電話をほぼ携帯してない」と言っていたし、携帯番号を聞いてもなぁと思ってしまったのだ。でも、番号を聞いたところで、いったいなんて電話すればいいんだ？　デイビッドに国際電話をかけるイメージが、私にはまったく浮かばなかった。今世でこんなふうに出会えたように、またいつかタイミングが合えば、来世かどこかで会えるような気もする。今はただ、そう思うしかなかった。

限られた最後の時間を過ごしているというのに、デイビッドは顔をそむけて黙ったままだ。デイビッドの顔をのぞきこむとガラにもなく涙目になっていて、もらい泣きしそうになる前に、私は努めて明るく言った。

「ね、デイビッド。最後に一緒に写真を撮ろうよ」

カメラをセッティングしても、デイビッドは湿っぽい顔のままで、ちっとも笑ってくれるような雰囲気じゃなかった。私は笑顔で別れたかったので、デイビッドを笑わせようと思い、昨日から何度笑い合ったか分からない鉄板ネタを言った。

「いや〜、それにしても、昨日、飛び込みを教えてくれてるとき、鼻血を垂らしたデイビッドはおかしかったなぁ。ものすごい真剣な顔で『俺の話を聞け！』『落ち着け！』って言ってくるんだけど、鼻の下に鼻血がタラタラ垂れてるんだもん。『え、なんで今、鼻血？』『デイビッドの方がよっぽど興奮してんじゃん！』ってもうツッコミどころ満載で！」

「ハハハッ！　俺だって、まさか自分が鼻血出してるとは思いもしなかったよ」

デイビッドがようやく笑顔を見せた瞬間にタイマーをセットし、「デイビッドの鼻血ブー！」と茶化しているとシャッターが下り、カシャーッ。笑顔のツーショット写真を撮り終え、私はデイビッドとビッグハグを交わした。

「デイビッド、どうか元気でいて。デイビッドの故郷が、戦争前のようにみんなが仲良く暮らす街になることを、心から祈ってるよ」「てるこも元気で。いい旅をな」

乗り込むと、バスはすぐに出発した。昨日の昼すぎから丸々20時間、濃密すぎる時間を共に過ごし、一緒に飲み食いし、思いっきり泣いたり笑ったりしたデイビッドの姿はみるみる小さくなり、すぐに見えなくなってしまった。

人生で一番長くて、最も濃い一日が終わったような気がした。胸がちぎれそうなぐらい切ない気持ちを抱えつつも、(これでよかったんだ)と私は自分に言い聞かせていた。昨日、カディジャに強くススメられ、思いつきでモスタルに降り立ったことも、デイビッドと出会って無茶な飛び込みに挑戦したことも、デイビッドと酒を呑みつつ朝まで語らったことも、全部、経験できてよかったことばかりだったからだ。

自分の直感を信じて突き進む〝行き当たりバッタリ旅〟には正解などなく、これが正しかった、これは間違っていた、ということがない。でもそれは、人生も同じだろう。

自分が選んだ道は、いつだって正解。自分が選んだ道を正解にしていくことが、人生の醍醐味だと、私はようやく思えるようになったのだ。

石畳の旧市街から眺めたスターリ・モスト

デイビッドと撮った最後の記念写真

セルビア★ベオグラード

「世界一のパーティシティ」女子会で、因縁のヨーロッパと和解

ね、ね、眠いっ!! 朝6時、ボスニアの首都サラエボ発のバスで、セルビアの首都ベオグラードへ向かうと、連日の睡眠不足がたたって頭が朦朧(もうろう)としてくる。

7、8時間かかる長旅なので爆睡したいのに、いかんせん、酒がない!! 興奮しいの私は、起きているときは好奇心全開。どれだけ疲れていても、ワイン2杯程度の寝酒を呑まないことには寝られないタチなのだ。

車内には、バルカン半島でおなじみの「ジプシー・ブラス(大人数で演奏されるジプシー音楽)」の哀愁漂うメロディが流れ、ドライバー&車掌のおっちゃんコンビは仲良く談笑している。ふたりとも、日本ではあり得ないジーンズとシャツというラフな格好で、楽しく生きている感じがするなぁ。世界中どこに行ってもそうだけど、私は同僚同士が仲良くしている姿を見ると、いい職場なんだなぁ、平和だな〜と思って、心がほっこりするのだ。

にしても、酒だ、酒! 早く酒を買わせてくれ〜!! 気がつくと、バスは山道に突入している。酒さえ呑めればカクンと寝られるのに、うねりまくりのグネグネ山道といったら!

そう言えばデイビッドが「ベオグラード行きのバスは揺れるから、列車の方が寝られるぞ」と助言してくれてたっけ。列車は出発時間が遅かったので、私はバスの方を選んだのだ。あぁ、デイビッドはどうしてるかな……。昨日、別れて以来、デイビッドのことが何度も頭に浮かび、感傷的な気持ちになってしまう。連絡先すら聞かなかったデイビッドは、いわゆる〝友だち〟という感じでもないし、ましてや恋でもないのに、この、胸が締めつけられるような切なさはなんなんだろう。

〝シンパシーを感じ合った同志〟としか表現できないデイビッド。「一緒にベオグラードまで行く？」と誘えばもっと一緒にいられたのに、なぜそう言わなかったんだろう。いや、この世に「もしも」なんかない、これでよかったんだ……。

ハッと目を覚ますと、少し寝てしまっていたらしく、休憩タイムになっていた。外に出ると、さっぶ～！　山々の連なる高所で、真夏とは思えない寒さだ。休憩場所は山小屋風のレストラン兼売店だったので、私は迷わず売店に直行した。

「ドバル ダ～ン（こんにちは）。一番強いラキヤ（バルカン半島の国民酒）ください！」

鼻息荒く言うと、売店のおばちゃんは「あら、朝から？　やるわね～」とケラケラ笑う。

「えへへ、移動中は寝るだけだからね！」

バスに戻り、朝食セットを取り出す。昨夜はサラエボのホテルに泊まったのだが、朝食が食べられるのは7時以降だったので、ホテルが朝食替わりにサンドイッチとジュース、ヨーグルトを持たせてくれたのだ。

サンドイッチにかぶりつくと、なんじゃこりゃ〜。チーズ&ハムが挟んであるものの、バターもマヨネーズも付いておらず、パン自体もボソボソ。ヨーロッパの、具が少なく味付けの工夫もないサンドイッチには、毎回幻滅してしまう。このガッカリ感は、「パンの本場に来た！」という期待が大きいせいなんだろうか……。

ええい！　オレンジジュースにプラムのラキヤを注ぎ、サンドイッチを食いちぎっては、自家製カクテルで流し込む。チーズ&ハムという酒のツマミに、デカいパンがオマケで付いてきたと思えば、この味気ないサンドイッチも、まぁありっちゃありか。

日本にいるときは食にこだわりのない私も、海外旅に出ると「一食」に懸ける意気込みが違う。特に今回の欧州旅は二度と来ることがなさそうな土地が多く、一食一食が真剣勝負なので、マズいモノを食べたときの残念感といったらない。そしてそれは、人との出会いも同じく。この国のこの街にも面白い人が絶対いるはずなのに、出会えないままこの地を去るなんて悔しすぎる！　と思い、ありったけの力で人との出会いを求めてしまうのだ。

「パスポートを出してね〜」という声で、再び爆睡していた私は飛び起きた。国境でパスポートチェックがあるらしく、車掌さんがパスポートを集めている。国境でバスが停車し休憩タイムになると、後方席のおねえちゃんが「セルビアは初めて？」と話しかけてくる。

「うん！　私は日本から来たんだけど、あなたはセルビアの人？」

ウェーブのかかった漆黒のロングヘアをひとつにまとめている彼女は、強い意志を感じる大きな瞳で、アーティスティックな雰囲気の人だなぁと思っていたのだ。

「私はクロアチア生まれなんだけど、1歳のときにユーゴ紛争が起きて、家族でセルビアに亡命したの。だから、両親はクロアチア人だけど、私は自分のことをセルビア人だと思ってるのよ」

ううむ、そんなことが！　家族でセルビアに亡命したことで、両親と彼女のアイデンティティが異なるというのだ。彼女の名前はマーシャ。ベオグラードの音楽学校の先生で、今はバカンス中。サラエボで開かれたコンサートに参加した演奏旅行の帰りなのだという。

「マーシャ、ミュージシャンなんだ！」

「まだアーティストとして独り立ちできてないから、メインはピアノの先生だけどね。演奏旅行がてら、旅をするのが好きなの。セルビアは何泊の予定なの？」

「明日の夜には夜行列車に乗るから、1泊しかできないんだ」

「たった1泊!?　セルビアには古代ローマ時代の遺跡とか世界遺産の宮殿とか、見所が沢山あるのに〜」

「見たいのは山々なんだけど、長旅が終わりに近づくにつれ、時間がなくなってきちゃって」

私が、旅の経験を本に書いていることや、1ヵ国1ミッションで欧州21ヵ国旅をしていることを話すと、マーシャが目を丸くする。

「私もてるこみたいに、いつか世界中を旅してみたいわ〜。で、セルビアのミッションは何なの？」

「『ベオグラードのナイトライフを楽しむこと』なんだ。オススメの場所ってある⁉」

旧ユーゴスラビアの首都でもあったベオグラードは、ユーゴ時代、異民族への偏見のない国際都市としてにぎわっていたのだという。

その後、ユーゴ紛争のごたごたがあったものの、ベオグラードはようやく活気を取り戻し、「ロンリープラネット（最も有名な英語版ガイドブック）」や英国大手新聞「タイムズ」によると、旧ユーゴの国々を中心に世界中からナイトライフ目当ての観光客がやってくる、〝世界一のパーティシティ〟になっているというのだ。

「ベオグラードには、クールですてきな店が沢山あるわ。よかったら私が案内しようか？」

「マジで⁉　んも〜、ぜひぜひ！　フヴァラ（ありがとう）‼」

願ってもないマーシャの言葉に、飛び上がらんばかりに喜んでしまう。ベオグラードはたった1泊なので、友だちを作るような時間がなく、ひとりで呑みに行くのはさみしいなぁと思っていたところだったのだ。

　バスが走り始めても話が尽きず、「なんで私に話しかけてくれたの？」と聞いてみる。

「さっきからてるこは、ものスゴい勢いで写真を撮ってたでしょ。その前は、ものスゴい勢いでサンドイッチを食べながらお酒を呑んでて、食べ終わったと思ったらものスゴい勢いで爆睡してたから、なんだかおかしくって」

　わわ、後ろの席から全部見られてたんだ!!　じつはこのバスはかなり年季が入っていて、私の座席のリクライニングが倒れたまま、元に戻らなくなっていたのだ。朝、マーシャがバスに乗ってきたとき、「このイス、壊れちゃってて」と私が言うと、マーシャは「大丈夫よ～」とにっこり笑い、通路側の席に座ってくれたことを思い出す。マーシャと仲良くなるキッカケになったことを考えると、ぶっ壊れていたボロイスにもお粗末なサンドイッチにも、心からフヴァラを言いたくなってしまう。

「てるこ、今日の予定は？」「ノープランだから、着いたらまずベオグラードで宿を探すよ」

「決まってないなら、ウチに来れば？　呑んだ後、一緒にタクシーで帰れるじゃない」

　マーシャはそう言って、いたずらっ子のようにウインクしてみせる。

「え、マーシャんちに泊まっていいの!?　あぁマーシャ、本当の本当にフヴァラ!!」

　マーシャと2時間どっぷり話し込んでいるうちにバスが停まり、トイレ休憩になった。

乗降口まで歩くと、運転手と車掌だと思っていたおっちゃんふたりは、休憩が来る度に運転を交替しているのだった。コスト削減よりも安全面を優先してるこのバス会社、やるじゃん！　ふたりとも信じられないぐらいくだけた格好の私服で、おしゃべりばかりしているものの、意外や意外、肝心なところはちゃんとしていたのだ。

休憩所のレストランに入り、トイレを目指すと、目の前に白いドアがふたつ現れた。ところが、ドアには、理解不能な謎のアルファベット文字だけが表記されていて、男女のイラストもないので、どっちに入ればいいのか分かんねえ～！

「ZENSKI」か、「MUSKI」か。漏れそうだっつうのに、どっちが女子トイレなんだよ!?

正解する確率は50％でも、間違える確率も50％の、いや～な二択クイズ。ドアを間違えて開けたら最後、小便器に向かって用を足している殿方が「なんで女が!?」という顔で振り向き、互いに赤っ恥をかくことになる罰ゲームがもれなく付いてくるのだ。セルビアに入国した途端、まるで「芸能人格付けチェック」のようなクイズをお見舞いされるとは！

ええい！　と当てずっぽうで「ZENSKI」のドアを開けると、そこには小便器がなく、女子トイレで正解!!　思わず、ダウンタウンの浜ちゃんに「おめでとう～！」と言われた気分になり、小躍りしながら用を足してしまう。

バスに戻り、トイレに行かなかったマーシャに「トイレクイズに正解した気分だよ～」とドキドキ体験を話すと、マーシャはさもおかしそうに笑う。

「アハハッ。確かに、セルビア語が読めない外国人には、ハラハラもんよね～」

マーシャに年齢を聞くと、「私は22歳よ」と返ってきて、おったまげてしまう。

「え、22歳なの～!?　落ち着いてるねぇ！　30歳くらいかと思っちゃった」

「よく年上に見られるのよ。てるこはいくつなの？」「41歳だよ」

「ええ～!?　30歳くらいかと思ってたわ」

「じゃ、お互いを30歳だと思ってたんだから、30歳ってことでいいじゃん」

「いや～よ。てるこだけがトクじゃない。私は老けゾンだわ～」「へヘッ、バレたか～」

マーシャに10歳下に見られていたことを知って、東アジア人は若く見られるのがラッキーだなぁと思う。好奇心旺盛な若い子たちにも同世代っぽい感じに思われて、気軽に話しかけてもらえるからだ。


マーシャとずっと話していたおかげで、バス旅はあっという間だった。昼すぎにベオグラードに着くと、バス停にはマーシャのお父さんが迎えにきていた。白髪のお父さんは口ヒゲ&あごヒゲをふさふさに蓄えていて、貫禄たっぷりの太鼓腹。子どもの頃にお父さんと出会っていたら、本物のサンタだと思ったに違いない、福福しい風貌だ。

「パパ、こちら、バスの中で仲良くなったてるこよ。今日、ウチに泊まるからね」

マーシャがそう言うと、お父さんは「おお！　そうかい」とニコニコ顔になる。マーシャがお父さんに伝えてあったのはバスの到着時間だけで、私の話をしていなかったことに驚いてしまう。旅人を家に泊めていいか親に確認もしないなんて、スゴい信頼関係だなぁと思わずにいられなかった。

マーシャと車に乗り込むと、お父さんが家に向かいがてら、街をドライブしてくれる。見ると、助手席に座ったマーシャは、運転中のお父さんと談笑しつつ、まるでワンちゃんを触るようなノリで、お父さんの髪をクシャクシャしたり、あごヒゲをナデナデしたりしているではないか。しかもお父さんは、マーシャに何をされても全く動じず、なされるがままなのだ。

「マーシャ、お父さんにそんなことしていいの〜!?」

「あら、こんなのフツーのことよ。人好きなお父さんとのスキンシップだもの」

スキンシップが、髪クシャにあごリデって！　お父さん、完全にナメられとるがな!!

「でも、私のパパだから、てるこはこんなふうに触っちゃダメよ〜」とマーシャが茶目っ気たっぷりに言う。うぐぐ〜、そんなふうに〝おあずけ〟されたら、なんだか私だってサンタパパのあごヒゲをナデナデしたくなるじゃん！

「ベオグラードは、紀元前3世紀には町が建設されていたの。ここは、ローマやアテネに並ぶ、ヨーロッパでも最古の都市のひとつなのよ」とマーシャが教えてくれる。

紀元前4世紀には造られていた要塞や、世界最大のスケールだという東方正教系の教会を見て回る。ベオグラードは、古い街並みと新しい街並み、西と東の文化がコラボしている街で、独特の雰囲気を醸し出しているなぁと思う。歴史のある土地なので中世っぽいムードかと思いきや、街全体が遺跡のようだったローマほどの遺跡群はない。バルカン半島の交通の要だったベオグラードは、幾度となく戦争が起き、その度に再生してきた街なのだ。

「ここは、官庁の建物が多い通りなの。少し歩きましょ」。車から降り、街の修復が進んで美しい街並みを取り戻したベオグラードを歩くと、信じられない光景が目に飛び込んでくる。

「!? あ、あれは……?」

一見、平和に見える大通りに十数階建てのビルがあり、4〜8階辺りに爆撃されたような大きな穴が開いていた。真ん中辺りが激しく崩壊しているビルが、今にも崩れそうな姿のまま平然と立っているという異様さといったらなかった。

「あの空爆跡は、『コソボ紛争』（1999）のときのものよ。NATO（北大西洋条約機構。ソ連中心の東側の共産圏に対抗するために、アメリカが中心となって西側の国々と組んだ軍事同盟）の攻撃を忘れないために、空爆された当時のまま残されているの」

「これ、NATOの空爆跡なんだ！」

当時、ニュースで「連日お伝えしている、緊迫するユーゴスラビア紛争の情勢ですが……」と言われても、何が起きているのかサッパリ分からなかったコソボ紛争。この目で「空爆の跡」というものを初めて見た私は、その生々しさに衝撃を受けてしまった。空爆されたビルの中心は、窓ガラスや壁がぶっ飛び、骨組みの柱や梁(はり)がむき出しになっていて、凄まじい爆撃を受けた当時の姿を今に留めている。アメリカに空爆された建物の真ん前には、マクドナルドの広告がデカデカと飾られていて、ダークジョークとしか思えないほどだ。

マーシャは悲しそうな顔になって言う。

「あまりにもアンフェアだわ。世界中から、セルビアだけが一方的に悪者のレッテルを貼られて……。コソボ紛争はユーゴの問題だったのに、国連の決議もないまま、アメリカはNATOとは無関係の紛争に介入して、3ヵ月も空爆を続けたの。ベオグラードの街は破壊し尽くされて、ボロボロになったのよ」

セルビアの中にある「コソボ自治州」に住むアルバニア人を、セルビア政府が弾圧しているのをやめさせるという目的で始まった、NATO軍の空爆。軍事力で弾圧をやめさせようとしたものの、かえって火に油を注ぎ、泥沼状態にしてしまったのがコソボ紛争なのだ。

マーシャに「不公平だわ」と言われて、確かになぁと思う。クロアチアでセルビアの悪口ばかり聞いていた私は、ボスニアでデイビッドに出会うまで、危うく「セルビア悪玉論」に染まりそうになっていたのだ。

戦争の当事国には、どちらにも「言い分」＝「大義」がある。「正しいことをしている」と思えなければ、人は殺せない（戦争などできない）。逆に言うと、「正しいことをしている」とさえ思えたら、人は人を殺せる（戦争ができる）のだ。

今まで旧ユーゴの国々を旅してきて、セルビアの悪口をよく聞いたものの、実はそれ以上に耳にしたのは、アメリカへのただならぬ怒りだった。ソ連なき後、自己中心的な考えですぐに暴力を使うアメリカは、「ジャイアン」みたいだと思わずにはいられなかった。

コソボ紛争を『ドラえもん』にたとえるなら、「スネ夫（セルビア）」と「のび太（コソボ）」のケンカだ。はた目には、「強いスネ夫」が「弱いのび太」をイジメているように見える。そこに、「ジャイアン（アメリカ）」が「仲間（NATO）」を引き連れてやってきて、スネ夫を集団でボッコボコに叩きのめした、という構図に思えてならない。

小国同士の争いに、大国が介入。人口700万人のセルビアに、人口3億人のアメリカが、西欧諸国を従えて軍事介入してきたら、ひとたまりもない。しかも、紛争が起きている場所はコソボなのに、ベオグラードの街中まで攻撃してくるなんて……。

「確かに、NATOの空爆は、多勢に無勢で、フェアじゃないよねぇ」

「コソボ紛争時、独立を目指すコソボ解放軍が、コソボでテロ行為を繰り返していたことはほとんど報道されず、世界中にセルビアの非道さばかりが報道されたのよ」

「そうだったんだ……。私は基本的に、その国のことはその国で解決するべきだと思ってるよ。日本も昔はたくさんの小さな国に分かれていて、150年以上、血みどろの戦争をしていた時代があるんだ。時間はかかったけど、日本がひとつの国になれたのは、外国の力で解決しなかったからだと思うから」

当事者以外の国がやっていいのは、一方を「悪」だと決めつけて戦争に加勢することではなく、戦争の仲裁だけだろう。今にも崩れそうなビルがなんとか踏ん張って立っている姿は、世界で一番の嫌われ者にされてしまったセルビアが、誇りを失わずに生きてきたシンボルのように思えてならなかった。

着いたマーシャの家は、年季の入った、小さな平屋の一軒家だった。

「妹はバカンス中だから、家にいるのは母だけよ。母は1年前に脳梗塞で倒れて、右手が不自由なの。話すのもゆっくりなんだけど、頭はしっかりしてるから安心して」

「大変だったんだねぇ。ドバル　ダ〜ン」

中に入ると、優しそうな人柄がにじみ出ているお母さんが、にこやかに出迎えてくれた。

動きのゆっくりなお母さんが、セルビア語で何やら言い、マーシャが訳してくれる。

「長旅でお腹が空いたでしょ。あり合わせのものしかないけど、ランチを食べてね〜」

マーシャのお父さんが連絡してくれたらしく、2人分のランチが用意されていた。

「お母さん、フヴァラ！」

こぢんまりとした古い家の中には、いい感じに使い込まれた本棚や飾り棚、ソファ等、ウッディな家具が並んでいる。額に飾られた絵や小物等、素朴なインテリアがいちいち素敵で、胸がきゅんきゅんしてしまう。使い勝手のよさそうなキッチンの雑多な生活感も、古い家を自分たちで修復してきた跡も、センスのよさを感じるキュートさだ。

「ここが私と妹の部屋。小さなロフトがあって、主にロフトを妹のノーシャが使ってるの」

中を見せてもらうと、これまた抜群のセンスだった。壁一面に本棚が備え付けられていて、脱ぎっぱなしの服や、床に山積みの本や書類すら、ワイルドでカッコよく見える。レトロな照明に、遊び心満載の飾り棚に、ロフトに出入りすることができるハシゴ。マーシャの部屋は、隠れ家に遊びに来たようなワクワク感に満ちていた。

「すっごく居心地のいい家だねぇ。ヨーロッパで何度かプライベートルームに泊まったけど、『このまま、ここに住みたい！』とまで思ったのは、マーシャの家が初めてだよ〜」

「うふふ。ウチは全然お金持ちじゃないけど、私も自分の家が大好きなの」

テーブルに着いてランチをいただこうとすると、日本人の私のために、お箸が用意されていた。だが、ランチのメインはパスタなのだ。

「お母さん、お箸をありがとう。でも、日本人もパスタはフォークで食べるのよ～」

お母さんは目をパチクリさせ、「あらら、てっきりなんでもお箸で食べるのかと！」と言い、ナイフとフォークを持ってきてくれる。お母さん、少女のようで愛らしいなぁ。

ペペロンチーノ風のパスタに、ポークソテー。どれも素朴な家庭料理の優しい味でホッとしてしまう。特に、ガーリックオイルで丸ごと炒めた、焼きパプリカの美味いこと！

「てるこ、ベオグラードのどこに行きたい？」

「マーシャのお気に入りの場所に連れてって！」

散策に出ると、お父さんも「ワシもビールが呑みたいな」と言ってついてくる。

青空の下、サヴァ川沿いの、緑の木々が美しい遊歩道を歩く。マーシャとお父さんは自然と手をつないでいて、後ろから見ると、まるで年の離れた恋人同士のようだった。濃厚すぎるスキンシップで、なんつー仲良し親子なんだ！

私からすると、自分の父と手をつないで歩くなんて、ハズカシすぎて想像もできないことだった。当たり前のように仲良く手をつなぐふたりの姿を見ると、私も子どもの頃は両親と手をつないでいたのに、どうして日本人は大人になるとスキンシップしなくなるんだろうと考えてしまう。私は世界中でハグしまくっているというのに、このままいくと、次に両親の

マーシャ＆お父さん、仲良し親子

ラキヤを買った店のおばちゃん

隠れ家風！ マーシャのカッコいい部屋

カフェで働く元気な兄ちゃんたち

手をにぎるのは、その死を看取るときになってしまいかねないのだ。

細長い公園のような遊歩道は、市民の憩いの場であるらしく、オープンカフェは家族連れでにぎわっている。川べりには、ベンチでくつろぐカップルや、釣りをするおっちゃん、上半身裸でローラースケートをする兄ちゃん、4人乗りの自転車を漕ぐ家族もいて、なんとものどかで平和な雰囲気だ。

「私の大好きな場所はここ。『アダジプシー（ジプシーの小さな島）』って名前のバーなのよ。てるこから、ジプシーに会いに行った旅の話を聞いたから、気に入ると思って」

着いた店は、緑にあふれ、手入れの行き届いた公園のような場所だった。広々とした屋外スペースには、カラフルなテラス席が点在していて、なんて自由な雰囲気なんだろう。

「うっわ〜、素晴らしい空間だねぇ。この店が、私の家の近所にもあればいいのに！」

「ね、いいでしょ？　テーブルも店内の飾り付けも、全部、お店のご夫婦のハンドメイドなのよ。彼らは、大勢のお客に来てもらいたいとは思ってないの。この店が好きな人にだけ来てもらいたいと思っていて、お客さんを選んでるのよ」

お店のご夫婦はセルビア人なのだが、ジプシーの自由な生き方にシンパシーを感じ、ジプシーにあやかって店名を付けたのだという。手作り感たっぷりの個性的なイスやテーブルが、色も形もバラバラなところが自由度をアップさせていて、心憎いアクセントになっている。

この美しい緑の空間に、客は他におらず、私たちの貸し切り状態だ。

「バカンス中は稼ぎ時なのに、お客さんがいなくて、お店の経営は大丈夫なのかな～」

ついついお金のことを考えてしまう私が聞くと、マーシャは飄々と言う。

「セルビア人は基本、楽天家だから、あくせく働いて儲けようなんて思ってないのよ」

セルビアで一番人気だという、イエレンビールで乾杯する。炭酸が効いてて、コクのあるビールで美味い！　マーシャはお店の人に断りもなく、カバンに入っていた棒状のプレッツエルを取り出し、テーブルに広げて食べ始めている。マーシャ、自由気ままだなぁと思いつつ、お店のお兄ちゃんに「ここは持ち込みのお菓子もありなの？」と聞いてみる。

「もちろん！　僕たちは場所を提供してるだけで、みんなに好きに過ごしてほしいからね～」

なんてすてきなポリシー！　セルビア人の、肩の力を抜いた気楽な生き方を見ていると、今後は気を遣って神経をすり減らしながら生きるのはやめるぞ～と思ってしまう。

「お父さんの仕事は何なの？」「パパは作家なの。てること一緒よ」

聞くと、マーシャの妹も20歳の若さで作家として活躍していて、お父さんの、亡くなった前妻との間に生まれた娘さん（マーシャの異母姉）も作家なのだという。マーシャの家は、アーティスト一家だったのだ。

「お父さん、作家で身を立ててるなんてスゴいねぇ」

さっき検索したら、セルビアの人口は700万人強で、大阪府の人口よりも少なかったのだ。国民の何人にひとりがお父さんの本を買えば、作家として生計が立つんだろう？　と考えてしまう。もしも私が大阪人を対象にした大阪人専属の作家になっても、たこ焼きの本ぐらいしかネタが思いつかず、本だけで食べていくのは至難の業のような気がしたのだ。

お父さんは英語が苦手なので、マーシャが通訳してくれる。

「セルビアに来た当初、パパは作家では食べられず、歌の歌詞を書いたり、書く仕事ならなんでも引き受けて苦労したの。クロアチアでは政治ジャーナリストだったんだけど、身の危険を感じて、親しい人を頼ってセルビアに亡命した後、作家に転身したのよ」

「お父さんは、どんなジャンルの本を書いてるの？」

「文化人類学よ。人類の科学ね。てることは、世界を旅した異文化体験を、紀行本に書いてるんでしょ。それも、人類学のフィールドワークをしてるってことよね」

確かに、私が秋から大学で教えるのも、人文学科（人文科学）の講義であって、「人類学」に含まれるジャンルだ。人と出会って語らい、呑み食いし、笑い合ってる私の旅が、学問的に言えば文化人類学だったとは！

「マーシャは何か宗教を信じてるの？」

「私は無宗教よ。好きなのはチトー。信じているのは、カール・マルクスの『資本論』よ」

「うへー、『資本論』!? 私のオツムじゃついてけないよ～」

私が頭を抱えると、お父さんが教えてくれる。

「19世紀半ば、ドイツでマルクスが『資本論』を自費出版したとき、千部売れるのに5年もかかったのに、150年経っても読み継がれてるんだ。20世紀の歴史に絶大な影響を与えた、スゴい本なんだよ」

平たく言うと、「資本主義の経済は、大金持ちによる富の独占と、格差社会を生み出す」と警鐘を鳴らした本だよな。私が知っていることと言えば、資本主義がハイレベルまで発展すると、社会主義的な社会がやって来る「必然性」を説いた本、ということぐらいなのだ。

マルクスの影響で、ソ連やユーゴスラビアといった社会主義の国々が生まれたものの、うまくいかずに崩壊。それでも今の世界の主流は、資本主義の中に「社会主義的な考え（社会福祉、国民健康保険等）」を取り入れつつ、発展を目指すことなのだ。

「マルクスの『資本論』は、改めて見直されてるのよ。格差社会は世界的な問題だし」

「でも、私は人類の未来を悲観してないよ。ヨーロッパも日本も世界中、歴史を長いスパンでみたら、１００年前に比べて、格差や差別のない世界に近づいてるのは間違いないもん」

「私も同じ考えよ。ユーゴスラビアは崩壊してしまったけれど、チトーの目指した〝民族融和〟は、すてきなアイデアだったと思っているわ。自分たちのアイデンティティを大事にしながら、人類が仲良くなる方法を模索したプロセスだったと信じているから」

それにしても、マーシャは自分の意見をちゃんと持っていて、それを人前で堂々と話すこともできて、人として貫禄があるなぁと思う。スイスの列車で出会った大学生カップルの、社会や政治への参加意識の高さにも驚いたものだったけれど、彼らもマーシャもまだ20歳そこそこなのだ。

学生だった頃、私は自分の意見なんて言えなかったことを思う。というか、自分の意見なんてなかったのだ。自分と世界がつながっているなんて、そうそう考えたこともなかった。

大学でよく講演する私は、ふだん日本の大学生と話す機会も多い。それでも、マーシャと友だちになったようなノリで彼らと〝対等な友だち〟になれるかというと、正直、想像しにくかった。マーシャが、自分よりもずっと年上の外国人に興味を持って声をかけ、家に連れて帰るという行動力にしても、ヨーロッパの若い人の成熟ぶりには感服してしまう。

そして、西欧、北欧、東欧の国々をめぐってきたけれど、旧ユーゴの国々に住む人たちの雰囲気はとくに人間くさいというか、親しみやすいなぁと思う。スロベニア、クロアチア、ボスニア・ヘルツェゴビナ、セルビアを旅して感じたのは、人の雰囲気がやわらかくオープンなことだった。紛争を経て独立した国の人たちは、外からやってきた旅人に、自国の魅力を知ってほしいという思いがあるんだろうか。旧ユーゴの国々は、土地の歴史は長いものの、まだまだ若い国だから、これから発展せんとする活力に満ちている気がするのだ。

ユーゴスラビアはチトーの方針で、西側諸国とも東側諸国とも一線を画した独自路線を歩んだおかげで、他のヨーロッパとは一味違う、独特の雰囲気があるんだろう。ユーゴは多大な犠牲を払って解体してしまったものの、人類は進歩の途上にあるのだから、いろんなことを試して、人類にとってベストの道を探っていくほかない。何より、ユーゴスラビアという国があったおかげで、個性的な国々を旅できたことは、旅人冥利に尽きることだったのだ。

ビールを呑みつつ語らっていると、目の前を黒い猫がゆったり通りすぎる。

「ヨーロッパでは、『黒猫を見ると、不幸なことが起きる』っていう言い伝えがあるのよ。日本にはない？」とマーシャが聞いてくる。

「日本じゃ黒猫は、不吉どころかラッキーな感じだよ。『招き猫』っていう置物が『商売繁盛の縁起物』としてお店によく置かれてるんだけど、黒い招き猫は〝魔除け〟になるって言われてるんだ。そう、大手の宅配便のキャラクターも黒猫だよ」

「私も黒猫のことは迷信だと思うけど、日本じゃ黒猫は親しまれているのね」

「この迷信は、猫が〝魔女の使い〟と信じられていた頃の名残なんだよ」とお父さん。

ヨーロッパでは15世紀から17世紀にかけて「魔女狩り」が行われ、魔術を使えるワケでもなんでもない無実の女性たちが「猫を飼っているのが魔女の証拠だ！」などと言いがかりをつけられ、猫と一緒に火あぶりで処刑されたのだという。

まったく、人権もへったくれもない時代だなぁと思う。今は人間の「人権」だけでなく、動物愛護の理念も生まれて「動物の権利（アニマル・ライツ）」にまで思いを馳せられる時代になったのだ。

「日本にも変わった迷信はある？」とマーシャが興味津々で聞いてくる。

「変わってるのだと、『夜に爪を切ると、親の死に目に会えなくなる』ってのがあるねぇ」

「ええ？　なにそれ！　てるこはそれを信じて、夜に爪を切らないの!?」

「まぁ信じてるワケでもないんだけど、夜に爪を切って親の死に目に会えなかった場合、（夜に爪を切ったせいかも……）と思いたくないから、切らないようにしてるな～」

「シャワーの後だと爪が柔らかくなるから、私、夜に何度も爪を切ってしまったわ……」

マーシャが心配そうな顔で言うので、私はあわてて言った。

「いやいや、マーシャが気にすることないって。これは日本の迷信なんだから」

ウプププ。よその国の迷信に真剣になるなんて、マーシャは可愛いな。こうやって話していると、迷信ひとつとっても、お互いの違いが面白くて話が尽きなかった。

夜はマーシャの友だちと待ち合わせていたので、そろそろ行こうかという話になる。

「え、お勘定は？」「パパがもう払ってくれたわ」

「ここは、私が払おうと思ってたのに！」

お父さんにお礼を兼ねてハグしようと思うも、マーシャに「私のパパだから、てるこは私みたいに触っちゃダメよ！」と言われたことを思い出す。

「マーシャのパパに、私がなれなれしく触っちゃいけないもんね」

「パパ～、フヴァ～ラ！」と言って、お父さんに抱きつくそぶりをしつつも抱きつかず、お父さんの体にタッチせぬよう寸止めしながら、背中やヒゲを撫でまわすそぶりでエアータッチしまくると、マーシャとお父さんがゲラゲラ笑う。

お父さんとお店で別れ、ベオグラード随一の繁華街、「スカダルリヤ通り」に繰り出す。

ここは「ボヘミアン街（ボヘミアン＝元々はジプシーを指す呼称。のちに、ジプシーの自由な生き方に憧れ、その精神を受け継いだ芸術家や作家も指すようになった）」とも呼ばれ、もともとはジプシーたちが住んでいた場所なのだという。ジプシーたちの自由な雰囲気に惹かれてアーティストのたまり場となり、数々の詩人、芸術家、俳優、歌手を輩出したエリアだというのだ。

昔ながらの風情を感じる通りは、若いカップルや家族連れ、世界中の観光客でにぎわい、活気に満ちていた。丸石が敷き詰められた石畳の路地には、オシャレな店や個性的な店が軒を連ねていて、どこからかジプシー音楽とおぼしき生演奏が聞こえてくる。

「ハーイ、初めまして」「ベオグラードにようこそ〜！」

夕暮れどき、待ち合わせた場所で、マーシャの音楽学校の同僚ふたりと合流する。

ピアノの先生のアナは、良家のお嬢さんという雰囲気で、会った途端ほっこりするような、おだやかな人柄の女の子。ギターの先生のミハイルは、絵に描いたような爽やかな好青年で、3人の女子会にひとり参加した男子という絵面を全く気にしない、マイルドな兄ちゃんだ。

私が21ヵ国を旅している最中だと話すと、ふたりは目を見張って聞いてくる。

「てるこは、どこの国が一番よかった？」

「本当にどこもよかったけど、今は今のことしか考えられないから、セルビアが一番だよ」

「ま〜た、うまいこと言っちゃって！」とマーシャが返してくる。

「いやいや、ホントだって！　B&B以外で、旅先で出会った人の家に泊まらせてもらうの、19ヵ国目でマーシャが初めてだもん」

「そうなの？　私がこのヨーロッパで、てるこを初めて家に泊める人間なんて光栄だわ〜」

華やかにライトアップされた夜の街を、4人で横並びになって散策する。アイスの食べ歩きをしたり、小高い公園からベオグラードの美しい夜景を見たり、おしゃべりしながらブラブラしているだけで、ただただ楽しかった。

私は、旅の前半、イタリアに長年の友を訪ねたことを思い出していた。友だちを訪ねる旅は言うまでもなく楽しいけれど、全く知らない未知の国で、仲良くなった人たちとの街歩きは喜びもひとしおだった。出会ったばかりの私を、こんなにも信頼してくれているのだと思うと、自分のことも誇りに感じられるからだ。

休暇を楽しむ人たちの姿を眺めていると、もしこの街をひとりで歩いていたら、どれだけ孤独だっただろうと思う。マーシャと出会ったおかげで、私は今、セルビアの全てに、親しみを持って出会える。ここはもう知らない街ではなく、友だちになったマーシャが愛してやまない故郷の街だということ。そしてセルビアは、バスで仲良くなった外国人を家に泊めてくれるような、マーシャの人情深いホスピタリティを育んだ国なのだと思うと、それだけでこの国への感謝と敬意があふれてくるのだ。

夜8時、明日の授業の準備があるというミハイルとハグして別れ、マーシャが常連だというバーへ向かう。着いた先は、「古い」という言葉では言い尽くせないような、とんでもなくビンテージ感を漂わせたビルだった。

「1930年代に建てられた『BIGZ』というビルで、ここにはベオグラードのカルチャーが詰まってるの。アーティストのアトリエやギャラリー、ラジオ局、印刷オフィス、アートスタジオ……使い方は自由よ。この最上階に、私のお気に入りのジャズクラブがあるの」

一見、廃墟のようなビルに足を踏み入れると、中は商業施設に向かう動線とは信じられないほど薄暗く、なんとも退廃的で怪しい雰囲気だった。鉄筋がむき出しの、武骨なエレベーターホール。壁を埋め尽くす、キッチュで猥雑なストリートアート……。独特すぎる佇まいを見て、〝レトロな未来〟という言葉が頭に浮かぶ。まるで、SF映画の金字塔的な名作『ブレードランナー』のような世界なのだ。

「はぁ～っ。この世にこんな、映画のセットみたいな場所があるなんて！」

今までに見たことがない、パンチの効いた空間に目をパチクリさせていると、常連のマーシャは不敵な笑みを浮かべる。

「うふふ、雰囲気が独特でしょ？　これが、ベオグラードのナイトライフよ」

木製の両開き扉のエレベーターに乗ると、ウィ～～ン、ガタガタガタという古びた音を立てながら、エレベーターはゆっくり上昇していく。ビルの最上階で降りると、暗い通路が続いている。

探検気分で突き当たりまで歩き、謎めいたドアを開けると、そこは、風情のあるカウンターバーになっていた。クストリッツァの映画『アンダーグラウンド』を彷彿させるレトロな店内に圧倒されつつ屋外テラスに出ると、ライトアップされたベオグラードのまばゆい夜景が目に飛び込んでくる。

うっわ〜、なんて渋くてディープな空間なんだろう！　こぢんまりとしたテラスでは生演奏が始まっていて、ジャズバンドの奏でる旋律にほれぼれしてしまう。夜景はきらびやかな光を放っているものの、テラス席の灯りはキャンプで使うような年代物のランタンのみで、まるで都会でキャンプしているような雰囲気のライブなのだ。

テラス席に着き、ラキヤのカクテルで乾杯する。錆びてボロボロの手すりから見える、サヴァ川をはさんで広がる180度の夜景。川沿いに位置するこのビルのテラス席からは、黄金色に輝くベオグラードを一望することができるのだ。

「いや〜、こんなすてきな場所があるなんて、ベオグラードは奥が深いねぇ！」

「このバーは、毎日違うバンドが演奏するの。ベオグラードのバーは川沿いに多いから、いくらでもハシゴできるのよ。ジャズに、ハウスミュージックに、ロックに……、ベオグラードにはどんなジャンルの音楽もあるわ」

古くて新しいベオグラード。ジャンゴ・ラインハルト（ジプシーのミュージシャン。ジプシー音楽とスウィング・ジャズを融合させたジプシー・スウィングの創始者）の影響を感じる音色にハートをワシ摑みにされ、うっとり聴き入ってしまう。ここには、私の知っている地球とは、別の時間が流れているような気がしてならなかった。

心地いいジャズの調べに身をまかせると、体が自然とリズムを取る。ジャズのセッションを聴いていると、生きている喜びと切なさがこみ上げてきて、今日という日も、この人生も、1回限りだということを感じずにはいられなくなる。

夜が更けるにつれ、テラスが人であふれていく。アジア人は私ひとりというアウェーではあっても、排他的な感じはまったくない。目が合うと「ハーイ」と声をかけられたり、「コンニチハ〜」と日本語で挨拶してくれる、なんともフレンドリーな雰囲気だ。

「マーシャは酒が強いねぇ」。すでにマーシャは、3杯目のラキヤカクテルを呑んでいる。おいしいラキヤは単体でもフルーティなのだが、カクテルにするとさらに美味さが増すのだ。

「ラキヤ、大好きなの。セルビアでお酒を呑んでいいのは18歳からなんだけど、親に隠れて15歳のときからラキヤを呑んでたわ」

マーシャがそう言ってウインクすると、マーシャと同い年のアナが続ける。

「ベオグラードのナイトクラブは、入場料がいらない店が多いから、踊りに行くだけならタダなのよ。大人っぽい格好でオシャレして、みんな15、16歳からクラブに通い始めるの」

「へぇ〜っ、こんなお嬢様っぽいアナも！　マーシャが未成年でお酒呑んでたこと、帰ったら、パパに言いつけてやろっと！」「やだ〜、昔の話だから、もう時効よ〜」

女子同士で話していると、やっぱり同性はいいなぁと思う。いろんなことがありすぎて、心を揺さぶられっぱなしだったこの数日間。今ではすっかり遠ざかってしまったものの、カートとの強烈な出会いや、昨日のデイビッドとの切ない別れを乗り越えるためにも、今の私にはこんなふうに、なんにも考えずに楽しく過ごせる、魂の休息が必要だったのだ。

私はライブを聴きつつおしゃべりもできる、自由すぎるベオグラードのナイトライフを満喫していた。ジャズに酔いしれ、ラキヤに酔いしれ、仲良くなった人たちとの会話に酔いしれる。今まで経験したことのないジャンルの、たとえようがない美しい夜だった。ベオグラードで過ごしたこの素晴らしい夜を、私は生涯忘れないだろうなぁと思う。

ふだん生きていると、毎日は当たり前のように過ぎていくけれど、旅に出ると、本当はひとつとして同じ夜はないのだということを思い知らされる。ベオグラードを再訪することがあって、同じメンツでここに来たとしても、それは今日の私たちではなく、今日とはまったく別の夜だ。マーシャと出会った今日という日の、この音楽、この場所、この天気、この風、この夜は、2度とない夜で、生涯で一度きりの〝一期一会〟なのだ。

わいわい呑んでいると、いつのまにか深夜1時を過ぎている。明日、夜10時発のブルガリア行きの夜行列車に乗ることを伝えると、マーシャが言う。

「明日から音楽学校が始まるんだけど、てるこも一緒に行く？　始業日で授業はないから、1時間半待っててくれたら、その後、私はフリーよ」

マーシャがそう言うと、アナが名案を思いついた！　という感じで言う。

「なら、明日の昼、私の家でランチしましょうよ」「ホント⁉　フヴァラ！　楽しみだよ〜」

ベオグラードは物価も安いので、呑み代は私がごちそうさせてもらい、バーを後にする。

「じゃ明日！」とアナと手を振り合って別れ、タクシーで家に戻ると2時を回っていた。マーシャの部屋のベッドに横になると、ロフトに上がったマーシャはあくびを連発し始めた。

「マーシャ、もしかして昨日あんまり寝てないの？」

「サラエボには1週間、滞在してたんだけど、じつは、ボスニア人の男性と恋に落ちて……。昨夜は最後の夜だったから彼と過ごして、私も睡眠不足なの」

「そうだったんだ！　そんな寝不足のところ、付き合ってもらっちゃったんだねぇ」

「でも、てるこに出会えてよかったわ。こんな出会いでもないと、彼のことばかり考えて、ムダに過ごす休日になっていただろうから」

私と出会う直前に、マーシャにそんなロマンスがあったとはなぁ。って、待てよ。クロアチアでのことを思うと、マーシャと私は、ほんの数日前に目が覚めるような出会いを体験した、似た者同士だったのだ。

「ねぇねぇ、その彼とはどこで？」「うふふ、彼はサラエボ在住のミュージシャンで……」

同じ部屋で横になり、マーシャの熱い恋バナを聞いていると、なんだか修学旅行中の女学生になったような気分になる。ここしばらく男とばかりつるんでいたから、女子っぽい会話をしている自分が新鮮だった。マーシャと私の年は倍くらい違うものの、そんなこと全く気にならなかった。人類700万年の歴史を思えば、生きているうちに出会えた人はみんな〝同世代〟なのだ。

「てるこ、起きて！　寝坊したわ！」

翌朝9時過ぎ、マーシャの声で叩き起こされ、急いで朝食をかき込み、タクシーで音楽学校に向かう。アーティスティックな校内を少し見学させてもらい、1時間半後に校門で待ち合わせることになった。

街をひとりで散策する。信号のない大通りをいつ渡ればいいのかためらっていると、自転車に乗ったおっちゃんがすれ違いざまに大声で言う。

「おい、今がチャンスだ！　渡れるぞ！」

見ると、ちょうど車の通りが途切れたところだったので、あわてて道を渡る。おっちゃんの姿はあっという間に遠ざかってしまい、お礼を言うこともできなかったものの、セルビアは助け合いの精神のある国だなぁと思う。おっちゃんは外国人である私がオロオロしているのを見て、瞬発力を発揮して、荒っぽい優しさをかけてくれたのだ。

ベオグラードは首都なのに、人も全然気取っていないし、飾り気がない、といえばいいだろうか。セルビア人は、必要以上に自分をよく見せようとすることがなく、等身大の自然体で生きている感じがするのだ。

公園を通りかかると、学校帰りの子どもたちが元気に走り回っていた。勇気を出して「ドバル ダ～ン」と声をかけると、人なつっこい子どもたちが「どこから来たの？」と駆け寄ってくる。

「日本だよ」「この街には、日本が援助してくれた、黄色いバスが沢山走ってるんだよ！」

「よくそんなこと知ってるねぇ」

「だって、バスの側面に、日本とセルビアの国旗が描かれてるもん」

そういえば、東日本大震災（２０１１）が起きた後、いち早く義援金を送ってくれたのはセルビアだったんだよなぁ。経済的に豊かではなく、当時、平均月収が約４万円だったセルビアが、欧州一の義援金を送ってくれたと話題になってたっけ。あの心優しい支援は、コソボ紛争後、セルビアが大変だった時期、バスをプレゼントした日本への恩返しだったんだ！

１００年前の世界なら、遠い国が戦争で疲弊しようが災害があろうが、リアルタイムに知る由もなかったし、知ったところで助けようもなかっただろう。どこかの国が災害に見舞われると、当たり前のように助け合う「今」を考えると、「世界はどんどんよくなっている！」と思わずにはいられなかった。

大人っぽい女子vsイタズラ小僧

靴の修理工房のお茶目なおっちゃん

元気いっぱい！ セルビアの子どもたちと記念写真

美人の女の子ふたりに年を聞くと、11歳と12歳だというではないか。まだまだあどけなさの残る顔立ちながら、髪をかき上げるしぐさの大人っぽいこと！　マーシャたちが15歳のときからクラブに出入りしていたことを考えると、この子たちがおめかししてクラブに出かけて踊り狂うのは、そう遠くない未来なんだろう。

子どもたちと遊んでいると、1時間半はあっという間だった。校門前でマーシャと落ち合い、バスでアナの家に向かうと、年代を感じさせるマンションに到着。

エレベーターで10階まで上がり、玄関のチャイムを鳴らすと、ニコニコ顔のアナが出迎えてくれる。「ドバルダ〜ン」と言いつつ中に入ると、なんてゴージャスな空間なんだろう。ホテルのスイートルームと見まがうようなリビングには、品のいい調度品や暖炉があり、部屋の中心には立派なピアノが置いてあった。

「午後は両親が出かけてるから、リビングでゆっくり過ごせるわ」

アナが腕によりをかけて作ってくれた美味しいシチューを頂きつつ、ビールで乾杯する。

「ね、マーシャ、なんか弾いてみて。マーシャがピアノを弾く姿を見てみたいよ」

食後、私が言うと、マーシャは「いいわよ」とピアノの前に座り、おもむろに鍵盤に手を乗せ、甘く切ないメロディを奏で始めた。心のひだを優しく撫でられるような、やわらかい旋律で、さすがプロ！　マーシャの奏でる音に酔いしれ、楽器の演奏が全くできない私は、羨望の眼差しになってしまう。しばらく聴き入っていると、音がさざ波のように小さくなっていき、マーシャは1曲を弾き終えた。

「お〜、ブラボー！　今のはなんて曲？」「名前はないわ。思いつくままに弾いただけだよ」

ぎええええ〜！　なんじゃそりゃ！　惚れてまうがな!!

「私が男なら、今の一言とピアノでイチコロだよ〜。マーシャ、どこに行くときも、ミニピアノを持参して、好きになった男に弾いて聴かせれば？」

「アハハ！　いつでもオモチャのピアノを持ち歩いてる女なんて、恋に落ちるどころか、それだけでドン引きされちゃうわよ〜」

「ホントホント！『貴方にホレたから一曲捧げます』とか言って、大きなバッグからオモチャのピアノを取り出すの？　100年の恋も冷めるわよ〜」とアナも大笑い。

ふたりからもりもりツッコまれてしまった私は、苦笑するしかなかった。

「いいアイデアだと思ったんだけどなぁ。ピアノは持ち運べないから、いいところを気軽に見せられないのがネックだね。家に連れ込まなきゃ、男に聴かせらんないんだもん」

「アハハ！　てるこったら、男を落とすことばっかり！」とアナがケラケラ笑う。

「ハーイ！」と遅れて来たカーチャ（ピアノの先生）が合流すると、アナがパーティ用のオ

コスプレ姿で「猫踏んじゃった」を披露

テラス席でのジャズ演奏は最高！

お嬢様アナ（右から2人目）の家で酒を呑み、和気あいあいの女子会

シャレグッズを持ってきて、コスプレ大会になる。カラフルなウィッグ、羽根のストールマフラー、仮面舞踏会でつけるようなセクシーメガネを試してみては、「てるこがかけると、売れない大道芸人みたい！」「マーシャは魔女っぽ〜い！」などと互いの姿をツッコみ合う。

ほろ酔いになった女子同士、気を遣うことなくゲラゲラ笑っていると、なんだか夢のような気分だった。22歳のセルビア人の女の子とバスで出会って、その友だちの家にまで招かれて昼から酒を呑んで大ハシャギすることになるなんて、想像もしなかったことなのだ。

今まで、アジアやイスラム圏の旅先で、現地の人のお宅にお呼ばれしたことは何度もあったものの、白人のフツーのお宅に招かれたのはセルビアが初めてだった。こんなことがヨーロッパでも起きるんだなぁ！

夕方、アナとハグを交わして別れ、街を散策した後、マーシャの家に戻る。

この、こぢんまりとした一軒家に帰ってくると、雑多でレトロなオシャレ感がなんとも落ち着くなぁと思い、私はマーシャに言った。

「アナの家、セレブな感じで素敵だったけど、私はマーシャの家の方が断然好みだなぁ」

「うふふ、てるこったら。ウチでよければ、またいつでも遊びにきてくれていいのよ」

「フヴァラ！　マーシャもいつか機会があれば、日本に遊びに来てね！」

マーシャの部屋で荷造りをしていると、お母さんが「列車の中で食べてちょうだい」と言ってビニール袋を持たせてくれる。中をのぞくと、モモ、プラム、洋梨が入っていた。

「お母さん、本当にフヴァラ！　明日の朝食にいただくよ〜」

そのときふと、マーシャの家にはピアノがないことに気づいた。家にピアノを置くようなスペースもないし、マーシャはピアノの練習を続けるために音楽学校の先生になったのかもしれなかった。家にピアノがないミュージシャンでも、マーシャは少しも卑屈になっていない。いつでも堂々としていて、マーシャは誇り高く生きている。

昨日マーシャが両親に確認もせず、私を実家に招いてくれたことを思い出さずにはいられなかった。マーシャには、自分の両親が「よく知らない外国人をいきなり家に泊めるなんて……」などと言うワケがない、という確固たる自信があったのだ。

そして、等身大の自然体で生きているマーシャは、家の片付け具合がどうであろうと、お母さんに後遺症が残っていようと、ちっとも気にしちゃいなかった。マーシャの自分自身を誇りに思う気持ちは、家族や友人、自分の国や街を、誇りに思う気持ちにつながっている。そうでなければ、出会ったばかりの旅人を、家に呼ぶことなんてできないだろう。

たとえるなら、自分のことを大事にする気持ちと人を大事にする気持ちは、U字型の試験管に入った液体と同じようにつながっている気がするのだ。

U字型の一方の試験管が、自分を大事にする気持ちを示す液体量で、もう一方の試験管が、人を大事に思う気持ちを示す液体量だとする。自分のことを大事にする気持ちがあふれていれば、反対側の試験管の、人を大事に思う気持ちも同量まであふれるだろう。でも、自分を大事にできていないと液体量自体が少ないから、反対側の試験管も同じく少量で、人のことも大事にできないように思うのだ。

マーシャは自分のことを大事にしていて、自分を誇りに思っているからこそ、自分の国にやってきた旅人の私のことも大事に思ってくれたんだろう。

自分のことを大事にできないと、人のことも大事にできない。自分のことを大事にできていれば、人のことも大事にできるのだということを、私は人情深いマーシャに教えてもらったような気分だった。

夕食後、列車の時間が近づくと、マーシャが駅までタクシーで送ってくれることになった。駅に着き、ホームまで見送りに来てくれたマーシャと、ビッグハグを交わす。

「セルビアはたった2日だったのに、マーシャのおかげで忘れられない思い出ができたよ」

「こちらこそ、とっても楽しかったわ」と言って、マーシャが洒落た包みを渡してくれる。

「これは私からよ。セルビアの記念に」「開けていい？」と包装紙を開けると、中には、陶器製のレトロな判子風マグネットと、リングゴム付きの小粋なノートが入っていた。マグネットは、アルファベット文字がデザインされていて、「T」と「B」のふたつある。

「『T』は私のイニシャルで、『B』は……ベオグラードかぁ！」

「てるこはよくメモを使ってたから、ノートは次の旅にでも使ってね」

「マーシャ、何から何まで本当にありがとう！」

さっき入ったオシャレな雑貨屋でマーシャが何か買っていたのが、私のためのプレゼントだったなんて……。私は涙がチョチョ切れそうになっていた。マーシャのおかげで、昨日の朝からなんの心配もなく、私はただただ楽しい時間を過ごすことができたのだ。

マーシャの、自分の人生は全部、自分自身で判断して決めていて、自分を誇りに思う生き方に、どれだけ勇気をもらっただろう。どこまでも自然体で、肝がすわっていて、ぬくもりを感じる人柄に、どれだけ癒されただろう。

列車に乗り込み、私はマーシャに大きく手を振った。

「元気でね～。パパ、ママ、妹さんにもよろしく～！」

ヨーロッパをめぐる旅を続けてきて、2ヵ月あまり。残り日数がカウントダウンに入った旅の終盤で、こんなにもうれしい出会いが待ち受けていたなんて。旅の神様からのギフトのように思えた、セルビアでの2日間。

日本を出る前、あんなにも苦手だったヨーロッパにいることがウソみたいだった。一方的に苦手意識を抱いていたものの、私はすっかりヨーロッパと和解した気分になっていたのだ。

自然体の笑顔がステキなマダム

マーシャの愛するパパ&ママ

落ち着きっぷりが姐御っぽいマーシャと記念写真

ブルガリア★ソフィア

ド派手な宿坊で、セクシー金髪美女から〝恋の悩み相談〟

（オイオイ！　ここはラブホかいな！）

朝8時、ブルガリアの首都、ソフィア行きの夜行列車の寝台で目を覚ますと、向かいの寝台では、若い男女が互いの体をぎゅっと抱きしめ、熱く絡まったまま爆睡している。寝台のベッドはひとりで寝るにもキチキチだというのに、ほんにまぁお熱いこって！

いよいよ旅も大詰め。隣の抱擁カップルはなるべく気にせず（気になるけど！）、使い込みすぎてボロボロになり、古文書みたいになっているユーレイルパスの路線地図を広げ、ルートを確認する。

さーて、ソフィアではどんな宿に泊まろうかなぁと考えていて、ハッとした。しまった、もう全く時間がないんだった!!　今夜ソフィア発のイスタンブール行きの飛行機に乗り、明日の深夜発の飛行機で、私は日本に帰る旅程になっていたのだ。

この2ヵ月あまり、駆け足で巡ってきた、欧州21ヵ国旅。唯一、ブルガリアだけが、泊まりもしない国になってしまった……。現地で出会った人と酒を呑んで語らい、翌朝、宿でトイレに行って、その国を訪れた証にマーキングを済ませてこその旅なのに！

ブルガリアといえば、おだやかな人柄&甘いルックスで人気を博した琴欧洲（ことおうしゅう）の出身地。シャイで勤勉なブルガリア人は、〝バルカン半島の日本人〟と称されているのだという。子どもの頃、我が家では毎朝、ブルガリアヨーグルトを食べていたこともあって、ブルガリアに勝手に親しみを感じてきたというのに……。ブルガリアよ、いつか改めて出直してくるからね！　と心に誓う。

そんなブルガリアでのミッションは「国内随一の見所、美しいフレスコ画（壁に直接絵を描く技法）の描かれた『リラ修道院』を礼拝すること！」。世界遺産にもなっているリラ修道院は、国内最大のブルガリア正教会の修道院で、ソフィアから日帰りで行ける場所なのだ。

つーか、この列車、なんで停まってんの!?　ただでさえ時間がなく、少しでも早くソフィアに着きたいところなのに、列車は2時間以上停まったまま。朝8時に着く予定だったのが、すでに10時を過ぎている。シビレを切らし、通路に出て窓から外を見ると、作業員らしきおっちゃんが小さなペンチを持ってきて、車体と線路の間をのぞきこんでいるではないか。うぐぐ〜、そんな頼りないペンチひとつで、本当に故障が直んのか!?

ヨーロッパの鉄道の遅延には慣れたつもりでいたものの、最終日の前日にこんな目に遭うと、さすがにキリキリしてしまう。そこに、他の寝台に泊まっていたねえちゃんがやってきて通路の窓を開け、タバコをプカプカ吸い出した（↑ホントは車内は禁煙）。

このイライラした気持ちを分かち合いたいと思い、ねえちゃんに話しかけてみる。

「ドバルデン（こんにちは）。この故障、いつになったら直るかねぇ」

すると、ブルガリア人だというねえちゃんはちっとも焦っておらず、肩をすくめて言う。

「さぁ〜。でも、故障したまま出発して、列車事故で死ぬ方がよっぽどイヤじゃない？」

「確かに、おっしゃる通り！」

リラ修道院が見られなかったとして、だからなんだというんだ。日本に帰れば世界遺産の番組で隅々まで説明付きで見ることもできるし、どうしても行きたければ、リベンジで再訪すればいいだけの話。イライラしたところで、なにもいいことはないのだ。

寝台に戻り、スマホ検索する。出会いを期待して、現地の旅行会社の「リラ修道院ツアー」に参加するつもりが、ツアーの出発時間は朝早いものばかり。かくなるうえは、タクシーしかない！　往復の相場を調べると50〜150ユーロとあり、値段の幅は、現地でどれだけ滞在するかにもよるんだろう。直通バスでも片道3時間かかるという道のりも、タクシーなら2時間で着くというではないか。

私のブルガリア旅は、タクシーの運転手さんの人柄にかかっているような気がした。往復4時間、現地で数時間、今日はほぼ運転手さんとしか出会いがない。よーし、ソフィアに着いたら、早速、タクシードライバーのオーディションだ！

　ソフィア中央駅に着いたのは、到着予定から3時間半遅れの11時半だった。

イカン、時間がない！　駅を出ると、タクシー乗場には車が山ほど停まっていたので、タクシーのおっちゃんたちに声をかけてみる。「リラ修道院との往復でいくら？」と聞きまくっていると、絶望的な気分になってくる。地名とボディランゲージを使えば値段を聞くことはできるものの、どのおっちゃんも、全くと言っていいほど、英語が話せないのだ。

　駅前のタクシー乗場はボラれることもあるというネット情報もあったので、流しのタクシーをつかまえることにした。キャリー付きのバックパックを転がしつつ歩いていると、ちょうどタクシーが通りかかった。

「ドーバル デン、リラ修道院との往復、ＯＫ？」と聞くと、ニコニコ顔で人のよさそうなおっちゃんが首をガンと横に振り、たどたどしい英語で言う。

「オーケー！　向こうでゆっくり見学するのもＯＫ。１００ユーロにオマケしとくよ」

　へ？　どういうこと？　口では「ＯＫ」と言いつつ、なぜ首を横に振るんだ!?　再度、確認してみるが、おっちゃんはまたまた首を横に傾ける。そのクセ口では「カモーン！」と言ってくるから、ワケが分からない。言ってることとアクションが、てんでバラバラなのだ。

　頭に「？」を浮かべていると、おっちゃんが外に出てきて、私のバックパックをトランクに入れてくれる。あぁ、そういうことか！　インドで「イエス」と「ノー」のアクションがあべこべで戸惑ったことを思い出す。会話がやけにチグハグだと思ったら、ブルガリアの「イエス」も、首を横に振るようなのだ。試しに、首を縦に振って「これが『ノー』？」と聞くと、おっちゃんは「ダ、ダ（YES、YES）」と首を横にかしげる。

「そのアクション、超わかんないよ〜」

「外国人のお客にはやらないようにと思ってるんだけど、ついクセでやっちゃうんだ」

なぜヨーロッパの中で、ブルガリアだけがこのアクションになったのかは謎だったが、トランクを閉めたおっちゃんと「よろしく！」とハイタッチを交わす。英語が少し話せるおっちゃんと出会えて、私はようやくブルガリア旅の共演者を探し当てた気分だったのだ。

「後部座席に座る？　それとも、助手席？」とおっちゃんが聞いてくるので、間髪入れずに「助手席で！」と答える。日本の感覚だと、タクシーにひとりで乗るときに助手席に座るなんてあり得ないものの、片言の英語で会話するなら、隣の方が話しやすいに決まっている。

助手席に乗り込み、タクシーが走り出すと、なんだかつき合いたてのカップルの初ドライブのような空気になり、フレンドリーすぎる並びについつい笑ってしまう。

ソフィアから離れると、高い建物はまったくなくなり、辺り一面に、真っ黄色のひまわり畑や、まばゆい緑色のトウモロコシ畑が広がっている。夏の太陽の光をめいっぱい受けて咲き誇るひまわりに、青空に向かってまっすぐ伸びるトウモロコシの葉の美しいこと！　助手席に座ったおかげで、目の前に青空と緑がパーッと広がっていて、なんとも気持ちがいい。

ソフィア生まれだというおっちゃんの名前はパルバン、45歳。タクシードライバー歴23年だというパルバンは気のいい人だったので、ホッと一安心だった。

「パルバンもご家族も、ブルガリア正教のクリスチャンなの？」と聞いてみる。

「うん。僕には妻と息子がいるんだけど、僕たちが教会に行くのは年1回だけだねぇ」

パルバンの趣味なのか、車内には牧歌的なムードのブルガリア民謡が流れている。緑に満ちた田舎道と相まって、なんとものどかな雰囲気だ。

「ブルガリアの音楽って、ジプシーの影響を受けてるよね？」

「ジプシー？　あぁ、ツィガニ（ジプシーのブルガリアでの呼称）の影響は大きいね。お隣のトルコやギリシャの影響も受けてるよ。てるこは、ジプシー音楽が好きなのか？」

サービス精神旺盛なパルバンが、ジプシー・ブラス（バルカン半島のジプシー音楽）のCDをかけてくれる。

「ブルガリアの人口は、ブルガリア人が8割、トルコ人が1割、ジプシーは数％かな」とパルバンが教えてくれる。

私が前にジプシーに会いにお隣のルーマニアを旅した話をすると、パルバンは「信じられない！」という顔になり、「なぜジプシーなんかに会いに行くんだ？」と聞いてくる。

「彼らの文化に興味があったんだよ。パルバンだって、ジプシー音楽を聴いてるじゃん」

「ジプシーの音楽は最高だ。結婚式やパーティでは、ジプシーのバンドが生演奏で盛り上げてくれるんだ。でも、音楽だけで十分だよ。ジプシーにはスリをするヤツがいるからね」

パルバンの言葉を聞いて、胸が痛くなってしまう。私がルーマニアで出会ったジプシーは、音楽とダンスが大好きで、ホスピタリティに満ち、家に泊めて精一杯もてなしてくれた人たちだったからだ。

緑の牧草地が広がる中、大きな荷物を積んだ荷馬車とすれ違う。ルーマニアと同じく、ブルガリアでは今も馬車が活躍してるんだなぁと思っていると、パルバンが渋い顔で言う。

「今のはジプシーだよ」「ホント？　ジプシーじゃなく、農家の人かもしれないよ？」

一瞬のことで、乗っている人の顔を見られなかった私が言うと、パルバンは断言する。

「いや、顔を見たから分かる。今の馬車に乗っていたのは、間違いなくジプシーだ」

しばらく行くと、朽ち果てた廃車のそばで何やら拾っている10歳くらいの男の子がいた。男の子の肌は白人より浅黒く、アジアとヨーロッパがミックスされたような顔立ちだった。

「彼もジプシーだね？」「ダ（YES）。集めた鉄クズを売って、生活してるジプシーだ」

「あんなに小さくても、ちゃんと働いてるじゃん」「まぁね」

パルバンには、明らかにジプシーに対する差別心があった。でもこれは、パルバンに限ったことではない。「ジプシーは嫌いだが、ジプシーの音楽はいい」というのは、ヨーロッパの人たちの本音のような気がしてならなかった。

「ジプシーが、お隣のルーマニアで、500年間も奴隷だったことを知ってる？」

「ジプシーが奴隷？　初めて聞いたよ。アフリカの黒人だけじゃないの？」

やっぱり……。当のルーマニアでも知られていなかったけれど、マイノリティであるジプシーの歴史なんて、学校では教えないんだなぁと思ってしまう。

西暦1000年頃、ジプシーの祖先は、インド北部から「西に理想の地を求めて」旅立ち、各地に分散したといわれている。欧州を中心に、世界中に1200万人以上いるとされるジプシーだが、最もジプシー人口が多いのは、断トツでルーマニア。実は、ルーマニアでジプシーは、1864年まで500年もの間、「奴隷」にされていたのだ。

ルーマニアは中世の頃、ワラキア公国、モルドヴァ公国、トランシルヴァニア公国という3ヵ国に分かれていたのだが、ワラキアとモルドヴァには、「ジプシーは生まれながらにして奴隷である」という刑法典があった。「所有者のいないジプシーは公の財産である」とされ、ジプシーは「奴隷狩り」に遭うと、奴隷市場で「商品」として売買された。そして領主の支配下で死ぬまで「家畜」のように働かされ、女性の場合は、夜の相手をさせられることもある、まさに〝囚われの身〟だったのだ。

自由の身になれる道は、ただひとつ。奴隷制度のない国の領土まで逃げ切るしかなかった。殴り殺されてもレイプされても文句が言えない身分から脱出すべく、隣国のブルガリア等へ、命からがら逃亡したジプシーの奴隷も少なくなかっただろう。

奴隷制の廃止は日本では明治時代が始まる頃で、人類史を思えば、そう昔のことでもない。アメリカでも、スラムに生まれ育った黒人はなかなか貧困のスパイラルから抜け出せないように、ヨーロッパのジプシーをとりまく環境もそう簡単に向上することはなく、ジプシーの多くは社会から取り残されてしまっている。

ジプシーの歴史的背景はほとんど知られていないけれど、黒人奴隷のことは広く知られていて、学校でも「奴隷貿易」という言葉を習ったことを思う。それでも、今振り返ると、「黒人奴隷」とは、正確に言うなら「アフリカから、自由を奪われ、拉致された黒人」なのだということ。「生まれながらにして奴隷」の人間なんて、本当はひとりもいない。そして、アメリカでは近年、かつて奴隷だった黒人の子孫への、補償を求める声が高まっているのだ。

そんなことを考えていると、デイビッドのことが思い出されてならなかった。「その人」を作っているのは、過去の歴史なのだということ。「今起きている事象」だけを切り取って見るのではなく、彼らを作り出した要因を顧みてほしい。第二次世界大戦中、ジプシーはユダヤ人同様、ナチス・ドイツが行ったホロコーストの犠牲になり、欧州全域で50万ものジプシーが殺されたというのに、民族名を「ロマ」に変更しただけで、謝罪も補償もなし。

いくら民族名を変えても、差別は〝心〟の問題だから、「ジプシーは出て行け！」と言っていたのが「ロマは出て行け！」になっても、差別問題は何も解決しない。ジプシー排斥を叫ぶだけでなく、ヨーロッパの国々がこれまで彼らに何をしてきたのかを知ってほしいのだ。

ジプシーのことばかり熱く語ってしまったので話題を変えようと思い、オレンジ色の屋根の石造りの家々が並ぶ村を見て、私は言った。

「ブルガリア、オレンジ屋根の家が多くて可愛いねぇ。パルバンの家もそう？」

「いや、うちは古い集合住宅をリフォームして住んでるよ。ブルガリアは景気も経済もイマイチだけど、持ち家率だけは9割なんだよ」「9割が持ち家!?　スゴいじゃん！」

東京は物価がバカ高いので、一生〝地球の店子(たなこ)〟でいようと思っている私は、目をパチクリさせてしまう。

「社会主義時代に割り当てられた家は、見かけはイマイチだけど、広くて頑丈なんだ」

「ブルガリアのお国自慢を聞かせてよ。やっぱりヨーグルト？」

「ヨーグルトは当然！　調味料としても使うから、食べない日はないよ。ブルガリアは歴史のある国なんだ。僕たちのルーツのひとつである『トラキア人』の文明は、５千年以上前から黄金文明を築いていたんだよ」

「ト、トラキア？　何それ？　『世界の古代四大文明』って言ったら、エジプト、メソポタミア、インダス、黄河の四つが、世界の常識でしょ？」

「いやいや、ブルガリアでは、なんといってもトラキア文明だよ」

パルバンの話によると、ブルガリアでは、エジプトやメソポタミアよりも古い時代に作られた黄金のマスクや金銀の秘宝が発見されたというのだ。ジプシーの歴史には興味のないパルバンも、トラキア文明のことになると熱かった。検索してみると、トラキア文明の情報がわんさか出てくる。日本じゃ「世界四大文明」史観が幅を利かせていて、トラキアなんて世界史にもほとんど出てこないぞ!?

国によって、世界観がこれほど違うとは……。思えばこの旅の道中、いろんな国の宿で世界地図を見る度に、私はギョッとしたものだった。私が見慣れている世界地図と言えば、日本を中心として作られたモノ。ところが、ヨーロッパの世界地図だと、日本は右端（東）に追いやられていたからだ。

ヨーロッパが大航海時代に作った世界地図が〝国際スタンダード〟になっているからこそ、「ヨーロッパから見て東にある」日本は「東アジア」と呼ばれ、イラン等のイスラム圏は「ヨーロッパから見て〝東の真ん中〟にある」から「中東」と呼ばれているのだということを、改めて痛感させられた気がした。

「東アジア」という言葉には慣れてしまったものの、テレビ等でたまに「『極東』に住んでいる私たち日本人は……」と表現する人を見かける度に、それはヨーロッパから見た視点であって、私は別に「東の果て」に住んでる気、ないし！　と思ってしまうのだ。

しばらくすると、車がゆるやかな山道を登り始め、可愛らしい石造りの家々が建ち並ぶ村が見えてきた。さらに山奥へ、緑あふれる山道をくねくね進んでいくと、目の前に突然、色鮮やかな門が現れた。

「着いたよ〜。道が空いてたから、1時間40分の道のりだったね」とパルバンが言う。

「おお〜グッジョブ！　腹がペコペコだから、先にランチを食べようよ」

「僕も一緒にいいのかい？」

道中、パルバンにテイクアウトのコーヒーをごちそうになったので、私は言った。

「もちろん！　お昼はごちそうさせてもらうよ。その代わり、夜10時発の飛行機に間に合うギリギリまで、リラ修道院で過ごさせてもらってもいい？」

「ゆっくり見てまわるといいよ。空港に8時に着くよう送るね。帰りの道が渋滞するとマズいから、余裕をみて5時にはここを出よう」

「プラゴダリャ！（ありがとう！）」

あぁ、パルバンと出会えてよかった！　列車が3時間半も遅れたからこそ、優しいパルバンとも出会えたんだと思うと、列車のトラブルにも感謝したくなってしまう。ツイていないことが起きるとついイラッとはするものの、立ち直りがやたらと早くなってきて、近頃では何でも〝好意的に誤解〟できるようになった気がする。

懐かしいこの感じ！　久しぶりの長旅で、忘れてしまっていた感覚が蘇っているのを感じる。旅では想像を超えるアクシデントが次から次へと起きるから、なんでもいいふうに考えないと身が持たないのだ。私はこの旅で、相当メンタルが鍛えられ、心が折れにくくなった自分の成長を実感していた。

修道院近くのレストランのテラス席に座り、ビールを注文。ブルガリアで一番人気だという「ザゴルカ」は泡がクリーミーで喉越しもよく、自然の中で呑むビールは最高だった。

しばらくすると、山羊のホワイトチーズがたっぷりふりかけられたサラダ、「ショプスカ・サラダ」が運ばれてきた。トマトの赤、キュウリの緑、紫色の玉ネギの上に、白い雪が降り積もったような白チーズが載っかっていて、鮮やかな見た目が食欲をそそる。

食べてみると、塩気の利いたコクのあるチーズと、野菜の相性がバツグンでうまい！　バルカン半島の名物チェバプチチ（ブルガリアではケバブチェ）は香ばしく、ハズレなしの美味さだ。リラ地方の名物だというマスの塩焼きは、淡泊ながら上品な味で、久しぶりに和食を食べたような気分になる。

食後、いよいよ「ブルガリア正教の総本山」であるリラ修道院へ向かう。

高い壁に覆われた修道院の門は色鮮やかで、まるでおとぎ話に登場するようなエントランスだったので、否応なしに期待が高まる。

門をくぐって中に入ると、白×赤のストライプ模様のカラフルな建物が目に飛び込んできた。なんじゃこりゃ～!?　それと知らないで来たら、棋図かずおが建てた宮殿としか思えない、〝不思議の国のお城〟のような教会がドドーンとそびえたっているではないか。

「リラの教会、きれいでビックリした？」とパルバンがホクホク顔で聞いてくる。

「す、すごいきれいだけど、個性的な教会で、テーマパークみたいだねぇ」

丸いドームの付いた教会の、ポップな色使い＆摩訶不思議なフォルムの美しいこと！　教会をぐるっと囲んでいる建物は、修道士の住居なのだという。まわりの建物も白×えんじ色の縞模様がアクセントになっていて、これまた独特の配色だ。

真っ青な空の下、緑の山々を背にそびえたつ、独創性あふるるユニークな教会。白×黒のストライプ模様のアーチ柱をくぐり、回廊の中に足を踏み入れると、外壁の壁面いっぱい、天井の端々にいたるまで極彩色のフレスコ画で埋め尽くされていて、頭がクラクラする！

壁一面を覆うように描かれた色彩豊かなフレスコ画は、教会によくある「聖書のシーン」

列車内で一服するブルガリア美人

狭い寝台で抱擁する熱々カップル

ラブリー＆キュート！ 赤×白のストライプ柄のリラ修道院

や「最後の審判」だけではなかった。夢のような天上世界があると思ったら、ユニコーンのような一角獣に、キングギドラのような龍、おどろおどろしい地獄絵図、聖人が悪魔を説教している絵まであって、きらびやかな世界にただただ圧倒されてしまう。

アーチの大胆なストライプ模様と、ド派手なフレスコ画の、異種格闘技のようなコラボ。ビビッドな彩りでみっちり描かれたフレスコ画を見ていると、横尾忠則のてんこ盛り感が炸裂している絵にも通じる、バイタリティを感じるなぁ！

中に入ると、一転、薄暗い内部は厳粛なムードで、信者がともした数えきれないロウソクの灯りがゆらめいていた。荘厳な金色装飾が施された内部はため息が出るほど美しく、外観以上にキンキラキンの豪華絢爛な世界にホレボレしてしまう。

教会内は足音を立てるのもはばかられるような静けさで、熱心に祈りを捧げているブルガリア人のおっちゃんやおばちゃんの姿に胸がきゅんとしてしまう。私もロウソクを買ってお供えし、生きとし生けるもの全ての平和を祈って手を合わせる。

外に出ると、まわりを山々に囲まれた修道院には、澄み切った空気が流れている。青い空に、白い雲、近くを流れる川のせせらぎだけが聞こえる静かな山奥に身を置くと、なんとも神聖な気持ちになる。リラ修道院は、ヨーロッパの大聖堂の威圧的な重々しい雰囲気とはまるで違い、ラブリー&キュートで親しみやすいこと！

リラ修道院に何度か来たことがあるというパルバンが教えてくれる。

「10世紀に、イヴァンという僧がここに小さな修道院を建てて、修行場にしたことが始まりなんだ。それ以来、寺院がどんどん立派になって、14世紀に今の形になったんだよ」

人里離れた山奥の厳かな佇まいといい、ド派手でカラフルな世界観といい、日本が世界に誇る世界遺産、〝天空の聖地〟と称される「高野山」を思い出さずにはいられなかった。

高野山のシンボルである根本大塔の中には、目のくらむような極彩色の立体曼荼羅（まんだら）があり、ケバケバしいまでにカラフルな世界観が、五感にダイレクトに訴えてきたことを思う。このリラ修道院のフレスコ画も、見て癒されるというより、強烈な生命力を感じて心に活気が湧いてくるのだ。

来るのが遅かったせいか観光客もまばらで、ゆったり見てまわることができてよかったと思っていると、向かいの建物の廊下を金髪美人が歩いている！　人との出会いに飢えていた私は駆け寄り、思いきって話しかけてみた。

「ドーバル デ～ン、あなたはブルガリアの人ですか？」

「ええ、私はここに泊まっている巡礼者なの」

「リラ修道院って、泊まれるんだ！」

「空いてれば誰でも泊まれるわ。でも、未婚のカップルだけは宿泊できないんですって」

色っぽい彼女はそう言ってウインクし、にっこりしてくれる。おねえちゃんの名前はテオドラ、28歳。大きく開いたVネックを着ているテオドラの胸元には、たわわな胸がこんもり盛り上がっていて、あふれんばかりの色気に悩殺されてしまう。

「ほんのちょっとだけ、部屋を見せてもらえないかな～？」

私がそう言うと、テオドラは辺りを見回し、「宿泊者以外は立ち入り禁止だから、本当にちょっとだけよ」と言いつつ、2階の宿坊に案内してくれる。中を見せてもらうと、トルコ風のカーペットが敷かれた部屋には、小さなベッドとチェストが置いてあった。宿坊らしいシンプルな造りながら、落ち着いた風情で居心地がよさそうだ。

「トイレ、シャワー付きの部屋で、1泊30Lv（約2200円）なの。とってもリーズナブルでしょ？」

その値段で世界遺産に泊まれるとは！　それにしても、巡礼者用の宿坊があるなんて、ますます高野山みたいだなぁと思う。以前、高野山の宿坊でプチ修行し、心のフンドシを締め直すことができた私は興味津々。

「テオドラは、ここにどのくらい泊まってるの？」

「今日で3日目よ。あと何日泊まるか、まだ決めてないの。毎日、早朝と夕方にミサのようなお祈りをするんだけど、とても厳かな雰囲気で、気持ちがキリッと引き締まるのよ」

セクシーすぎるテオドラ

清潔感があり、心地よさそうな宿坊

おだやかで気のいいパルバン

トルコ移民の明るい兄ちゃん

それにしても、こんなにセクシーで、アメリカ版「PLAYBOY」の表紙を飾ってもおかしくないブルガリア美女が、なぜストイックな修道院にひとりでやってきたんだろう？

「テオドラは、クリスチャンなんだよね？」「ええ。宗教がなければ、心のコントロールができないわ。私の心の中には、いつでも神様がいるのよ」

このヨーロッパ旅で出会った若い人で、ここまで敬虔（けいけん）なセリフを聞いたのは、テオドラが初めてだったような気がした。

「でも、みんながビーチに繰り出してるバカンス中に、テオドラはなんでまた修道院に？」

私が聞くと、テオドラはゴージャスな金髪ロングヘアをかきあげながら言う。

「じつは、3ヵ月前にイスタンブールで、トルコ人の男性と恋に落ちたの。彼と1週間、夢のような時間を一緒に過ごしたんだけど、彼のことがどうしても忘れられなくて……」

「その彼とは、3ヵ月前に会ってそれっきりなの？」

「ううん、その後もイスタンブールに3回会いに行って、毎回3泊はしてるかしら」

めちゃめちゃ入り浸っとるがな！

「その、どうして彼のことを忘れないといけ……、そうか、彼がムスリム（イスラム教徒）だから？」

私がそう言うと、テオドラは首をかしげる（↑頷いてる）。トルコは、政治と宗教を切り離した「政教分離（世俗主義）」の国ではあるものの、国民のほとんどはムスリムなのだ。

「ええ、たぶん……。彼がムスリムではないことを、祈らずにはいられないわ……」

いやいや、彼がムスリムだとしたら、ムスリムでないことを祈っても仕方がないんだから、そこはハッキリ彼に確認しようよ！　と思うも、恋の話題になった途端、テオドラはセンチな顔になり、すっかり黄昏(たそがれ)ムードになっている。

「彼のことが好きすぎて、静かな場所で、ひとりになって考えたかったの。彼は、本当にいい人なのか、私の夫になる人なのか……」

中東のイスラム圏ならともかく、バルカン半島ではデイビッドの両親のように異教徒同士で結婚している人も珍しくないのだ。それでも、もし彼と結婚するとなれば、テオドラは敬虔なクリスチャンの家族から猛反対されそうだし、越えなければいけない壁がいくつもあるんだろう。

「でも、ここに3日もいたら、少しは気持ちが安らいだでしょ」

私がそう言うと、テオドラは悩ましげに髪をかきあげて言う。

「ああ〜ん、もう、彼のことばかり考えちゃうの」

宿坊に泊まっても、ちっとも煩悩なくなってないし！　な〜んか、セルビアのマーシャにしても、今朝の寝台のラブラブカップルにしても、私以外の人はみんな恋しまくってる気がするなぁ、と思いかけるも、ん？　ちょっと待て。私もついこの間、はしかのような恋に落ちてたじゃんか！　あぁもう、いろんな国でいろんなことがありすぎて、思い出を心のどこにしまえばいいのか分からないほどだ。

「てるこは、神様を信じてる？」とテオドラが聞いてくる。

「う～ん、まぁ信じてるは信じてるけど、私の信じてる神様は、自然の神様なんだ。太陽、山、川、海、大地……日本には、自然のもの全てに神様が宿ると考えられていて、八百万の神様がいるんだよ」

「は、800万!?」。オーマイガー顔になったテオドラが、言葉を選びながら言う。

「てるこの信じてる神様なのに……ごめんなさい。私には800万の神様は想像もできないし、神様の名前を覚えきれないわ。でも、今思ったの。もし彼が800万の神様を信じている人だったら、あまりにも信仰がかけ離れていて、あきらめてしまうかもしれない。でも、ムスリムもクリスチャンも神様の存在はひとつで、同じ神様を信じているんだから、障害を乗り越えられるような気がしてきたわ」

えっと800万ってあくまでたとえで、「数えきれないほど沢山」って意味なんだけどね、と喉元まで出かかっていたが、ぐぐっと飲み込む。テオドラがムスリムを身近に感じてくれたなら、その方がいいと思ったからだ。

ハッと気がつくと、5時前になっていたので、「すてきな時間をありがとう！」とテオドラにお礼を言う。

「こちらこそ〜！　お話できてうれしかったわ。気持ちを整理することができたから」

「でもね、心配しなさんな。ものごとは何でも、必要ならうまくいくし、うまくいかなかったら必要ないってことだから」

最近、日本旅も始めた私が、北海道のアイヌのシャーマン、レラさんからもらった言葉を伝えると、テオドラの顔がパッと明るくなる。

「あぁ、目が覚めた気がする！　本当にそうだわ〜。悩んでも仕方がないわね」

テオドラとビッグハグをして別れ、リラ修道院を後にする。

タクシーに乗り込み、一路、ソフィアへ。帰りは行きよりも道が混んでいて、パルバンの言う通り、早めに出て正解だったなと思う。

ソフィアに近づくにつれて渋滞気味になり、高速に入ると、車は少し走ってはすぐ停まるを繰り返している。空がだんだん茜色に染まり始め、雲の切れ間から金色の光がこぼれているさまは、たとえようもない美しさだった。

ドライブがてら夕焼けまで見られるなんてラッキーだなぁと思いつつ、ふと後方を見ると、一車線隔てた車線に立っている、少年の姿が目に留まった。

ん!?　なんで高速に人が!?　見ると、少年は掃除ブラシを片手に、停車中の車にダッシュで駆け寄り、フロントガラスを勝手に拭き始めている。渋滞が緩和されて車が動き出すと、身動きできなくなるような危ない場所で、ニッチにもほどがある〝押し売り稼業〟だ。

年はまだ12、13歳だろうか。あの少年、たぶんジプシーだなと思っていると、パルバンが顔をしかめて言う。

「彼はジプシーだよ。僕もよく同じことをやられるんだ」

少年は車に駆け寄っては、フロントガラスを猛烈な勢いで拭いて「掃除しました！」アピールをしているのだが、どの車の運転手にも「シッシッ！」とまるで野良犬をけちらすような感じで邪険に扱われている。

しかし、少年は少しも懲りず、前の車にターゲットを変えて猛ダッシュ。少年が新たな車のフロントガラスを拭き始めると、その車の運転席の兄ちゃんも「必要ない！」と追い払う。それでも少年はあきらめず、懸命に食らいつき、窓ガラスの汚れている箇所を力いっぱい拭いて、「掃除してます！」アピールをやめない。

とうとう運転席の兄ちゃんは根負けし、少年に少額紙幣を渡した。フツーなら「金さえもらえればこっちのもの！」という感じで、そそくさと立ち去るモノ。ところがどっこい、少年は窓拭きという仕事に誇りを持っていたのか、窓ガラスの別の汚れている箇所を拭き始めたではないか。お金をもらったからこそ少年はプロ根性を発揮し、車が動き出すギリギリまで、シャカリキになって窓ガラスを拭き続けているのだ。

少年のけなげな姿に胸を打たれ、彼の後ろ姿を写真に収めたい！　と思うも、いかんせん、少年の姿は遠すぎた。私は基本、了解を得てからしか人の写真を撮らないので、人を撮るのに最適な単焦点レンズ（ズームにならないレンズ）を使っているのだ。

カメラを構えつつ、望遠レンズに付け替えようとモタついていると、運転席の兄ちゃんが私のカメラに気づき、少年に「きみを撮ろうとしてる外国人がいるよ」と言ったらしく、少年が後ろを振り返った。

こちらに顔を向けた少年は、大きな瞳の精悍な顔立ちで、その細い体にはよけいな脂肪が一切ついていなかった。私は運転席の兄ちゃんに、心の中で（ああもう、よけいなこと言わないで〜！　彼に「盗み撮りされた⁉」と嫌な思いをさせちゃうじゃん！）と叫んでしまう。

ところが次の瞬間、少年は嫌な顔をするどころか、私に向かって商売道具の掃除ブラシと窓拭き代の少額紙幣を高らかに掲げると、白い歯をニカッと見せ、大きくガッツポーズしてくれたのだ。夕焼けに映える、そのキッラキラの笑顔のまぶしかったこと！　絶好のシャッターチャンスだというのに、望遠レンズが間に合わず、少年を撮ることができない！

渋滞が緩和されて、車が動きだしている。少年の手前、私は写真を撮るフリをして、心のシャッターを切りまくった。どんな境遇でも明るく誇り高く生きる少年の、びっかびかの笑顔を胸に焼き付けておきたかった。あぁ、彼のこの笑顔を一生忘れたくない!!

私は車窓から身を乗り出し、上半身を丸出しにして、力の限りに叫んだ。

「フヴァラ〜!!」

すると少年は、これ以上笑ったら顔が破裂するんじゃないかと思うぐらいニッカニカの笑顔になり、掃除ブラシを大きく振って私に応えてくれる。車が本格的に動き出すと、満面の笑みで手を振ってくれる少年の姿はどんどん小さくなり、やがて見えなくなってしまった。

なんてことのないやりとりで、ジプシーの少年と笑顔で手を振り合ったという、ただそれだけのことなのに、私の目には涙がにじみ、これ以上ないくらい胸がいっぱいになっていた。

車窓から見える空には、赤やオレンジ色のグラデーションの、大きな夕焼けが広がっている。このヨーロッパ旅の道中、いろんな国のいろんな街角で、ジプシーを見かけたことを思い出さずにはいられなかった。色使いの派手なロングスカート姿で物乞いする陽気なねえちゃんや、靴磨きに精を出す兄ちゃん、路上でオモチャや新聞を売る家族、デイビッドを兄貴のように慕っていた少年等……。

どの国のどんなジプシーも、ルーマニアで私によくしてくれたジプシーと同じく、ふてぶてしいまでにポジティブで、そのたくましい生命力に思わず吹き出したり、ときには感動すら覚えたものだった。我が道をゆくジプシーたちは、自分の置かれている境遇はどうであれ、みんな笑っちゃうぐらい堂々と生きていて、根拠のない自信に満ち満ちていたのだ。

たった10時間の滞在で、駆け足だったブルガリア。リラ修道院を見に行くことしかできなかったけれど、私の心は十分満たされていた。ブルガリア人を絵に描いたような気のいいパルバンや、道ならぬ恋に身を焦がすテオドラに出会えたこともうれしかったものの、ブルガリアは、最後にあのジプシーの少年の笑顔に出会うための旅だったような気がしたからだ。

リラ修道院で見たフレスコ画の躍動感と、ジプシーの少年にもらったバイタリティが相まって、胸に活力が湧き上がってくる。

生きていこう。何があっても生きるぞ。私にそう強く思わせてくれた少年の、生命力に満ちあふれた笑顔を胸に刻む。

力いっぱい生きることは、少しも恥ずかしいことじゃない。誰にどう思われてもいい。生きていればいい。元気に生きてさえいれば、それで十分なんだ！

これから向かう先は、旅の最終地、トルコのイスタンブールで、明日は旅の最終日だった。旅しても旅しても、永遠に終わらないんじゃないかとすら思えた、長い長い旅。この旅が本当に終わってしまうなんて、私はまだ信じられない気分だった。

トルコ★イスタンブール
宮殿サウナのアカスリ師、てるこの〝旅アカ〟に悶絶

（うお〜！　今日が最後の日。最後の朝なんだ！）

朝7時、緊張が高まり、ガバッと飛び起きた。見回すと、薄いピンク系の乙女チックな部屋で寝ていて、あまりにもラブリーな雰囲気に（あれれ？　ここどこだっけ!?）と6時間ほど前の記憶が蘇る。

昨夜、トルコの最大都市イスタンブールに着いたのは深夜11時すぎ。タクシーで旧市街に向かい、いくつか安宿をまわるも、どこも満室。2時すぎにようやく見つけたのが、この可愛いペンション（ミニホテル）だったのだ。

タクシーに待っていてもらい、「メルハバ（こんにちは）、1泊1名、泊まれます？」と聞いてみると、「ああ、1室空いてるよ。朝食付きで1泊90ユーロだ」とフロントの兄ちゃん。

「この時間まで空いてるってことは、今夜はもう誰も来ないでしょ。70ユーロにマケて」

「そうねぇ、じゃあ75ユーロで」「OK！　サーオル！（カジュアルな「ありがとう」）」

言うのはタダなので、「試しに値切ってみる作戦」を決行してきた私。昨夜も値切りに成

功し、タクシーから降りると、兄ちゃんはニコニコ顔で私のキャリーバッグを運んでくれた。

「朝食は何時から？」と聞くと、ネクタイ姿の兄ちゃんが私の質問をシカトして聞いてきた。

「その前に、きみはボーイフレンドはいるのか？」

パードン!?　なんじゃその返しは!?　もったいぶらずに、とっとと朝食タイムを教えろや！　と思いつつ、マケてもらった手前、邪険にもしにくい。「なんでそんなこと聞くの？　今はいないよ」と言うと、兄ちゃんは胸を張り、ウインクしてみせた。

「よし、俺がボーイフレンドになるぞ！」「はぁああ～??」

なんたる自信！　私の気持ちを抜きに、どうしてそんなことが言い切れるんだ!?　いったいどんな風に育てられたら、こんなにも自信満々なナルシストで、チャラい仕上がりになるんだろう？

「あのさ～、兄ちゃん、ホテルマンなんだから、仕事中にナンパなんてダメでしょ」

私がたしなめると、兄ちゃんは堂々と居直って言った。

「俺は、ホテルマンである前に、男だ」

なんじゃそりゃ！　つーかそういう格好いい決めゼリフは、客のナンパでなく、人命救助するときとか、もっと感動的なシーンで使えや！

……みたくアホなやりとりがありつつ、なんとか宿のチェックインを済ませたのだった。

朝食は屋上だと聞いていたので、階段で屋上まで上がると、ルーフテラスになっていた。

うわ〜、なんて素晴らしい眺めなんだろう。パーッと視界が開け、澄んだ海のブルーと、海沿いに広がるカラフルな家並みが目に飛び込んでくる。今まで欧州の街並みといえばオレンジ屋根×白壁の家が定番だったのが、イスタンブールの家並みの色とりどりなこと！　オレンジ屋根は多いものの、家の外壁の色が、レッド、イエロー、ブルー、グリーンと、まるで、自由気ままに絵の具を置いたパレットのようだ。色鮮やかな街並みの中に、パステルグリーン色の美しいミナレット（イスラム寺院の塔）が顔をのぞかせている。ヨーロッパの美しく揃った街並みとは違って、いろんな建物がごちゃまぜな家並みがアジアっぽく、力強いバイタリティを感じずにはいられなかった。

あぁ、この景色を見ただけでも、トルコに来た！　って感じがするなぁ。ヨーロッパとアジアが融合しているトルコは、ずっと旅したいと思っていた憧れの場所だったのだ。宿泊客のフレンドリーなトルコ人家族とおしゃべりしながら朝食をほおばりつつも、早く街に飛びだしたくて気持ちがはやる〜！

このトルコでのミッションは、「宮殿風の『ハマム』で〝旅アカ〟を落とすこと！」。

ハマムとは「イスラム圏の公衆浴場」のこと。見所だらけのイスタンブールは1日で見切れるわけがなく、気持ちが焦るばかり。なのでハマムをミッションにすれば、それ以外のことは全部、オマケでついてきたオプションだと割り切れると思ったのだ。

朝食後、フロントのおっちゃんにハマムに電話してもらい、アカスリ&マッサージの予約を入れてもらう。アカスリは上手い下手の差がデカく、店によってはアカスリ師が男性の場合もあると聞いたので、前もって上手いアカスリ師の女性を予約しておきたかったのだ。

仕事熱心でテキパキしたおっちゃんの姿を見ていると、昨日の深夜シフトのナンパ兄ちゃんとのやりとりが夢だったんじゃないかと思えてくる。夜10時に空港に向かうまでの間、荷物の預かりをお願いすると、「イスタンブールを楽しんで!」とおっちゃんがにっこりしてくれる。

時計を見ると、朝8時。私に残された旅の時間は、あと14時間だった。最後の日だと考えると感慨深く、思わず今までの旅をセンチに振り返りそうになるも、ブルンブルンと首を振る。昨日のブルガリアや、その前のセルビアやボスニアのことを思うと、旅先での1日はドデカい。あと14時間もあるんだから、めいっぱいトルコを楽しむぞ!

宿を出て石畳の坂道をくだっていると、スイカやメロンを山盛り積んだ荷車を、若い兄ちゃんが2人がかりで押しながら上がってくる。坂道の途中では、露店の魚屋のおっちゃんが威勢のいい声を張り上げていて、お使いに来た男の子が小魚を買っている。あぁ、こういう雑多な雰囲気がアジアっぽいなぁ!

地図を確認しつつ、エリア全体が世界遺産になっている歴史地区へ急ぐ。すると、食堂のテラス席でお茶をしていたおっちゃんが「コンニチハ〜」と日本語であいさつしてきた。

「道を教えるよ。どこに行くの？」とポロシャツ姿のおっちゃんが流暢な英語で言う。

「『スルタンアフメット・ジャーミィ（通称ブルーモスク）』に行こうと思ってて」

「ブルーモスクはすぐそこだから、僕が入口まで案内するよ」「え、いいの？　サーオル」

「お、トルコ語が話せるのかい？」「いやいや、『こんにちは』と『ありがとう』だけだよ」

旅の予定を聞かれたので、「21ヵ国を旅してきて、このトルコが最後の国で最後の日なんだよ」と言うと、おっちゃんが目を丸くする。

「21ヵ国も旅して、最後のイスタンブールがたった1日!?　まぁでも、まずブルーモスクを見るのは、いい選択だと思うよ。今も僕たちトルコ人の心の拠り所で、現役のモスクだからね。オスマン帝国時代に建てられた、長い伝統のあるモスクなんだ」

「オスマン帝国って、超でっかい国だったんだねぇ。東欧を旅してきたんだけど、建物とか食べ物とか、至るところにオスマン帝国の影響を感じたもん」

「600年以上続いたオスマン帝国は、東欧、北アフリカ、西アジアにまたがる、巨大な国だったからね。まぁそう急がず、お茶を飲んで行きなよ。トルコはのんびりした国なんだ。トルココーヒーがいい？　それともアップルティー？」

おっちゃんに座るよう促され、「じゃあ、アップルティーで」とオーダーさせられてしまう。運ばれてきたアップルティーはほんのり甘酸っぱく、ホッとするおいしさだった。

「おいしいね！」「だろ〜？ アップルティーは砂糖を入れず、自然な甘さを味わうんだ」

イスタンブール生まれだというおっちゃんの名前はスータン、34歳。このロカンタ（ローカル食堂）のオーナーで、市場等で働く人へのデリバリーが中心の店なのだという。

「トルコの家庭料理の味が自慢なんだ。観光客向けの店より、ずっと安くておいしいよ」

「ちなみに、スータンの店ってビール呑める？」と聞いてみる。イスラム圏の料理はうまいものの、観光客向けの店でないとアルコールを置いていないのだ。

「トルコ人用の店だから酒は置いてないんだ。でも、味は保証するから食べにきてよ！」

名物のケバブ（串焼き肉）でビールが呑めないなんて辛すぎる！と思い、やんわり話題を変える。

「トルコの人って、日本人に親切だねぇ。なんで？」と聞いてみる。昨夜のタクシーのおっちゃんも親身になって安宿を探してくれたし、探し当てた宿ではナンパされ、宿から100mも歩いていないのにまたまた呼び止められるなんて、なかなかないことなのだ。

「トルコ人は、日本人が大好きなんだ。世論調査で『世界で一番好きな国』といえば、いつも日本がトップになるぐらいだよ」

「それは、『エルトゥールル号』の事故がキッカケなの？」

明治23年（1890）、和歌山県沖でオスマン帝国の軍艦エルトゥールル号が台風で沈没した遭難事故で、地元住民が乗組員69人を救助して献身的に介抱したという、日本とトルコの友好エピソードがトルコでは有名だと聞いていたのだ。

その後、約100年の月日が流れても、エルトゥールル号の事故で受けた恩を、トルコの人たちは忘れていなかった。イラン・イラク戦争の最中だった1985年、イランに残された200人以上の在留邦人を、トルコ政府の命を受けたトルコ航空が命懸けで救出してくれたという、感動エピソードの続編まであるのだ。

「エルトゥールル号の話は特に有名だね。とにかく、トルコはとても親日的な国だし、トルコ人の男は、日本の女性が大好きなんだよ」

「じゃあさ、トルコの女性も、日本の男が好きなの？」と聞いてみる。

「いや、日本の男は、トルコの女性には全くモテないよ」「え、なんで？」

「トルコの女性は、僕たちトルコの男が大好きだからさ！」

ウーム、トルコの男たちは、どうしてこうも自信満々なんだ!?

「魂胆がみえみえだよ。ムスリムの女性は貞操観念が強いから、外国人の女に声をかけてるんでしょ？」

「まぁ都会は少しずつ変わりつつあるけど、国全体では、まだまだお見合い結婚が多いからねぇ。自由恋愛でも、結婚前のお付き合いはプラトニックが当たり前なんだ」

昔の日本もそうだったしなぁと思っていると、スータンが声をひそめて言う。

「未婚の男女がセックスしてることがバレたら、相手の家族が激怒するし、大変なんだよ」

スータンいわく、結婚前に関係を持つカップルもいなくはないものの、宗教上の罪になるから、絶対に秘密なのだという。「できちゃった結婚」なんてあり得ないトルコは、「恋愛不自由国」なので、外国人女性へのナンパが盛んなようなのだ。

「スータンは結婚してるの？」「僕は3年前に離婚して、今は独身だよ」

「お子さんは？」と聞くと、スータンが言う。

「3年前に離婚した奥さんとの間に、6歳の子どもがいるんだ。僕はその前に3度結婚したことがあって、全部で子どもは12人だよ」

「ええ!? そ、そんなに!?」

1度や2度の離婚ならまだしも、4度とは！ しかも子どもが12人って！ 前髪パッツンヘアで小柄なスータンは、〝何の変哲もない顔〟を絵に描いたような凡庸な顔立ちなのだ。4人もの女性から夫として望まれ、12人分の遺伝子を残すなんて、スータンの何がそんなによかったんだろう??

厨房をのぞかせてもらうと、デカい包丁を持ったおっちゃんたちが忙しく働いていて、陽気に手を振ってくれる。小さい食堂ながら活気があるから、店の経営はうまくいっているらしい。やっぱりどこの国も、たくましい経済力はモテる要素なんだなぁと思う。

店では他にも、若いイケメンの兄ちゃんたちが働いていた。デリバリーからバイクで帰ってきた兄ちゃんに話しかけ、写真を撮らせてもらうと、スータンが凄まじいヤキモチを焼く。

「僕がいるのに、なんでてるこは、他の男と話すんだよ〜」

「だって、トルコ滞在はたった1日なんだから、いろんな人と話したいじゃん」

スータンの〝好き好きアピール〟が強くなるにつれ、気持ちが後ずさりする。スータンは悪い人ではないものの、私はこういう好意を向けられて自分にその気がなければ、一目散に逃げることにしているのだ。ブルーモスクに着いたら、スータンをなんとかまかねば！

お茶をごちそうになった後、スータンがブルーモスクの入口まで案内してくれる。見ると、観光客用の入口には列ができていた。細長いミナレットが6本、天にすっくと伸びる姿が特徴的なブルーモスクは、イスタンブールのシンボル的な巨大モスクなので、観光地としても大人気なのだ。

お礼を言って別れようとすると、スータンは「せっかくなんだから中を案内するよ」と言ってくる。スータンもブルーモスクにはよく礼拝に訪れるというし、「ここで帰って！」とも言えず、一緒に見学するハメになる。

行列に並びつつ、私はスータンに本音を言った。

「スータンってさ、相当のヤキモチ焼きだよねぇ。離婚の原因は、ヤキモチじゃないの？」

すると、スータンが「とんでもない！」という感じで言う。

「僕だけじゃなく、トルコでジェラシーはフツーのことだよ。たとえば、もし僕の奥さんが知らない男性や知人男性に、向こうが挨拶してくる前に先に挨拶したりすると、トルコ人の男はモーレツに嫉妬するんだ」

「え、挨拶だけで!?　でも、知らない男性はさておき、知人に会ったのに挨拶しないと、シカトしてるみたいで感じ悪いじゃない」

「でも、何も彼女の方からわざわざ近づいて、先に挨拶することないじゃないか。向こうが挨拶してきて、それに挨拶を返すならオーケーだよ」

スータンいわく、自分の嫁が、親戚以外の知人男性と外を一緒に歩くなんて、もってのほかなのだという。てことは、働いているトルコ人女性は、外で男性と仕事の打合せもできないってこと!?

「だって、もし人に、自分の妻が自分以外の男と一緒に歩くところを見られたら、みんなに妻がその男と寝たと思われて、妻は〝尻軽女〟だとウワサになってしまう。そして僕も、人

スータンの食堂で働くイケメンたち

ちっとも悪びれない宿のナンパ男

青空×ブルーモスクのコントラストの美しいこと！

から〝妻を寝取られた可哀想な夫〟だと思われてしまうんだよ」

「ええ〜!?　なにそれ!!　先回りして考えすぎだよ！」

妄想にもほどがある。自分以外の男はみな、妻を寝取る可能性のあるライバルってこと!?

この、凄まじいジェラシーはどこからくるんだろう。トルコは、世界中から旅行客がやってくる観光大国。毎日のように世界のラブラブカップルを目にする一方で、トルコの男女は基本、結婚前のお付き合いを制限されているというギャップがある。

たとえるなら、男女共学の高校に通っている男子にとっては、女子と接する日常が当たり前でも、男子校に通っている生徒は普段接しない女子のことをものすごく意識するから、異性に対する関心がハンパなく強い、みたいなことなんだろうか……。

トルコ人男性の想像を絶するジェラシーに面食らっていると、スータンが言う。

「でもこれは、男に限った話ではないよ。トルコ人女性の嫉妬も凄まじいからね。僕の前の奥さんは、僕が友だちの奥さんをちょっとホメただけで『キーッ』となったし、男友だちと仲良くしすぎるのにもヤキモチを焼いていたもの」

男の友情にも嫉妬ぉ!?　全方位型ジェラシーにもほどがある！

とにもかくにも、この旅で、〝男女の友だち〟で旅するコンビに出会ってきた私からすると、信じられない世界だった。男女の関係が全て「セックス」に結びつく思考回路に、ド肝を抜かれてしまう。でも確かに、日本でも欧米でも、結婚前なら異性の友だちとふたり旅に出るのは自由でも、結婚後は遠慮することが多いだろうから、男女のサシの友情はむずかしいよなぁと改めて思う。泊まりはNG、ゆるされるのはサシ呑みまでか。

なんにしても、トルコは、男女が親しく挨拶するのもはばかられるような〝嫉妬大国〟。国をあげてこのテンションということは、たとえば、私がトルコ人家族の家にお呼ばれして、ダンナさんを「優しくてイケメンで、いいダンナさんですねぇ」などとホメようものなら、奥さんがヤキモチ焼きの場合、（さては、うちのダンナを寝取ろうとする気!?）などと思われて、嫉妬で焼き焦がされかねんというのか!?

今まで旅してきた中で、トルコは「世界一のヤキモチ国」と言っても過言ではないような気がした。男女が互いにヤキモチを焼き合い、束縛し合うことで、愛情を確認する国、とでもいえばいいだろうか。

嫉妬深いということは愛情の裏返しで、それだけ情熱的ともいえる。スータンに限った話ではなく、男女共にヤキモチ焼きということは、個人の問題というより、ヤキモチ文化が根付いているということなんだろう。そういう慣習というか、そういうプレイというか、そういうライフスタイルなのだ。

順番が回ってきたのでブルーモスクの中に入ると、あまりの美しさに息を呑む。

内部をぐるっと飾る、色鮮やかなステンドグラスから差し込む淡い光。天井のドームや内部の壁全体に施された、エスニック調の繊細なタイル模様。モスク全体がひとつのアートというか、まるで壮大な美術館の中にいるような気分になる。ホレボレしながら天井ばかり見てしまうので、首が痛くなってしまうほどなのだ。

「イスラム圏のモスクには入れないことも多いのに、トルコは太っ腹だねぇ」

「でも1日5回のお祈りタイムには、観光客を入れず、信者だけの時間になるんだよ」

ブルーモスクを出た後も、スータンは私の横にピッタリ張り付き、帰る気配がない。アーチ柱の神秘的な「地下宮殿」を観光した後、歩いていると大きな橋にたどり着いていた。

「ここは、旧市街と新市街をつなぐガラタ橋だよ。新市街の方は現代的で、ガラッと雰囲気が違うんだ」とスータンが説明してくれる。

まわりを見渡すと、橋の上から釣り糸を垂らしている、トルコ人のおっちゃんたちの姿があった。真っ青な空の下、真っ青な海が広がっていて、海風が気持ちいい。街中に比べて、海のまわりはさらにのんびりした雰囲気だ。

橋のたもとには、遊園地のアトラクションのような、ド派手な豪華船がいくつも浮かんでいた。見ると、船内で兄ちゃんたちが大量のサバを焼き、パンに挟んでいる。作るそばから飛ぶように売れている「サバサンド」。トルコで大人気だというB級グルメ、サバサンドはぜひ食べてみたいと思っていたのだ。

「サバサンドを食べるよ！　当たりハズレがあるっていうから、おいしい店を聞いてみる」

私がそう言うや否や、スータンがうまい店を聞きまくってくれたので、評判の屋台でサバサンドをゲットすることができた。フランスパン風のトルコパンに、サバ、レタスが挟んであるだけで、見た目はシンプル極まりない。

レモン汁を垂らし、サバサンドにかぶりついてみると、うんまーい！　脂の乗ったジューシーで肉厚なサバと、外パリッ、中フワッなパンの、ミスマッチが面白すぎる。潮風に吹かれながら、香ばしいサバサンドをほおばるのは最高の気分だった。お腹がすいていないというスータンは自分はサバサンドを食べず、私がウマそうにほおばる姿を満足げに眺めている。

サバサンドを食べていると、写真を撮らせてもらいたくなる、いい雰囲気のトルコ人がわんさか通りかかる。私がトルコ人の兄ちゃんやおねえちゃんに、「メルハバ〜。写真を撮らせてもらっても？」と声をかける度に、スータンが嫉妬の炎を燃えたぎらせる。

「てるこ、僕という人間がいるのに、なんでそんなにも僕を苦しめるんだよ！」

「いやいや、別に苦しめてなんかないし。旅先で私はいつも、こんなふうに人の写真を撮ってるんだよ。スータンもお店があるんだから、無理してついてこなくていいってば」

私がスータンに去ってもらいたい一心でそう言うと、スータンはモンモンとした顔で言う。

「なぜ分かってくれないんだ。僕は、僕は、てるこのことが好きなんだよ！」

突然の告白。参ったなぁと思いつつ、私は努めて冷静に言った。

「でもさ、私はみんなと仲良くしたい人間なんだよ。もし私のことが好きなら、こんな私を全部、丸ごと受け入れてくれなきゃ、話になんないじゃん」

「ああ！　だから僕は、苦しくてたまらないんだ。きみが僕の店の従業員とフレンドリーに話す姿を見ながら、誰とでも分け隔てなく接するきみにどんどん惹かれていった。でもそれと同時に、僕の心の中には嫉妬心が渦巻き、ジェラシーの炎が燃え盛っていたんだよ！」

知らんがな!!　つーか、ヤキモチ云々の前に、私、スータンと付き合ってないし！　それに、付き合う気も一切ないし！　あぁ、もう無理。こんなジェラ男とは一緒にいられない！　こうなったら、スータンから逃亡するしかない!!

すぐに決行するとバレると思ったので、しばらくたわいのない会話をしながら歩き、人通りの多い場所で、私はいきなり腹を抱えてうずくまった。

「うう～腹が！　ずっと下痢で、ああ漏れそう!!」「大丈夫!?　公衆トイレがこの辺に……」

一世一代の大芝居を打った私は、思いきり顔を歪め、悶え苦しむフリをしながら言った。

「もう間に合わない！　近くのホテルで借りる！　トイレ、時間かかるから、私を待たないで！」

そう言い切ると、私は脇目も振らず、その場から猛ダッシュした。

「ちょっと待って！　てるこ～!!」

スータンの声が後ろに聞こえても、私は振り返らなかった。ジェラ男の、支配からの卒業。人ごみをかき分け疾走しながら、頭の中には尾崎豊の名曲のサビがエンドレスで鳴り、私は心の中で絶叫していた。

（ごめん！　ジェラ男とか生理的に無理！　お願いだから私のことを好きにならないで～!!）

どれぐらい走っただろう。後ろを振り返ると、スータンの姿はなかった。息をゼーハーさせつつ、（よかった、スータンを傷つけることなく、うまくまいたな）と思う。

よーし、次は土産物だ！　今までは長旅の荷物になると思って、買物をぐっとガマンしてきたのだ。

550年以上の歴史があり、世界最大級の市場といわれる「グランドバザール」へ向かう。お城のようなテイストの門をくぐると、度肝を抜かれる巨大な空間が広がっていた。市場全体が屋根に覆われているグランドバザールは、4千もの小売店がひしめいているというだけあって、凄まじい活気に満ちている。

モザイクガラスがあしらわれた美しいランプの専門店や、幾何学模様や花柄のキュートな陶器の専門店、色鮮やかなキリム（毛足のない、遊牧民の敷物）やじゅうたんの専門店……等々。気になるモノやほしいモノだらけで、どこから見ればいいのか分からなくなってしまう。

呼び込みの声が飛び交う市場の中を歩いていると、トルコ人のフレンドリーな兄ちゃんが、日本語で「コンニチハ〜」「日本人デスカ〜？」と声をかけてくる。スータンの過度なヤキモチのせいでトルコ人となかなか自由に会話できず、話しかけられる機会もなかったことを考えると、こってりした人なつっこさも、ウザすぎるセールスも、楽しく思えてしまう。

「見ルダケ、タダ！」「バザールでゴザール」「持ってけドロボー」等々、いったい誰が教えたんだ？　というヘンな日本語で話しかけられる度に、同じイスラム圏のモロッコのスーク（市場）を思い出し、懐かしさがこみあげてくる。スータンには悪いけど、重すぎる〝好きモード〟から解き放たれて、自由になった気がしてならなかった。イスタンブールの市場は、歩いているだけでオモロいなぁ！

スパイス屋に入ると、アイドル顔の陽気な兄ちゃんがチャイを試飲させてくれる。

「僕たちは、アールグレイとアッサムの葉をブレンドしたり、いろんなお茶を楽しむんだ」

試しにオススメのブレンドのお茶を飲ませてもらうと、美味い！　たとえ値札が付いていても、市場の商品はまとめ買いすれば値引きしてもらえるので、鼻息荒く交渉態勢に入る。

「じゃあ、これを50ｇごとに20袋に分けて買うから、オマケして」

アイドル顔の兄ちゃんと交渉していると、ヒゲの兄ちゃんがナゾの小瓶を勧めてくる。

「これはどう？　自然のスパイスを配合した、トルコのバイアグラなんだ。男女兼用だよ〜」

見ると、小さな男の子のオチンチンが巨大サイズになっているという、不謹慎きわまりないイラスト付き。世界中の観光客が、ついネタとして買いたくなるアイテムに、商売が上手いなぁと感心してしまう。試しに食べさせてもらうと、生姜味ベースにさまざまなスパイスが混じり合った味で、マズいほどでもない。

「これ、ホントに効くの〜？　メチャメチャ怪しいじゃん」

「効果テキメンさ！　でも、僕はこんなモノがなくても、君を満足させる自信があるよ〜」

ヒゲ兄ちゃんがそう言うと、対抗意識を燃やしたアイドル顔の兄ちゃんは「僕は、彼には負けないよ！」と言ってウインクしてみせ、私を店の奥に手招きし、耳元でささやく。

「じつは、僕は1日6回いけるんだ」「ろ、6回も!?」

5回でも10回でもなく、6回。細かく刻んできたところに信憑性を感じ、「へぇ〜！」と驚きの声を上げてしまう。それを見たヒゲ兄ちゃんは嫉妬に狂い、私を店の奥に手招きし、「ヤツは何回できるって言ってた？　俺は7回いったこともあるぞ」とアピールしてくる。

そこにメガネ兄ちゃんも参戦し、「僕は回数では負けるけど、テクニックなら負けないよ！」などとヌカす。あんたら、どんだけリビドーが強いんだよっ！

粘り強く値段交渉し、お土産をゲットすると、３人が連絡先の入った名刺をくれる。「いつでも連絡してね！」とアイドル顔の兄ちゃんが言えば、ヒゲ兄ちゃんが「若造じゃダメだ！　俺の方が経験値は高いぞ」と胸を張る。トルコほど、男が自分のナニに自信満々な国があるだろうか。みんな、ニコニコ顔で下心を前面に出し、あまりにもストレートにナニ自慢をするので、スポーツマンシップにのっとった爽やかさすら感じてしまうのだ。

兄ちゃんたちとハイタッチを交わし、お店を後にする。自由を謳歌できるのがうれしくて、ニコニコ顔で歩いているせいなんだろうか。その後も市場を歩いていると日本語で話しかけられ、まるでそれが礼儀だと言わんばかりに、挨拶がわりのナンパをされる。太い眉毛×濃ゆい顔つきの兄ちゃんやおっちゃんが、ありとあらゆる甘い言葉で口説いてくるのだ。

凄まじいナンパの嵐で、トルコは間違いなく、〝日本人の女が世界一モテる国〟だと思わずにはいられなかった。なんせ、土産物店が並ぶ市場を１００ｍ歩くだけで、10人が声をかけてくるような勢いなのだ。

日本語で気さくに話しかけてくる兄ちゃんの中には、日本人の奥さん＆子どもと撮った写真を、スマホで自慢げに見せてくれる人も少なくなかった。ナンパを成就させ、幸せな家庭

神秘的なブルーモスク

気さくでおもろい食堂のおっちゃんたち

商売よりもナンパ命！ のエロ男

さわやかな「回数自慢トリオ」

を築いている兄ちゃんたちに刺激されて、トルコ男のナンパ熱はますます高まるんだろう。

モロッコもナンパ師が多かったけれど、それをはるかに上回る熱量の、トルコ男の肉食っぷり。私はブルガリアで出会った、トルコ男との恋に悩むテオドラのことを思い出していた。きっとテオドラも情熱的なトルコ男に口説かれて、恋に落ちてしまったのに違いなかった。

お土産を入れるカバンを買おうと思い、キリム柄のカバン店に入ってみる。

すると、見るからに性欲の強そうなエロ顔の兄ちゃんが色鮮やかなカバンを手に持ち、

「コレは、とてもオイシイですヨ〜」とおかしな日本語でススメてくる。真剣に値段交渉を始めても、エロ男は「僕は今晩、君を一晩中、ベッドの上で踊らせ続ける自信があるよ！」などと言い出し、顔もこってりなら、口説き文句もこってりだ。

「私は別にアンタと踊りたないっちゅうの！　でも、トルコ人はなんでそんなに日本人が好きなの？」

「日本人の女性は優しいし、色白だし、なんたってかわいいじゃないか〜」

それにしても、トルコ男の積極的なこと！「宝くじ、買わなきゃ当たらない」の精神で、「数撃ちゃ当たる」を実践し続けている兄ちゃんたちは、体&金&ビザの三点狙いのワル男というのではなく、いわゆる「ワンナイ目的」のチャラ男率高し。

そして、トルコ人の男は基本、自信満々なので、フラレることを全く恐れていないのだ。

フツーは邪険にすると、別れ際に捨てゼリフを吐きそうなものを、スーパーポジティブなトルコ人は、そんなことではちっともめげない。ものの見事にフラれても、「俺のよさが分からないなんて、人生ソンしてるなぁ！」とこうなのだ。

たんまり買物した後、トルコでのミッションを果たすべく、ハマムへ向かう。

着いた「ジャーロウル・ハマム」は、思いのほか地味で小さな入口だった。ここは、1741年、オスマン帝国の皇帝によって建設された、イスタンブール最大のハマムだと聞いて楽しみにしていたのだ。

入口から階段を下り奥へ進むと、中央に豪華な噴水のある、なんともラグジュアリーな空間があった。どうやらハマム後の休憩スペースらしく、中の広々としていること！

まるでセレブの隠れ家のような雰囲気に圧倒されつつ受付に向かい、「アカスリ＋シャンプー＋マッサージ」のデラックスコースを申し込む。受付の看板には『英国大手新聞で「死ぬ前に見るべき場所のひとつ」に選ばれた〝世界一のハマム〟』と書かれていて、テンションが上がる上がる！

そこに、大柄で貫禄あふるるアカスリ師のおばちゃんが現れた。鍵とチェックの布を渡され、個室の更衣室に案内される。ここから先は、女性専用スペースらしい。

「そこの更衣室で、とっとと服を全部脱ぐ！」

英語のできないおばちゃんは身振り手振りで指示してくるのだが、態度がどえらく〝上から目線〟なのだ。こ、これが本当に、観光客もよく来るハマムのサービスなのか!?

更衣室でパンツを脱ごうとして、ハッとした。前にモロッコのハマムに行ったときのことを思い出す。更衣室ですっぽんぽんになった私を見て、目がテンになったモロッコ人の女の子たちから「お願いだからパンツをはいて!!」と懇願されてしまったのだ。モロッコのハマムがパンイチでくつろぐ場所だったことを考えると、脱ぐべきか脱がざるべきか……。

とりあえずパンツをはいたまま体に布を巻き付け、更衣室の外で待っているおばちゃんにパンツをちらっと見せ、「はいててOK?」と確認してみる。

すると、おばちゃんは般若のような険しい顔つきになり、私のパンツを指して言う。

「パンツも全部脱ぐ！」「え、パンツも？」「全部って言ったら全部だよ！」

むむ、このハマムでは、真っ裸になるのが流儀であるらしい。あわててパンツを脱ぎ、更衣室を出ると、おばちゃんは態度を改めたのか、私の手をギュッと握ってくれるではないか。エスコートされた状態でハマムへ向かうなんて、なんだかプリンセス気分だなぁ。うふふっ、おばちゃん、案外優しいじゃん！

ハマムに足を踏み入れると、もくもくと蒸気が立ちこめる内部は、まるでオスマン帝国の宮殿にタイムスリップしたような優雅な空間。さすが300年近い伝統を感じるなぁ！　床は総大理石で、おばちゃんが手を握ってくれたのは、慣れない客がすべって転ばないようにという配慮だったらしい。

8本の円柱に支えられたハマムの天井はドームに覆われていて、神殿のような雰囲気を漂わせている。ハマムの中央には、八角形の大理石の大きな台がデーンとあり、まわりに洗い場があるのだが、誰もおらず貸し切り状態。ちょうど夕食タイムで、空いていたらしい。

リッチな気分で手を引かれ、大理石の台まで連れていかれると、おばちゃんはなんの予告もなく、私が体に巻き付けていた布をガバッと勢いよくはぎ取った。

（キャーーーーッ‼）

あまりにも突然、一糸まとわぬ姿にされた私は、ガラにもなく心の中で絶叫していた。だがおばちゃんは意にも介さず、大理石にその布を敷くと、汗が流れる身ぶりをして言う。

「ここに寝て、汗をたくさん出す！」

つーか、この布、結局取るなら、初めっから巻かなくていいじゃん！　少しでも裸をさらさないための配慮なんだろうけど、突然、裸にされる方がよっぽどデリカシーがないわ‼

愛想ゼロのおばちゃんは仕事熱心な感じで、悪い人ではないものの、やることなすことがガサツ＆ワイルドすぎて、おばちゃんに何かされる度に心臓がきゅ〜っと縮み上がる。さっきからおばちゃんの行動が全く予測不能で、ドキドキハラハラさせられっぱなしなのだ。

仰向けに寝そべると、岩盤浴ほど熱くない絶妙な温度で、ちょうどいい蒸し加減。イスラム圏のハマムには湯船がなく、マイルドな温度のスチームサウナで、ゆったり過ごす場所なのだ。

天井を見ると、中世のプラネタリウムのようなドームが広がっていて、ゴージャスな気分に浸れること！　そのうち全身から汗がじわ〜っと出てきて、天にも昇る心地になる。ハンガリーの温泉以来、泊まった宿には浅いバスタブしかなく、思えば道中はずっとシャワーの旅暮らしだったなぁ……。パラダイス気分と睡眠不足が相まって、意識が遠ざかっていく。

「はい、こっちに移動！」

おばちゃんの大声で目を覚ますと、全身汗だくでビショビショになっていた。どうやら30分近く寝ていたらしい。寝ぼけ眼でおばちゃんに再び手を引かれ、洗面台に連れていかれる。すると、おばちゃんはお湯の入った桶を抱え、私の頭めがけてお湯をバッシャーーン!!とぶっかけてきたではないか。夢見心地の人間に、いきなり何すんねん!!

有無を言わせぬまま、洗面台の腰かけに座らされ、シャンプーが始まる。なんともいい匂いの高級シャンプーなのだが、いかんせん、おばちゃんの洗い方が荒々しいにもほどがある。おばちゃんには「客を洗わせていただく」というような気持ちは一切なく、まるで野良犬でも洗うようなノリでワシャワシャと洗われるのだ。

いきなりお湯をぶっかけられようが、野良犬のように扱われようが、私はぐっと耐えた。実はこのハマムのオシャレなウェブサイトには、ここを訪れた著名人として、俳優のハリソン・フォードやキャメロン・ディアス、スーパーモデルのケイト・モス等の写真が堂々と掲載されていたのだ。おばちゃんに何をされても、このサービスはハリソンやキャメロン、ケイトも通った道に違いあるまいと思い、私はもうなされるがまま。

シャンプーを洗い流すときは、またしても桶に入ったお湯を、頭上からバッシャン、バッシャン、ぶっかけられる。もうここまで来ると、何かの修行としか思えなかった。この荒々しいサービスに当然リンスはなく、シャンプーは終了。次は待ちに待ったアカスリだ。

「ここで、うつぶせになる！」

さっきの大理石の上でうつぶせになり、アカスリ用タオルで背中のアカスリが始まると、うひょ〜、極楽、極楽！　韓国式アカスリほどの技術ではないものの、おばちゃんは全身を隅から隅までシャカシャカと、高速タッチでアカスリしてくれる。かゆいところに手が届きまくるアカスリは心地よく、ついウトウトしてしまう。

パァーーン!!　おばちゃんに背中を思いっきり叩かれ、突然、極楽気分を断ち切られた私は、ガバッと飛び起きた。

「ホラ、今度は仰向けだよ！」

な、なぜ叩く!? 私はこのとき確信した。ハリソン、絶対ここでアカスリやってない！ 胸やお腹、足……とアカスリされるにつれ、灰色のアカが山のように出てきて、こっぱずかしくなってくる。見ると、この道ウン十年のベテランとおぼしきおばちゃんまで、目がテンになっているではないか。

「まぁ出ること出ること！ アカがいっぱいだ！」

おばちゃんの大声で、同僚のアカスリ師のおばちゃんたちが「どれどれ？」という感じでやって来て、私の腹に集められたアカを見学し始めた。私の全裸を取り囲み、興味津々になってのぞいてるおばちゃんたち。オイオイ、これは見世物じゃないんだから！ と思いつつも、汚くてスミマセン!! と心は平謝り。

毎日ちゃちゃっとシャワーで済ませてきたこの2ヵ月あまり。体のアカは溜まりに溜まっていたらしく、かき集めたアカで〝アカ太郎〟が作れるんじゃないかと思うほどの産出量なのだ。そんな私の体をくまなくこすり、一生懸命きれいにしてくれるおばちゃんのプロ根性に胸が熱くなってしまう。

アカを洗い落とした後、次はいよいよマッサージらしく、またまた大理石の上に横になる。おばちゃんがタオルを石鹸水につけてフリフリすると、あら不思議。タオルから魔法のように泡が出てきて、モコモコと盛り上がっていく。おばちゃんはそのアワアワを私の体にたっぷり載せ、いつのまにか全身は泡だらけになっていく。

羽根布団のようなフワフワの泡に包まれるとあったかく、いい香りの中でとろけてしまいそうになる。〝バブルの妖怪〟のようになった私を、おばちゃんが力強くマッサージしつつキレイにしてくれる。まさか泡マッサージで、全身を〝丸洗い〟されることになるとは！

今日は旅の最終日なので大枚をはたき、宮殿風エステで極上スパマッサージを施術される気マンマンでやって来た、このハマム。ところが、ここで真っ裸になってからというもの、優しくされたと思ったら荒々しく扱われて、天国と地獄を行ったり来たりしているような気分なのだ。

セレブな空間でお姫様気分を味わうどころか、私はなんだか〝宮殿の奉公人〟の新入りにでもなったような気持ちだった。で、奉公人の責任者であるおばちゃんは、田舎から出てきたばかりのワイルドな小娘である私を真っ裸にし、ただならぬ責任感で必死にキレイにしている絵ヅラとしか思えないのだ。

だが、全行程が終了すると、想像以上に癒されていて、憑(つ)き物が落ちたように体が軽くなっていた。全身もつるっつるのスベッスベで、ロクに体を洗わず薄汚かった私が、まるでシンデレラにでもなったような気がして、爽快感がハンパない！

「汚かったのをピカピカにしてくれて、サーオル！」

身ぶり手振りでそう言い、おばちゃんのでっかい体をハグすると、おばちゃんも私の体を磨き上げた充実感にあふれていて、満面の笑みになっている。おばちゃんはこのハマムのミニ石鹸を20個も持ってきてくれて、「おみやげだよ」と言って渡してくれた。

休憩スペースでチャイを飲みつつ、陽気なアカスリ師のおっちゃんたちと身振り手振りで話していると、イカン、時間がない！　旅の最後に美味いディナーを食べて、自分のために祝杯をあげねば！

ハマムのおっちゃんたちと手を振り合って別れ、外に出ると、日はすっかり暮れていた。急がなければ、今日がもうすぐ終わってしまう！

にぎやかな活気に満ちたイスタンブールの街を足早に歩く。オレンジ色の灯りでライトアップされた夜のイスタンブールは、アジアともヨーロッパともつかない、独特の雰囲気を醸し出している。

遊園地にあるような赤いワゴンの屋台で焼きトウモロコシを売るおっちゃん、店の前に吊られたドネル・ケバブ（回転させながら焼いた肉）をナイフで削ぎ落とす兄ちゃん、大きな荷物を抱えて家路を急ぐ、スカーフを頭に巻いたお母さんと小さな男の子……。

どんな人も今日を精一杯生きている姿が、もうすぐ長い旅が終わろうとしている私には愛

丸洗いしてくれたおばちゃんとハグ

アカスリ師の体育会系なおばちゃんたち

ゴージャスな噴水のある休憩スペースには、陽気なおっちゃんたちが！

おしく思えてならなかった。私が旅先で毎日見てきたのは、言葉や文化や宗教が違おうが、どの国のどの街角でも、やっていることはみんな同じだったからだ。

時計を見ると、すでに8時半。わわ、あと1時間半しかない！　とりあえず、宿に預けた荷物のピックアップに向かう。だが、宿に帰るにはどうしてもスータンの食堂の前を通らねばならず、どうかスータンが店にいませんように！　と思ってしまう。

素知らぬ顔で店の前を歩くと、「てるこ〜！」という声がする。見ると、スータンが同世代のおっちゃんと店先のテーブルについているではないか。あぁ、言わんこっちゃない。人生は、恐れながら行動すると、恐れていることを引き寄せてしまうのだ。

「僕を置き去りにして、今までどこに行ってたんだよっ」

再会した途端、スータンはジェラシーの嵐だった。

「どこって、ハマムに行ってたんだよ。旅の疲れがブッ飛んでスッキリしたわ〜」

私がしれっと言うと、スータンが大げさに両手を上げて言う。

「きみが突然、どこかに行ってしまったから、僕は友だちとディナーを食べようとしてたところだよ。まぁでも、せっかく会えたんだ。一緒にディナーを食べようよ。さ、座って！」

正直、気乗りはしなかったが、これから遠くの店に食べに行くような時間はなかったので、スータンの隣に座らせてもらう。それにしても、トルコの旅が、スータンとのお茶で始まり、スータンとのディナーで終わることになるとは！　トルコの興味深い男女話も聞かせてもらえたし、スータンの店の近くに泊まったのも何かの縁だったんだろうと思うしかなかった。

「さ、何が食べたい？　てるこの食べたいものを注文しなよ」

自分の店だけあって、スータンが得意気に言う。

「最後の食事だから、いろんなトルコ料理を少しずつ食べたいな」「ＯＫ、まかせといて」

スータンが厨房にオーダーを入れると、今朝会った陽気なおっちゃんたちが、「よしきた！」と笑顔で手を振り返してくれる。

注文を済ませた後、スータンがくまさんチックな顔立ちのおっちゃんを紹介してくれた。

「彼はトルコ人なんだけど、今はイタリアで建築家をしてるんだ。友だちのアリババだよ」

「ア、アリババ!?　子どもの頃、『アリババと40人の盗賊』の童話が好きだったよ〜」

アリババが「開けゴマ！」と呪文を唱えると、盗賊たちがお宝を隠した洞穴の岩の扉が開き、胸がワクワクしたことを思い出す。

「ハハハ、愛称はアリだから、アリでもいいよ」とアリババがニコニコ顔で言う。

「アリだとよくある名前だし、ぜひアリババって呼ばせて！」

スータン＆アリババとコーラで乾杯すると、料理とドデカいナンが運ばれてきた。

「ウチの店は、ナンが食べ放題なんだ。じゃんじゃん食べてね」とスータン。

昼間の屋台では、ヨーロッパを代表するフランスパン風のトルコパン、夜の食堂では、南アジアを代表するインドのナン。トルコは、「東西文化の十字路」というキャッチフレーズがピッタリの国だなぁと思う。

運ばれてきた料理は、トルコの味噌汁のような存在だという「メルジメッキ・チョルバス（レンズ豆のポタージュスープ）」に、ボリューム満点の「チョバン・サラタス（トマト、キュウリ等の角切りサラダ）」。ローカル食堂は、料理がスピーディに出てくるのがいい。

レンズ豆のポタージュスープにレモンを搾って飲んでみると、口当たりはこってりしているのに、レモンの酸味のおかげでサッパリした後味になり、五臓六腑に染み渡るウマさだ。

パトルジャン・エズメスィ（炭火で焼いたナスをニンニク、酢、ヨーグルト等で和えたペースト）は、あっさり風味でバクバクいける。アジュル・エズメ（トマトと玉ネギのみじん切りに唐辛子を和えたペースト）はナンとの相性バツグン。キョフテ（トルコ風ハンバーグ）は、焼き加減とスパイスが絶妙でうんまい！

ローカル食堂の料理は、素朴ながら、どれもうなるほど絶品だった。トルコ料理は、オリーブオイルをベースに、トマト、玉ネギ、レモンの酸味が味付けの基本で、ここに、スパイスやハーブ、ヨーグルトを加えていき、バリエーションが限りなくあるのだという。

いろんな国で食べたシシ・ケバブ（羊肉の串刺しの炭火焼）が出てくると、もうガマンできなかった。串焼き肉を甘いコーラで流し込むなんて、私の人生であり得ない！

「あぁ、猛烈にビールが呑みたいよ〜！　外でビールを買ってきてもいい？」

旅の最後の夜なのだ。ビールが呑みたくて呑みたくてたまらず、せめて自分のために祝杯をあげ、心の中で「おつかれ！」を言って、自分自身をねぎらってやりたかった。

私が席を立とうとすると、スータンがお使いを頼んでくれて、若い兄ちゃんが瓶ビールを買ってきてくれた。瓶ビールは新聞紙で包まれていたので、新聞紙を取ろうとすると、スータンが言う。

「てるこ、他のお客さんの目もあるから、新聞紙を取らず、ビールを隠して呑んでおくれ」

「ええ？　そんなにダメなことなの⁉　トルコ人でお酒を呑む人、たくさんいるよね？」

私は今日、街中の店で、トルコ人らしき人が酒を呑んでいる姿を何度も見かけたのだ。

「トルコ人でも酒を呑む人はいるよ。ただ、ローカル食堂は建前上、アルコールを出さないことになってるんだ。お酒を呑む人と同席したくないお客さんもいるからね」

なんだか違法薬物でも持ち込んでいる気分になるが、いたしかたない。ケバブをひきちぎりつつ、新聞紙でくるんだ〝トルコの国民的ビール〟エフェスで流し込むと、シュワシュワの喉越し、淡い苦味がウマい！　やっぱ、串刺し肉は、ビールがなきゃ始まんないよな〜。

「知ってる？　スータンって名前は、『キング』って意味なんだよ」とアリババが言う。

「へぇ〜っ。そっか！　スータンはそんなビッグな名前だから、奥さんが王様みたいに４人もいて、子どもを12人も作ったんだね」

「ハハハ！　こりゃ参ったな〜。でもトルコじゃ、法律で一夫一妻と決められてるんだよ」

イスラム教の国々もフツーの人は一夫一妻なものの、法律上、「一夫多妻」は認められている。ところがトルコでは、法律で一夫多妻自体が禁止されているというのだ。

「でも僕は、酒もタバコもやめたから、アッチは１日５回オーケーだよ」

きた！　トルコ人の回数自慢！　「スータン、子どもは15人ぐらいまでにしときなよ〜」

などとツッコんでいると、アリババが口をとがらせて言う。

「ねぇ、てるこ、なんでスータンとばかり話して、僕とは話してくれないの？」

「いやいや、さっきからアリババとも同じように話してるじゃん！」

会ったばかりのアリババから、まさかのヤキモチ!?　スータンから聞いたトルコ男のヤキモチ話は少しも盛っておらず、全部本当だったのか！

「これだけたくさん頼んで、１人いくらぐらい？」とスータンに聞いてみる。

「そうだなぁ、トルコ人なら30リラ（約１０５０円）、観光客なら２倍かな」

観光客プライスでも安っ!!　でも、ネット情報だとイスタンブールの平均月収は８〜10万円程度とあったので、この食事代は、日本の物価感覚に換算するとかなりの値段だろう。

空港に向かう時間が迫っていたので、お金を支払おうとすると、スータンが首を振る。

「トルコじゃ、ワリカンなんて野暮なことはしないんだ」

「いやいや、私もトルコの家庭料理、食べてみたかったし」と言っても、スータンは聞かない。

「てるこにとって、今夜のディナーは、旅の最後の食事でしょ。お祝いなんだから、ここは僕にごちそうさせてよ」

私はてっきり、スータンが店に呼んだのは、売り上げを考えてのことだと思っていたので、スータンの心遣いにジーンとしてしまう。自分に関心を示さなかった私に腹を立てるどころか、旅人に対するトルコ人のホスピタリティを感じて、胸がいっぱいになる。

「サーオル！　じゃあ、お言葉に甘えさせてもらうね。宿に預けた荷物を取ってくる！」

「その間に、店にタクシーを呼んでおくよ」

急いで宿まで走り、荷物をピックアップして戻ると、店の前にはタクシーが待っていた。

「スータン、本当にありがとう！」

「またおいで。僕はずっとこの店にいるからね」

スータンは、私にソノ気がないことが分かっていたから、連絡先も聞いてこなかった。それでも、「いつでもこの店においで」と言ってくれた優しさが身に染みる。考えてみれば、ずっと「おっちゃん」扱いしていたものの、スータンはこう見えて34歳のヤングだったんだよなぁ！

タクシーに乗り込み、窓から顔を出すと、スータン、アリババ、厨房のおっちゃんたち、デリバリーから帰ってきたばかりのイケメンの兄ちゃんも、みなが総出で手を振ってくれる。

「サーオル！　またいつかトルコに帰ってくるよ〜！」

「僕の店を忘れるんじゃないよ。店が潰れない限り、ここでやってるから」

スータンがそう言うと、料理人の強面のおっちゃんが敏感に反応し、「オイオイ、縁起でもないこと言うなよ！」とかわいい小競り合いをしている。ハハッ、みんな仲良しだなぁ。

「さようなら〜！　ありがとう〜!!」

この旅の最後のディナーを共にしてくれた、トルコの気のいい人たちの姿が、みるみる遠ざかっていく。あぁ、なんて爽やかな気持ちなんだろう。この旅で、やれることは全部やり切った！　という清々しさで体全体が包まれていて、私の胸は今にもはち切れそうだった。

車窓から見えるイスタンブールの夜景は、きらめく光を放っていてまぶしいほどだ。昨夜着いたときに見た夜景と同じ夜景には思えないほど、ここから見えるイスタンブールは馴染みの街のように感じられる。

たった一日の滞在だったトルコでも、トルコ人のおっちゃんからおばちゃんまでいろんな

超フレンドリーなアカスリ師のおっちゃんたちと手を振り合う

スータン（左）＆店の兄ちゃん、アリババ（私の向かい）と、旅の最後の晩餐

キャラの濃ゆい人たちと出会えたことを思うと、一日を決してバカにできないな、と思わずにはいられなかった。旅の道中、憧れのトルコに一日しか滞在できないことが分かったとき、たった一日なら消化不良になるだけだから、行かない方がマシじゃないかと考えたこともあった。それでもこうして旅してみると、やっぱり来てよかったなぁという思いがこみ上げてくる。

一日はとても短く、小さな小さな存在だ。人生全体から見ると、一日の存在は小さすぎて、とるに足らないように思える。でもどんな一日も、本当は今日のトルコ旅のような可能性を秘めていて、力いっぱい生きれば、今日のような一日もあるのだということ。そしてこの小さな一日一日の積み重ねが、私の人生なのだ。

これからテレビやネットや雑誌でトルコを見かける度に、私は昨日までの「トルコという国を全く知らなかった自分」としてではなく、「トルコという国を、少しは知っている自分」として、それらの情報に親しみを持って接することになるんだろう。

そしてそれは、今回訪れた、どの国に対しても言えることだった。遠く感じていたヨーロッパとの精神的な距離が、ぐっと近づいた気がする。でも、ヨーロッパが私に近づいてきたわけじゃない。勝手に苦手意識を持っていた私の方から、ヨーロッパに歩み寄ったのだ。

体を動かせば、心を動かせば、行動すれば、新しい扉が開く。

久しぶりの長い海外ひとり旅が終わろうとしていて、私は自分自身のセルフイメージが変わっていることに気づいた。英語のペラペラな国の、観光業以外のフツーの人と話すのが苦手だった私は、もうどこにもいない。

英単語もロクに通じない状況に何度も何度も遭遇して、相手が英語ができようができまいが、知らない人に声をかけるなんて〝屁〟でもなくなっている。人は、タクシーすら通らず、泊まる宿も見つからないような状況になると、人見知りとか言っていられないような馬鹿力が発揮できるのだ。

人見知り、完全克服！　言葉の通じないヨーロッパで、これだけ人見知りが克服できたのだから、日本語が通じる国内なんて、これからは〝屁のカッパ〟だろう。そう思うと、バージョンアップした自分の人間力を実感するためにも、国内もどんどん旅したくなってくる。

この2ヵ月あまりの日々は、あらゆる感情をさらけ出して、魂を解放して、野性のカンを呼び覚まし、心の筋トレをしているような日々だったなぁと思う。自分自身を100％受け入れきれずにいた自分とはオサラバし、今までも、これからも、たとえ何があっても「どんな自分も受け入れるぞ！」と思える、新しい自分と出会えたのだ。

日焼け止めを塗っても塗ってもこんがり焼けてしまった自分が、2ヵ月前の自分より一皮むけて、たくましくなったような気がしてならなかった。そしてこれからは、学生の頃のようなフラットで自由な気持ちで、世界と接することができるような気がする。

旅立つ前、この旅をやり終えたら、いったいどんな気持ちになるんだろう？　と私は想像したものだった。大それた記録に挑戦したわけではないし、たかだか会社を辞めた人間が長旅に出ただけのこと。それでもこの2ヵ月あまり、人生で初めて、まったく働かず、〝素の自分〟でいることは、ひたすら自分と向き合う日々だったのだ。

旅が無事終わった今、私の胸にこみ上げてくるのは、ただただ、21ヵ国で出会った人たちへの感謝の気持ちだった。人間は本当に自分が喜びを感じたとき、自分自身の喜びが炸裂するのではなく、感謝の方が湧き出てきて、「今までありがとう！」という気持ちがあふれ出すものなのだということを思い知った気分だった。そして、それと同時に、同じだけの量で、自分を誇りに思う気持ちがこみ上げてくる。

それは、セルビアでマーシャと別れるとき、実感した思いだった。私と人との関係は、U字型の試験管のようにつながっている。私が自分自身と仲良くできていて、自分を大事にできていれば、まわりの人のことも大事にできるのだということ。旅先で善き人たちと出会い、共に食べ、呑み、笑い、ときに助けられたり怒られたりしながら、彼らが親身になって接してくれたおかげで、彼らのことを誇りに思うのと同じように、私は自分自身のことも誇りに思えるようになったのだ。

今までずっと振り返らないようにしていたものの、この旅で出会ってきた善き人たちの顔が、脳裏に浮かんでたまらなかった。21ヵ国分のプチ走馬灯がぐるぐる駆け巡る。フォークダンスの相手がくるくる変わるように、共演者が次々に現れた日々を思い返す。そしてそれは、これからの人生も同じなんだろう。

生きていると、先のことが分からなくて、不安になることもある。でも、もし生まれたときから、自分の人生の全シナリオが用意されていたとしたら、どれだけ味気ないだろう。この旅でも、どこで誰に会うか初めから分かっていたら、どれだけつまらなかっただろう。ドキドキハラハラワクワクできるのは、決められたシナリオがあるわけではなく、未来が決まっていないからなのだ。それこそが、自分が〝自由である証〟なのだ。

着いた空港は、世界中の人が行き交っている。好きな場所へ旅立っていく人たちの姿を眺めながら、私も行きたいところへ行って、会いたい人に会いに行くぞ！　と心に誓う。毎日が新しい始まりで、何が起きるか分からない人生を、何がどうなるか分からないから怖い」ではなく、「何がどうなるか分からないからこそワクワクする」と、一生思っていたい！

よーし、生きるぞ。生きて、生きて、死ぬまで生きまくるぞ！

おわりに

いや〜、本当に長い〝ひとり旅〟でした。

「生きる喜び」は、人と関わることからしか得られないんだなぁと思い知らされるほどに。日常でも、人との関わりを避けていたら「人生の喜び」がないように、旅先で人と関わらなければ、名所を見るだけの旅になって「旅の喜び」が半減してしまう！　そう思って、「英語が下手すぎて、話しかけたら迷惑かも……」などと自分に呪い（＝制限）をかけないよう心がけていました。英語オンチを気にしていたら、今までと同じで、これからも遠慮する人生を繰り返してしまうと思ったからです。

欧州を鉄道でめぐる2ヵ月間。たどり着いた未知の国で出会った人たちと、いろんな時間をシェアして、いろんな思い出を作り合い、力いっぱい生きる日々。日常では、今日の続きが明日で……と毎日が当たり前のように過ぎていきますが、「生きる」というのは本来、一日一日を生き延びることだったんだと痛感しました。この2ヵ月旅のおかげで、毎日「今、ここで、ベストを生きる！」という最高の訓練ができたように思います。

流暢な英語には参りましたが、どこでもネットが使える「ポケット型のWi-Fi（ワイファイ）」には本当に助けられました。旅立つ前日に思い立ち、私は欧州を広くカバーしていた「ワイホー」を空港でレンタルしたのですが、各会社で得意なエリアや料金が違うので最適なものをぜひ。

鉄道旅では、伸縮するワイヤーロックや、自分自身がほしくて「地球の歩き方」とコラボして作った旅グッズ「旅貴重品袋」（パスポートや紙幣、カードを入れる袋。表面がオーガニック綿なので、Tシャツやジーンズの中に入れても肌に心地よく蒸れない）を重宝し、安全&快適でした。

旅から帰ってきて一番思い出すのは、やっぱりデイビッドのことです。6カ国語も話せたら世界中で生きていける気がしますが、今どこにいることやら。たまに青空を見上げると、ふっと思います。デイビッドも同じ空の下、どこかで元気にやってるんだろうなぁと。

あの出会い以来、罪を犯した人の背景に思いを馳せるようになりました。特に『永山則夫100時間の告白』（Eテレ）という番組で、脳の発達や人格形成に環境が与える影響を思い知りました。当番組のディレクターを担当されたジャーナリストの方が書いた本もありますので、興味のある方はぜひ！（『永山則夫　封印された鑑定記録』堀川惠子著）

人権と脳科学が進歩し続ける21世紀。世界の潮流は死刑廃止で、先進国で死刑制度を維持しているのは、日本と米国の一部だけで、欧州では「絶対的終身刑（仮釈放の可能性のない終身刑）」ですら人権違反という時代になっています。大学までの教育費がタダor格安、バカンスは1ヵ月以上等、欧州を知るにつけ、日本はアメリカと中国にばかり目を向けず、人権意識の高いヨーロッパをもっと参考にしてほしいと思わずにいられません。

欧州旅以来、「民族性ジョーク」が以前よりも身に沁みるようになりました。

「もしも明日、世界が滅亡するなら」というお題のジョークに、こんなものがあります。

〈イタリア人〉最後の夜を共にする相手を探す　〈ドイツ人〉新技術を開発して滅亡を防ごうとする

〈フランス人〉世界の終焉を芸術にしようとする　〈アメリカ人〉軍事力で何とかしようとする

〈ロシア人〉明日はウオッカを飲んでも二日酔いにならないと喜ぶ

〈日本人〉会社に行って、仕事を明日までに終わらせる……ってオイオイ！　世界が滅亡するのに残業て!!　こんなジョークのオチにならないような日本に、早くなってもらいたいです。

お勤めの人は、ぜひ長めの夏休みを取り〝職場のバカンスリーダー〟となって、組織の雰囲気を変えてください。旅はもちろん、体調不良時もリフレッシュとしてもみんなが堂々と休んで、国全体に〝休むのが当たり前な空気〟が広がっていきますように！

転機の際は、新しい人生の幕開けに、自分への最高のギフトになるので、長めのひとり旅をオススメします。講演後のサイン会で「てるこさんの本を読んで、この年で海外ひとり旅デビューしたんです！」という60、70代の方に何十人と会いましたし、親御さんに元気でいてもらいたい人も、認知症予防に最適なので旅をオススメください（全員がおひとり様のツアーもありますよ〜)。人間、いつからでも、〝なりたい自分〟になれますのでぜひ！

この旅を書くまでは死んでも死に切れないと思っていたので、私なりに21ヵ国の魅力を書き尽くせてホッとしています。この本を読んでくれた人が、自分にかけた呪い（＝制限）を解き放って、自分らしく生きるキッカケになれば、これ以上うれしいことはありません。

旅立つキッカケを授けてくれた編集担当の小坂伸一さん、2冊とも素敵な文庫に仕上げてくれた黒川美聡さん、チャーミングな装丁にしてくださった松昭教さん&ブックウォールのみなさん、松千夏ちゃん、感謝です。カール、ミッシー、さゆりさん、ありがとう！

本の帯に推薦コメントを寄せてくださった立川志の輔師匠&片桐はいりさん&宮藤官九郎くん&長澤まさみちゃんにも、この場を借りてお礼申し上げます。うう、有難や〜!!

執筆中、知人から子猫の凜（りん）を授かったのですが、この繁忙期になぜこんな流れに……と思っていたものの、一日中、自分の毛をなめて毛づくろいしている姿に「どんだけ自分好きやねん！」と何度も吹き出し、「自分を愛すること」の大事さを教えられている毎日です。

自分を大事にできれば、人のことも大事にできるということを、この旅でひしひしと感じたので、自分に優しくありたいと思っています。みなさんもどうぞ、自分に優しく！

お互い、この人生が、良き出会いに満ちた良き旅になりますよう。

文庫版あとがき

文庫化にあたって、久しぶりに本を読み返して、自分がどれだけこの旅に影響を受けていたかを、つくづく思い知らされました。人生は、「あの出会いがなければ今の自分はいない」という、かけがえのないご縁によって創られていくと思いますが、この旅はまさに、そんな一期一会の連続だったのだと。

前編である『純情ヨーロッパ』に、旅は〝地球最高の学校〟だと書いたのですが、この旅が私にもたらしてくれた最大の喜びは、「人生の主人公は、自分自身」だと思い出せたことでした。人生の舵を自分自身で握ったことで、ワクワクできる人生を取り戻せたのです。人の目を気にする人生にサラバ！　もう二度と、人生の舵取りを人まかせにしないぞー!!

そして欧州旅以来、「旅の素晴らしさ」に加えて、「自分を愛すること」を伝えることが、ライフワークになりました。キッカケとなったのは、大学の教え子から「生きる意味が分からない」と悩みを打ち明けられた会話でした。私自身、会社を辞めるまでは「生きる意味」を見失いかけていたので本当に他人事ではなく、前向きな心が湧いてくるような文章を贈ったところ、彼が感想文を書いてくれたのです。

「今まで、母親に『人に迷惑をかけるな』と言われ、誰にも助けを求めることができなかったけれど、『迷惑をかけてもいい』という言葉で救われました。今後、本当に助けが必要なときには、誰かに助けを求めようと思います」

教え子の言葉がうれしくてハートに火がつき、世界中で撮った笑顔の写真を添えて、講演で上映しました。すると、書籍化を希望する声を多数いただいたので、思いきって自費出版したところ、全国の書店やアマゾンで、５００円で購入できる本となったのです。

ロングセラーとなった写真絵本シリーズ『生きるって、なに？』は、こんな風に始まります。

私は　なぜ生きてるの？　生きるってなに？　生きるって「自分をまるごと愛する」こと
「自分をまるごと愛する」って？　それは「自分を大事にする」こと
「自分を大事にする」って？　それは「幸せになる」こと
「幸せになる」って？　それは「自分をイジメない」こと
「自分をイジメない」って？　それは「人と比べて　自分をダメな人間だと思わず　毎日
自分を抱きしめる」こと

――と子どものときに抱いたような素朴な問いかけに答えていく形で進んでいきます。

考えてみれば、学校で「知識」は教わっても、「生きるための知恵」は誰も教えてくれなかったなぁと思います。生きる上で、一番大事なことなのに！

この本に世代を超えて大きな反響をいただき、全国の自治体や小中高大学で講演し、たくさん人生相談を受けたのがキッカケで、2作目『逃げろ 生きろ 生きのびろ!』が誕生しました。

私自身、振り返れば、自分を守るために、いろんな場所やいろんな人から逃げてきました。『純情ヨーロッパ』に登場する、イタリアのターデーやポルトガルのアナちゃん、フランスのチトセさんも、逃げて、自分らしく生きられる場所にたどり着いた人たちでした。

何より、人の一番のミッションは、「生き延びること」に尽きます。700万年前、人類はアフリカで生まれ、世界中へ広がっていきましたが、私たちの先祖は、なぜ生まれた場所から離れたのか。それは、「今いる場所」が何かしら居心地が悪かったからです。「おいしいものが食べたい」「暑い(寒い)のが苦手」「人間関係の悩み」等、その時々の理由がなんであれ、生まれた場所が最高の居心地であれば、故郷から旅立つことはなかったでしょう。

「生きのびるために逃げる」というのは、言い方を変えれば、「理想の場所を求めて旅立つ」前向きな生き方なのです。なので、心や体を壊すくらいなら、命最優先で〝苦しさの原因〟から全力で逃げて(or距離を置いて)、理想の場所へ旅立ってほしいと願っています。

「はじめに」にも書きましたが、私が会社を辞めることができたのは、死の間際、後悔する人はみんな、「自分らしく生きればよかった」と口にすると知り、「死ぬ前に後悔したくない!!」と心底思ったからでした。日本で「死」は口にするのもタブーとされ、「身内の不幸」

と表現するほど忌み嫌われていますが、３作目の『笑って、バイバイ！』は、「いつかは誰にでも訪れる死を、ポジティブに受けとめられる本を！」という思いから生まれました。

私たちは　みんな　生きることを学ぶために　地球に生まれ
この星に　たかだか１００年も滞在しない　〝旅人〟だということ

終わりがあるからこそ、人生は愛おしい。「死を意識すること」は、人類７００万年ものリレーで繋いでもらった大事な命を、最後までどう自分らしく生かしきるかを考え、「今を力いっぱい生きるために行動すること」につながると思うのです。

そして、この本を書いて私はようやく、寿命の長い短いで人の人生の価値を決めるのは、力いっぱい生きた人に対して失礼だと思えるようになり、今までよりもずっと、大事な存在の旅立ちをおだやかに受けとめられるようにもなりました。

４作目の『世界は、愛でできている』は、心のどこかでいつも幸せを願っている、デイビッドが書かせてくれた気がしています。愛とは、「信頼すること」であり、「ゆるすこと」でもあると、教えてくれたのはデイビッドとの会話だったからです（本の中に、彼の話や写真も登場します）。

河川敷でテント暮らしのデイビッドは、太陽や星、川、木々と共存し、リラックスして生きていましたが、私も毎日、地球とのつながりを意識するようになるにつれて、愛（＝感謝）が増えていき、自分自身のことも自然とほめられるようになってきました。

太陽　自然の営み　毎日あなたを応援している体内の全細胞……
すべては「愛」だと気づけたら　世界が違って見え　愛いっぱいの人生に変わる

私は講演で元気の秘訣を聞かれると、「愛を意識して受け取るために、毎日〝自分ほめ〟をぜひ！　朝晩やお風呂で自分の体に感謝して、トイレの度に『うんこ、おしっこ、ありがとう』と自分の細胞をねぎらって！」とおすすめするのですが、「いや〜自分をほめるなんて」と自分への愛をケチる人の多いこと。

日本人が、自分を愛すること、自分をほめることが苦手なのは、完璧主義だからだとつくづく思いますが、人の一番の務めは、まずは「一日一日を生き延びること」。私も以前は自分に厳しく、つい（今日は何もできなかった……）などと責めがちでしたが、毎日、全力で頑張ってくれている40兆個の細胞に、失礼だと気がついたのです。

考えてみたら、私たちは子どもの頃から成績等で評価され、「人からの評価＝自分の価値」だと思わされています。人からほめられるのは嬉しいことですが、人からほめてもらうことが人生の目的になると、常に人の価値観に合わせて生きることになってしまいます。なので、まず、自分で自分のことを「生きてるだけでめちゃめちゃ頑張ってる私、えらい！」とほめてあげられるようになってほしいのです。

私も昔は、人と比べて自分をイジメてばかりいましたが、旅が人生観（＝性格）を変えてくれました。旅は「誰の旅が一番すばらしいか」を競うものではないので、人と比べることなく、自分を思いっきりさらけだすことができたのです。でもそれは、生きることも同じではないかと。人生は「誰の人生が一番すばらしいか」を競うレースではないし、やることはただ、「自分らしく生きて、とことん楽しむ！」だけだと思うのです。

私は旅と旅行の違いは、旅程が決まっているかどうかだと思っているのですが、「人生は旅」といっても「人生は旅行」とはいわないのは、どんな人の人生も、本当は白いキャンバスが広がっているだけで、シナリオが決まっていないからではないでしょうか。

誰もが、旅程の決まっていない、人生〝旅〟の道中。どんな人も本当は自由で、誰の奴隷でもないし、心のままに生きていいのだということ。人と比べはじめたら不安でキリがないけれど、人と比べず今日を生きのびた自分を毎日ほめちぎれば、何も恐れることはないのだということ。

私たちが人生でやることは、ありのままの自分で、愛いっぱいに命をまっとうする、ただそれだけ。おたがい、自分への愛をケチらず、自分をほめちぎって、楽しく健やかな、人生〝旅〟になりますよう！

たかのてるこ

ISBN978-4-344-43311-3

え、この中に、たかのてるこがいるんですか!?
やめてよ、探しちゃったよ。
――宮藤官九郎

てるこさんの旅は、自由で強引で面白くて可愛い。
ガンバレ!! てるこ!! 上から目線で応援します(笑)
――長澤まさみ

"日本一おもろい旅人"会社を辞めて
ヌーディスト・ビーチで真っ裸になる!

スペイン　深夜0時開店!「フラメンコバル」で大合唱

パリ　純情ゲイカップルの宿で、史上最強のセックス談義

ポルトガル　漁師町のミニスカート・マダムたちと、下ネタ女子会

イタリア　33歳まで処女だった友が「国際結婚した謎」に迫る

ドイツ　絶景!「古城ユースホステル」でドイツ人とビール合宿

デンマーク　「世界一、幸福な国」の、超シンプルな"幸せの秘訣"

モナコ公国　セレブ気分の海洋療法で、おケツに放水の荒行　ほか

「地球の歩き方」には絶対載らない!
トンデモ魅力てんこ盛り。

この作品は二〇一六年十月ダイヤモンド社より刊行されたものを
加筆・修正したものです。

幻冬舎文庫

●最新刊
[新装版]華の下にて
内田康夫

国際生花シンポジウムの開催地・京都で連続殺人事件が起きる。複雑な思惑が絡むなか、浅見光彦が挑む名門一家の哀しき秘密。昭和、平成を代表する旅情ミステリー作家の名作が令和に蘇る。

●最新刊
僕の種がない
鈴木おさむ

「ここからなんとか子供を作りませんか?」。ドキュメンタリーディレクターの真宮勝吾は、癌で余命半年の芸人に提案するが……。「男性不妊」という難問と向き合った感動の傑作小説。

●最新刊
玉瀬家の出戻り姉妹
まさきとしか

バツイチ引きこもり中の41歳、澪子。ある日、売れっ子イラストレータの姉が金の無心にやってきて、流れで一緒に実家に出戻ることに。帰ればそこに家族がいて居場所がある。実家大好き小説誕生。

●最新刊
ボクもたまにはがんになる
三谷幸喜
頴川　晋

働き盛りに前立腺がんが発覚した脚本家が、信頼できる主治医と出会い、不安を感じずに手術を受けることができた。その2人による、がんのイメージが変わる、マジメで笑える対談集。

●最新刊
生活を創る(コロナ期)
どくだみちゃんとふしばな9
吉本ばなな

コロナ期に見えてきた、心と魂に従って動くことの大切さ。「よけいなことさえしなければ、神様のようなものがちゃんと融通してくれる」。力まず生きる秘訣が詰まった哲学エッセイ。

幻冬舎文庫

●好評既刊
バニラなバカンス
賀十つばさ

悩みを抱える人のためのお菓子教室を始めた洋菓子店の白井とマダム佐渡谷。ところが、マダムが恋人と別れて意気消沈。彼女のために、白井は「忘れるためのバスクチーズケーキ」を作るが……。

●好評既刊
さよならごはんを今夜も君と
汐見夏衛

学生さんはワンコインで食べられる夜食専門店。痩せて可愛くなりたい若葉、何を食べてもおいしくない学年トップの小春……。店主の朝日さんがつくる世界一優しいお夜食で再生していく感動作。

●好評既刊
スピリチュアルズ 「わたし」の謎
橘 玲

ついに心理の謎が解けた――性格・資質は、(意識ではなく)「無意識」が決定し、それはたった8つの要素で構成される。脳科学・心理学・進化論の最新知見で、人間理解が180度変わる!

●好評既刊
神奈川県警「ヲタク」担当 細川春菜5 鎮魂のランナバウト
鳴神響一

殺人事件の被害者が旧車の愛好家だったことから、その方面に詳しい登録捜査協力員との面談を重ねる細川春菜。やがて浮かび上がった驚くべき事実とは? 春菜が死亡推定時刻の謎に迫る第五弾!!

●好評既刊
リボルバー
原田マハ

パリのオークション会社に勤務する高遠冴の元にある日、錆びついた一丁のリボルバーが持ち込まれた。それはフィンセント・ファン・ゴッホの自殺に使われたものだという。傑作アートミステリ。

幻冬舎文庫

●好評既刊
アンリバーシブル 警視庁監察特捜班 堂安誠人
長沢 樹

警察内の犯罪を秘密裏に探る「監察特捜班」。堂安誠人は、双子の弟・賢人との二人一役を武器に不正を暴く。都内で見つかったキャリア官僚の墜死体。不審を覚えた二人は捜査を開始するが――。

●好評既刊
最後の彼女
日野 草

恋愛専門の便利屋・ユキは、ターゲットにとって理想の恋人を演じる仕事を完璧にこなしていたはずだった、ユキ自身が誘拐されるまでは――。終わった恋が新たな真実を照らす恋愛ミステリー。

●好評既刊
縄紋
真梨幸子

「縄紋時代、女は神であり男たちは種馬、奴隷でした」。校正者・興梠に届いた小説『縄紋黙示録』。そこには貝塚で発見された人骨の秘密が隠されて……。世界まるごと大どんでん返しミステリ。

●好評既刊
メンタル童貞ロックンロール
森田哲矢

いつまでたっても心が童貞な男たちの叫び。ゲスすぎて誰もSNSに投稿できない内容にもかかわらず、隠れファンが急増し高額取引され続ける「伝説の裏本」が文庫化。

●好評既刊
オレンジ・ランプ
山国秀幸

僕は39歳で若年性アルツハイマー型認知症と診断された。働き盛りだった僕は、その事実を受け入れられない。ある日、大切な顧客の顔を忘れてしまい……。実在の人物をモデルにした感動の物語。

人情ヨーロッパ

人生、ゆるして、ゆるされて〈中欧&東欧編〉

たかのてるこ

令和5年9月10日　初版発行

発行人——石原正康
編集人——高部真人
発行所——株式会社幻冬舎
〒151-0051東京都渋谷区千駄ヶ谷4-9-7
電話　03(5411)6222(営業)
　　　03(5411)6211(編集)
公式HP　https://www.gentosha.co.jp/
印刷・製本—株式会社 光邦
装丁者——高橋雅之

幻冬舎文庫

ISBN978-4-344-43317-5　C0195　た-16-10